Raúl Ávila, José Antonio Samper,
Hiroto Ueda *et al*.

Pautas y pistas en el análisis del léxico hispano(americano)

LINGÜÍSTICA IBEROAMERICANA
Vol. 19

Raúl Ávila, José Antonio Samper, Hiroto Ueda *et al.*

Pautas y pistas en el análisis del léxico hispano(americano)

COORDINADOR: GERD WOTJAK

Iberoamericana ● Vervuert ● 2003

Bibliographic information published by Die Deutsche Bibliothek
Die Deutsche Bibliothek lists this publication in the Deutsche Nationalbibliografie;
detailed bibliographic data is available in the Internet at http://dnb.ddb.de

© Iberoamericana, 2003
Amor de Dios, 1 – E-28014 Madrid
Tel.: +34 91 429 35 22
Fax: +34 91 429 53 97
info@iberoamericanalibros.com
www.ibero-americana.net

© Vervuert, 2003
Wielandstr. 40 – D-60318 Frankfurt am Main
Tel.: +49 69 597 46 17
Fax: +49 69 597 87 43
info@iberoamericanalibros.com
www.ibero-americana.net

ISBN 84-8489-083-X (Iberoamericana)
ISBN 3-89354-789-4 (Vervuert)

Printed in Germany
The paper on which the book is printed meets the requirements of ISO 9706

ÍNDICE

Prólogo

Es un placer y un honor para mí coordinar y prologar esta recopilación de trabajos procedentes de la pluma de tres investigadores internacionalmente reconocidos, que se ocupan de importantes proyectos financiados por la Asociación de Lingüística y Filología de América Latina (ALFAL).

Con los artículos reunidos en este volumen me enorgullezco de presentar una síntesis original y actualizada del estado de la cuestión con respecto a descripciones del léxico (mayoritariamente) hispanoamericano: los análisis aquí incluidos marcan pautas o reafirman pistas innovadoras, todo ello con una transcendencia que, como el lector comprobará, va más allá de la lingüística hispánica propiamente dicha.

Para apreciar justamente el alcance de los estudios emprendidos debe tenerse presente que los análisis del léxico, hasta hace unos años, apenas habían tenido la importancia que merecen dado su valor para la comprensión adecuada de aspectos cognitivo-designativos como también comunicativo-pragmáticos y socioculturales del lenguaje, entendido como medio esencial de la interacción y comunicación intersubjetiva y la cognición.

Si bien es cierto que esta afirmación se está relativizando en lo que respecta a los estudios geolingüísticos y sociolingüísticos, donde el léxico siempre se ha tomado muy en serio, no es menos cierto que las metodologías presentadas en los artículos de este volumen presentan un alto grado de novedad teórico-metodológica al mismo tiempo que suministran explicaciones convincentes a fenómenos de variedad léxica y unidad en la diversidad del español actual.

El lector interesado en la existencia y el uso de variantes léxicas diatópicas locales y diastráticas, que a veces contrastan por sutiles diferencias semánticas, podrá actualizar su conocimiento relativo a la metodología de la sociosemántica, al análisis de la frecuencia, así como al estudio de la disponibilidad léxica, ámbitos que, al hilo de los análisis ya emprendidos, creo que depararán no pocas sorpresas en el futuro.

También encontrará información útil, si bien un tanto descuidada por la investigación geo- y sociolingüística dominante, en lo tocante al vocabulario que los hablantes nativos del español suelen utilizar al dirigirse a un auditorio de hispanohablantes que según toda evidencia no hablan la misma variante dialectal, regional o social.

Al indiscutible valor teórico-metodológico de las tres publicaciones se añaden además aplicaciones empíricas de gran utilidad para la enseñanza del español como lengua extranjera, para la traducción y la interpretación así como para la actividad periodística destinada a un público más allá de las fronteras nacionales y probablemente panhispánico.

Destaca el rigor científico paralelo al esfuerzo descriptivo, conjunción que promete un mejor conocimiento de la realidad lingüística tal y como se manifiesta de forma tanto escrita como oral, ello desde dos perspectivas: una globalizadora y otra que focaliza la competencia y la conciencia lingüísticas de los hispanohablantes tal y como se observan en su vocabulario mental y subjetivo (destacando, por ejemplo, qué léxico está más o menos disponible en distintos grupos de hablantes y es compartido por todos).

A este modesto libro le está dado alcanzar gran repercusión entre los especialistas a los que se ofrece un rico material analizado, así como un panorama sintetizador del estado actual de la investigación y que pueden comparar las metodologías empleadas. Tendrá sin duda buena acogida también por parte de aquellos que se quieren iniciar en estos vastos campos tan multifacéticos y fascinantes. Además, las investigaciones abren nuevas vías y van encaminadas a descripciones cuya importancia se evidencia también para los que profesionalmente están estrechamente vinculados al uso del léxico: lexicógrafos, lexicólogos, traductores e intérpretes, políticos, redactores técnicos, periodistas, artistas de cine y teatro incluyendo estudios de doblaje, profesores de escuela y de enseñanza superior, etc.

Nos agrada presentar los frutos de varios años de investigación reunidos en esta publicación, que atestigua que el pequeño departamento de lingüística aplicada y traductología románicas de la Universidad de Leipzig sigue prestando atención al estudio del léxico de América Latina. El libro constituye también el resultado de largos y animados debates que (tal vez por primera vez) los responsables de los tres proyectos mantuvieron entre sí ante un público interesado durante el "Alfalito" organizado en marzo del 2001 en el marco del congreso nacional de hispanistas alemanes celebrado en Leipzig. Debe, por tanto, considerarse como un complemento necesario y útil a las actas del primer Taller sobre el español de América que una década atrás se celebró también en Leipzig (*cfr*. G. Wotjak / K. Zimmermann, *Unidad y diversidad léxicas del español de América*. Vervuert. Frankfurt a. M. 1994).

Hago votos para que esta nueva publicación satisfaga la curiosidad científica y profesional despertada, con justa razón, por sus reputados autores y para que cumpla con todas las expectativas al respecto. Al mismo tiempo, quiero agradecer a la editorial Vervuert / Iberoamericana por haber posibilitado su edición, así como a la Universidad de Leipzig por el aporte financiero para la presente publicación.

Leipzig, junio de 2002

Gerd Wotjak

La lengua española y sus variantes en los medios de comunicación masiva[1]

Raúl Ávila
El Colegio de México

Recientemente pasé por la ciudad de Berlín, donde me quedé unos días en un hotel antes de tomar el tren hacia Leipzig, en cuya universidad dicté un seminario sobre el lenguaje de los medios, y para el cual redacto este texto. En mi habitación del hotel había un televisor, una radio, una conexión para Internet y una biblia en tres lenguas: alemán, francés e inglés. Además —por poco lo olvido de tan obvio— había un teléfono. Si hubiera llevado computadora portátil, la habría podido conectar a la línea de red que estaba en mi habitación. En cambio, pude usar los servicios de correo electrónico y de World Wide Web que se ofrecían en el área de servicios del hotel. Mi relato, como se ve, no contiene nada sorprendente. Casi todo el mundo sabe que esas cosas existen, y que muchos hoteles las ofrecen a sus huéspedes. Diariamente constatamos que esos recursos han abierto un espacio ilimitado a la comunicación masiva, solo restringido por la capacidad de conexión de los medios electrónicos y por las diferentes lenguas que los usuarios puedan manejar de las muchas que se utilizan.

El medio de comunicación masiva más antiguo, la imprenta de tipos móviles, tuvo repercusiones no solo políticas y económicas, sino también lingüísticas, a partir de su invención en el siglo xv. Este medio fue utilizado por su inventor, Gútemberg, para imprimir, en primer lugar, la Biblia. La publicación de este libro —que, como dije, encontré en edición trilingüe en la habitación de mi hotel— posibilitó que se leyera más allá de los monasterios

---

[1] Este texto es una versión extensa de la ponencia "De la imprenta a la Internet: modelos y variantes, lengua escrita y lengua hablada", que presenté en el Cuarto Coloquio Internacional de Lingüística Contrastiva Alemán - Lenguas Románicas y Lenguas Románicas entre sí, Universidad de Leipzig, noviembre 22, 1999.

y fue un factor muy importante para el advenimiento del protestantismo lute-
rano, cuya primera declaración, como sabemos, fue hecha en Augsburgo en
1530.

La imprenta, además de facilitar la difusión de los textos escritos, evitó
las variantes que introducían los copistas. De esta manera ayudó a la estabi-
lización de las lenguas europeas en su forma escrita[2]. Recordemos que
Lutero, al traducir la Biblia al alemán, sienta las bases para la estandarización
de esa lengua. Algo semejante ocurre con la traducción de ese libro a otras
lenguas del norte de Europa, como el sueco o el inglés[3]. La divulgación que
se logra mediante la imprenta hace que se promueva un modelo escrito estandarizado que actúa además como factor de identidad nacional. De esta manera, la imprenta —en cuanto medio de comunicación masiva— contribuyó a
la consolidación de los nuevos estados nacionales. Tan importante fue la
imprenta que algunos investigadores consideran que las naciones-estado sur-
gieron en buena medida gracias a ese invento, mediante el cual se difundie-
ron muchas publicaciones en lenguas vernáculas en los siglos XVI y XVII[4].

En la Europa católica, como sabemos, la Biblia se mantuvo dentro del
ámbito eclesiástico. Sin embargo, hubo otros libros que, con el apoyo de la
imprenta, se divulgaron y promovieron un modelo lingüístico uniforme. En
España, sobre todo a partir del siglo XV, se publicaron muchos libros donde
aparece un castellano muy semejante al de ahora, en la medida en que su lectura no es demasiado difícil para una persona en la actualidad. Además, la
imprenta permitió la publicación en Salamanca de la *Gramática de la lengua
castellana*, de Nebrija, en 1492. La *Gramática*, como se propone en el prólogo, acompañó al imperio en su expansión hacia América. Para la lengua española estos dos acontecimientos, la imprenta y la *Gramática,* representan, junto
con su valor simbólico, un hecho trascendente en cuanto a una posición cons-
ciente de política lingüística. Considero que se trata de un acontecimiento simbólico porque es difícil que la gente de aquella época estuviera interesada en

---

[2] Me he referido más extensamente a esto en mi artículo: "A radio e a televisão e o des-
envolvimento de normas linguísticas nacionais e internacionais", *Revista Internacional de
Línguística Portuguesa*, 1997, núm. 16, pp. 91-98.

[3] Véase para esto, Jean Delisle y Judith Woodsworth (eds.), *Translators through his-
tory*, Philadelphia, John Benjamins – UNESCO, 1995, pp. 8 y ss.

[4] S. P. Huntington, "Will you become your own nation?", *Time* (Latinamerican Ed.),
May 22, 2000, p. 73: "Nation states emerged in the West with the invention of the printing
press and the proliferation of publications in vernacular languages".

la lectura de una gramática, un tipo de textos que aún en la actualidad está reservado en buena medida para especialistas. En cambio, desde el siglo XIV se empezó a formar una pléyade de escritores que escribían en castellano y cuyos libros solo esperaban su publicación mediante la imprenta para alcanzar una difusión más amplia. Recordemos, entre otros, *El conde Lucanor* (1335) de don Juan Manuel; el *Libro de buen amor* (1330), de Juan Ruiz, arcipreste de Hita; las poesías líricas del Marqués de Santillana (1398-1458); las *Coplas a la muerte de su padre* (1476) de Jorge Manrique; o *La Celestina* (1499) de Fernando de Rojas.

Puede considerarse que la estandarización de otra lengua romance, el italiano, se inicia, como propuesta de política lingüística, con Dante, quien imagina una Italia como la actual y propone una lengua única para todo el territorio, basada en la lengua vulgar más prestigiosa[5]. Sin embargo, lo que no logró con sus planteamientos lingüísticos lo consiguió gracias a su *Divina comedia*, que resultó un modelo fundamental para la lengua italiana, cuya consolidación y expansión empieza a finales del siglo XIX. La lengua del nuevo estado se empleaba por esos años sobre todo por tres instituciones: la burocracia, el clero y el ejército. Para su difusión y expansión en todo el territorio contaba con el único medio de comunicación masiva que existía: la imprenta.

Sin embargo, la lengua escrita enfrentaba un problema obvio que se puso en relieve por su difusión impresa: el analfabetismo. En Italia, por ejemplo, en 1861 el primer censo mostró que había un 75 por ciento de analfabetos[6].

La lengua hablada se puede aprender y enseñar, pero no es posible fijar un modelo estándar o prestigioso y difundirlo entre una población extensa que no esté en contacto frecuente —cara a cara— con quienes lo utilizan. Esto solo se puede lograr a través de la escuela, cuyo desarrollo era incipiente en el siglo XIX, o a través de los medios de difusión masiva, que contaban

---

[5] Dante (*Vida nueva - Tratado de la lengua vulgar*, trad. de F. Ferro y H. Villegas, México, 1986, p. 77), llama *lengua vulgar* a "aquella a que los infantes se acostumbran para oírla de los que los rodean cuando al principio de sus vidas empiezan a distinguir los sonidos: o, lo que se puede decir más rápidamente, entendemos por lengua vulgar la que, sin ninguna regla, recibimos al imitar a la nodriza. De allí que haya otra lengua secundaria para nosotros que los romanos llamaron gramatical".

[6] Véase Tullio de Mauro, *Storia linguistica dell'Italia unita*, Roma, Laterza, 1983, pp. 36 y ss.

solo con la imprenta. Esto hizo que un filólogo como Andrés Bello pensara, a mediados de ese mismo siglo, que el español en América podría correr la suerte del latín, y dispersarse en varias lenguas. Como él dice en el prólogo de su *Gramática*, era posible que el idioma español se volviera

> una multitud de dialectos irregulares, licenciosos, bárbaros; embriones de idiomas futuros que durante una larga elaboración reproducirían en América lo que fue la Europa en el tenebroso período de la corrupción del latín[7].

Esta fue una de las justificaciones de su obra, aunque también le importaba, como factor que promovería la unidad idiomática, la instrucción pública, que no se había generalizado. Por eso se explica la preocupación de Bello por el analfabetismo, y por la necesidad de simplificar las normas ortográficas para enfrentarlo y abatirlo[8].

Si los filólogos europeos y americanos del siglo XIX hubieran conocido la radio, probablemente habrían pensado de otra forma en relación con la unificación o diversificación de las lenguas. En cuanto medio de comunicación masiva, la radio es a la lengua hablada lo que la imprenta a la escrita: la fija y la estandariza. La radio —como en el caso de la imprenta— trata de lograr que sus emisiones puedan ser comprendidas y aceptadas desde el punto de vista lingüístico por una audiencia tan amplia como sea posible. Frente a la imprenta, la radio —conviene destacarlo— no requiere un público alfabetizado. Por eso sus intereses coincidieron con los de los estados: ambos buscaban promover y difundir una lengua única, una *lengua nacional* en un territorio.

La radio, dice Ferrer, es el medio que, después de la prensa, entra en la categoría de la comunicación masiva y la expande intensamente[9]. Es verdad

---

[7] A. Bello, *Gramática de la lengua castellana* [1847], ed. de R. Trujillo, Madrid, Arcolibros, 1988, p. 160.

[8] Para "extender y generalizar todos los ramos de la ilustración, pocos [medios] habrá tan importantes que el simplificar la ortografía, como que de ella depende la adquisición más o menos fácil de los dos artes primeros, que son como los cimientos sobre los que descansa todo el edificio de la literatura y las ciencias: leer y escribir", A. Bello, *Obras completas*, tomo 5, Caracas, 1951, p. 59. Véase además, para una argumentación a favor de la simplificación de la ortografía, mi artículo "Ortografía española: estratificación social y alternativas", México, *Nueva Revista de Filología Hispánica*, T. XL (1992), pp. 649-672.

[9] Eulalio Ferrer, *Información y comunicación*, México, Fondo de Cultura Económica, 1997, p. 112.

que el cine tiene inicios anteriores a la radio, pero cabe recordar que nació mudo: solo empezó a hablar y a difundirse en esa forma a partir de los años treinta, cuando la radio ya estaba en plena expansión. En todo caso, la diferencia entre ambos medios es de gran importancia para la difusión de la lengua. Mientras que el cine reitera la película y la lengua a un público diferente, la radio cambia el contenido constantemente, pero no las formas lingüísticas que lo transmiten para el mismo público.

La televisión, hija de la radio, con la imagen añadida, dice Emil Dovifat[10], inicia su expansión a partir de los años cincuenta del siglo xx. A diferencia de la radio, a la que le basta una cobertura regional para subsistir, la televisión, cuyos costos de producción son más elevados, desde sus inicios buscó cubrir los territorios nacionales y, más adelante, se volvió internacional. Como consecuencia, la televisión ha requerido de un modelo lingüístico que sea comprendido por las audiencias distribuidas en una geografía cada vez más extensa.

La Internet, a través de la WWW, el sistema de comunicación masiva más democrático inventado hasta la fecha, ha replicado a la imprenta, ahora por medios electrónicos. La gran cantidad de información que allí se encuentra es la mayor acumulada hasta la fecha. Por eso dice Maestre Yenes que "la revolución de Internet puede tener un impacto superior a la revolución iniciada por Gutenberg, quien, con la incorporación de los tipos móviles [...] creó un ejército de veintiséis soldados que en pocos años conquistó el mundo"[11]. Ciertamente, la revolución de la red no se limita a eso: actualmente, como todos sabemos, WWW se ha convertido en un espacio multimedia donde, además de las imágenes, conviven el texto escrito y el hablado. A través de WWW pueden escucharse cada vez más estaciones de radio desde los sitios más remotos del planeta[12].

---

[10] *Apud* Ferrer, *Op. cit.*, p. 116.

[11] P. Maestre Yenes, "La utilización de las diferentes lenguas en Internet", en *El español en el mundo. Anuario del Instituto Cervantes 1999*, Madrid, Plaza y Janés, 1999, p. 188.

[12] Véase http://www.internetvalley.com/archives/mirrors/davemarsh-timeline-1.htm / 23.9.99, para una historia de Internet, desde el telégrafo a la actualidad.

La lengua española en los medios

Las investigaciones que se han hecho sobre el uso de la lengua española en los medios de comunicación masiva muestran que, en esos medios —especialmente en los de difusión internacional—[13], se emplea básicamente una norma hispánica general. Las razones son, entre otras, de tipo económico: se trata de ampliar y de mantener las audiencias, tanto nacionales como internacionales. No obstante, hay aspectos que presentan variantes, sobre todo en la fonética y el léxico. A continuación me referiré a esos dos niveles y, a partir de ellos, trataré de mostrar las convergencias y las divergencias, así como sus posibles consecuencias.

La fonética que se escucha por televisión a nivel internacional corresponde a dos sistemas fonológicos, considerados a partir de las consonantes en posición explosiva o fuerte[14]. Para decirlo brevemente, los dos sistemas son yeístas: el más extendido es seseante, que neutraliza la oposición /s/ : /θ/, como el del habla culta de la ciudad de México. El segundo sistema, con una población minoritaria, es el ceseante, que distingue los dos fonemas anteriores, como el de la ciudad de Madrid.

Si se considera ahora la posición implosiva o débil, el primer sistema tiene dos normas de uso general, la α y la β; y el segundo, una sola, la γ. La norma α mantiene el fonema /s/ en posición implosiva; la β, que se escucha, por ejemplo, en Caracas, presenta aspiraciones de /s/, aunque menos frecuentes que en la lengua hablada culta. La norma γ se distingue de las otras, como ya indiqué, por diferenciar /s/ de /θ/ y porque el fonema /s/ tiene una pronunciación más grave que la que se escucha en las otras normas.

Las palabras que se transmiten por la televisión y la radio de nivel internacional son, en su gran mayoría, comprensibles para todos los hispanohablantes. De acuerdo con las fuentes que hemos consultado, diccionarios generales y regionales del español, entre otros[15], en el lenguaje de los pro-

---

[13] Estas investigaciones se ubican dentro del marco del proyecto Difusión Internacional del Español por Radio, TV y Prensa, cuya coordinación general está a mi cargo. En el proyecto participan 26 universidades de 20 países, incluidos los EE. UU.

[14] Véase para esto mi artículo "Problemas de fonología dialectal", México, *Nueva Revista de Filología Hispánica*, t. 23 (1974), pp. 369-381. Allí planteo la necesidad de proponer siete sistemas fonológicos para las variantes del español.

[15] Entre ellos el *Diccionario de la Real Academia Española*, Madrid, Espasa-Calpe, 1992, y otros de uso general como Martín Alonso, *Diccionario del español moderno*, Madrid,

gramas de noticias o informativos, los -*ismos,* regionalismos, extranjerismos, neologismos y algunos otros, que llamo vocablos *marcados,* van de un mínimo de 10 (0.10%) a un máximo de 25 (0.25%) por cada 10,000 palabras gráficas[16]. Dentro de ellos se encuentran americanismos como *desocupación, dirigencia, bordo* o *chaparrón;* o españolismos como *ordenador.* Entre los extranjerismos recogimos *look, manager, penalty, rock, rugby* y *okey,* para mencionar algunos. Encontramos asimismo unos pocos vocablos no registrados en las fuentes, como *irrestricto, cogobernante, narconacionalismo, viabilizar, incosteable, extraditable, antiterrorista, concientizar, fundamentalismo, preocupante, bolsa de valores* y *transnacional.* Además, y como era de esperarse, aparecieron algunos gentilicios no registrados, como *dominicanoamericano, eurobosnio, catolicogrecoortodoxo, francoalemán, chinosoviético, chiproiraní* o *tutsi*[17].

MEDIOS, VARIANTES, ACEPTABILIDAD

Fonética

Las tres normas fonéticas a las que me he referido antes tienen algunas variantes dentro de los medios de comunicación. A continuación describiré las más características, con base en investigaciones preliminares sobre la pro-

Aguilar, 1982. Dentro de los nacionales utilizamos el *Diccionario usual del español de México,* México, El Colegio de México, 1996; y, dentro de los regionales, el *Diccionario de americanismos,* Buenos Aires, Ed. Muchnik, 1966. Para una bibliografía completa de las obras consultadas, véanse mis artículos: "El lenguaje de la radio y la televisión: primeras noticias", *II Encuentro de Lingüistas y Filólogos España - México, Salamanca, 1991* (Salamanca, Junta de Castilla y León - Universidad de Salamanca, 1994), pp. 101-117; y "Lenguaje y medios: noticias internacionales" [en prensa, se publicará en *Anuario de Letras,* México]. "El lenguaje de la radio y la televisión también se puede consultar en WWW, bajo la siguiente dirección: http://cvc.cervantes.es/actcult/congreso/television/ponencias/avila.htm.
Véanse también otros artículos míos al respecto en mi página Web: http://www.colmex.mx/personal/cell/ravila/index.htm.
[16] Me baso en los resultados que obtuvimos al estudiar los noticieros internacionales de televisión en español ECO, CNN, CNI, NBC; y de Radio Vaticana onda corta para Hispanoamérica y para España. Ver para esto mi art. cit. "Lenguaje y medios: noticias internacionales".
[17] Me he referido detalladamente a estos casos en mi art. cit. "Lenguaje y medios: noticias internacionales".

nunciación que se escucha más frecuentemente en la radio y la televisión (ver n. 14 y texto *supra*).

La norma α seseante tiene dos variantes. En α1 el fonema /x/ es casi siempre fricativo, como en la pronunciación de locutores o actores de la ciudad de México, que dicen, por ejemplo, [las estréyas parésen espéxos]. En la variante α2, menos frecuente, la pronunciación de /x/ es un poco abierta [x], como la de los hablantes cultos de la ciudad de Bogotá: [espéxos]. Dentro de la norma α, además, hemos encontrado también, aunque de manera ocasional y no caracterizadora, la pronunciación de [ŋ] velar final de palabra: [paréseŋ espéxos].

La norma β, seseante y con aspiración de /s/ en posición implosiva, presenta asimismo otras variantes. La primera, β1, se caracteriza por la presencia de [ŋ] velar final de palabra, la pronunciación abierta [h] del fonema /x/, y fricativa un poco abierta [yⁱ] del fonema /y/, como se escucha en la televisión de Caracas: [lah ehtréyⁱah paréseŋ ehpéhos]. En la segunda, β2, no ocurre la [ŋ] velar final, el fonema /x/ se pronuncia fricativo, hay menos aspiraciones de [s] y se escucha tenso y rehilado el fonema /y/, como en la mayoría de los programas de Buenos Aires: [las ehtréʒas parésen ehpexos]. La tercera, β21, es una variante de la anterior en la cual el fonema /y/ se pronuncia rehilado ensordecido, como en algunos locutores de la misma ciudad: [las ehtréšah parésen ehpéxos].

La norma γ se caracteriza suficientemente por ser ceseante, pronunciar [s̱] apical, y [x] un poco vibrante, como se escucha entre madrileños cultos: [las estréyas paréθen espéxos]. Cabe añadir que también se escucha la ŋ velar final de palabra en algunos locutores. Sin embargo, su frecuencia es menor que la que se escucha en la norma β1, aunque parece ser mayor que la que se presenta en las normas α1 y α2.

Si se considera la difusión a través de la televisión de las normas antes descritas como indicador de aceptabilidad, puede decirse que la más aceptada por las audiencias es la α1. La mayor producción de programas originales tiene este tipo de pronunciación. Lo mismo sucede con los doblajes, incluso cuando se hacen en países que no utilizan esa norma. Una muestra del prestigio de ese tipo de pronunciación es que, con excepción de las letras *z* y *c* ante *e, i*, el modelo de la lengua escrita corresponde, en América a ese tipo de pronunciación. Pude constatar este hecho en niños cubanos: cuando leían en voz alta utilizaban la norma α, pero hablaban en β1. En un ámbito más amplio, las empresas de publicidad prefieren, en general, la pronunciación α1 cuando producen anuncios que van a tener difusión internacional.

Por otra parte, si se toman en cuenta los aspectos demográficos, las dos primeras normas son las mayoritarias, y por eso las favorecen las empresas de televisión. La tercera, en cambio, solo se escucha en los canales españoles que difunden a nivel internacional. En todo caso, dentro de cada norma hay más convergencias que divergencias. La más notable divergencia es la que se presenta en β21, con la pronunciación ensordecida y rehilada del fonema /y/, que puede causar confusiones en las audiencias que no están acostumbradas a ella[18].

Léxico

Como he dicho antes, el léxico que se escucha en las noticias internacionales de radio y televisión es, en su absoluta mayoría, de uso general. Esto no evita las discusiones que se suscitan, por ejemplo, en las empresas internacionales de televisión, sobre todo donde trabajan personas de diferentes nacionalidades. El jefe de redacción de CNN en español me hizo saber por correo electrónico que diariamente tenían que tomar decisiones sobre uno u otro sinónimo geográfico. Esas discusiones muestran el nivel de conciencia y preocupación al seleccionar las voces conocidas por la mayor parte de las audiencias.

De acuerdo con lo que la gente de los medios plantea, podrían proponerse una selección del léxico no basada en el modelo que ofrece el diccionario académico. La idea es apoyarse en la distribución de las variantes léxicas en los países y regiones hispanohablantes y en el peso demográfico de quienes las utilizan. De esta forma, un concepto como 'granos de maíz que al tostarse se abren en forma de flor', tendría la distribución y el peso demográfico[19] que se muestra en la tabla 1. En este caso la decisión es clara: el

---

[18] En algunos dialectos de América, sobre todo en el área del Caribe, la *ch* se pronuncia fricativa sorda [š]. Esto ocasiona que una palabra como *callo*, pronunciada [kášo], como en β21, pueda ser interpretada, por ejemplo en la expresión "Tengo un callo", como "Tengo un *cacho*".

[19] Los ejemplos de las tablas 1 y 2 fueron tomados de *Varilex. Variación léxica del español en el mundo. Mapas y estadísticas*, Tokio, Universidad de Tokio, 1993. El proyecto, del cual soy asesor científico, es coordinado por Hiroto Ueda, de la Universidad de Tokio. Más específicamente, mis datos proceden de un banco de datos electrónico que me proporcionó Ueda.

sinónimo más general es *palomitas* o, si se quiere especificar, *palomitas de maíz*, lo que normalmente no es necesario por el contexto. El problema se presenta en países como Bolivia donde, gracias a la cultura del maíz, se distingue entre *pipocas*, que son pequeñas, y *pasancallas*, que son grandes. Si se usara en ese país *palomitas*, aparte de su problema de aceptación, habría que imaginar la necesaria diferenciación entre grandes y pequeñas.

Tabla 1.
'granos de maíz que al tostarse se abren en forma de flor'

	Población (mil)	/ % /	Núm. Países:	SIGLAS (de los países)
cabritas de maíz	14,996	/ 4.0% /	1:	CH
canchita	26,198	/ 7.0% /	1:	PE
canguil	12,360	/ 3.3% /	1:	EC
cotufas	23,596	/ 6.3% /	1:	VE
maíz pira	39,172	/ 10.5%/	1:	CO
palomitas	166,403	/ 44.7% /	6:	ES GE MX NI CR CH
palomitas de maíz	187,968	/ 50.5% /	10:	ES GE RD PR MX EL NI CR PN CH
pipocas	13,784	/ 3.7% /	2:	BO PA
pochoclo	36,202	/ 9.7% /	1:	AR
pop	3,333	/ 0.9% /	1:	UR
popcorn	32,876	/ 8.8% /	3:	PR PN PE
poporopo	12,408	/ 3.3% /	1:	GU
pororó	9,437	/ 2.5% /	2:	PA UR
rosita de maíz	19,766	/ 5.3% /	2:	CU RD

POBLAC. TOTAL (mil) = 372,344 100.0%

La comparación simple, que solo da cuenta de variantes diferenciadas connotativamente en la dimensión geográfica, no considera los problemas que se pueden presentar en el ámbito denotativo. En el caso de la 'prenda de vestir de una sola pieza que se mete por el cuello y tiene manga corta' (tabla 2) la voz más general es *camiseta*. En México se conoce como *playera,* ya que diferencian esa prenda de la *camiseta*, que corresponde a la interior, sin mangas. Comparativamente, en España *camiseta* designa las dos prendas. Cuando se quiere hacer la distinción, se dice "camiseta interior" o "camiseta con tirantes"[20].

Tabla 2.
'prenda de vestir de una sola pieza que se mete por el cuello
y tiene manga corta'

	Población (mil)	/ % /	Núm. Países:	SIGLAS (de los países)
camiseta	227,837	/ 61.2% /	12:	ES GE RD PR MX EL NI CR PN CO EC UR
franela	32,231	/ 8.7% /	2:	RD VE
playera	121,572	/ 32.7% /	3:	MX GU EL
polera	22,676	/ 6.1% /	2:	BO CH
polo	26,198	/ 7.0% /	1:	PE
pulóver	11,131	/ 3.0% /	1:	CU
remera	45,639	/ 12.3% /	3:	PA UR AR
T-shirt	7,594	/ 2.0% /	2:	PR CR

POBLAC. TOTAL (mil) = 372,344 100.0%

En investigaciones anteriores he comparado tres dialectos del español: los de las ciudades de México, La Habana y Madrid[21]. La comparación inter-dialectal, como en el caso anterior, muestra que las diferencias resultan equivalentes a las que se encuentran entre lenguas distintas, como en el conocido ejemplo del alemán *essen* y *fressen*, que en español equivalen a <comer +

---

[20] Sin embargo, como decía Eugenio Coseriu en uno de sus cursos, las lenguas, o los dialectos, añado, no se diferencian por lo que dicen, pues son traducibles, sino por lo que no pueden dejar de decir, por lo que es obligatorio.

[21] Para la comparación entre México y La Habana, ver mi artículo: "Variación léxica: connotación, denotación, autorregulación", México, *Anuario de Letras*, T. XXXV, 1997, pp. 77-102; y para México y Madrid, ver "Españolismos y mexicanismos: hacia un diccionario internacional de la lengua española", México, *Nueva Revista de Filología Hispánica*, T. XLIV, 1998, pp. 395-406. También pueden consultarse esos artículos en http://www.colmex.mx/personal/cell/ravila/index.htm.

humano' y a <comer + animal'; o del sueco *lägga, sätta, ställa*, que corresponden en español, respectivamente, a <poner + acostado' (p. ej. un libro), <poner + sentado' (una taza de café) y <poner + de pie' (una botella).

Para dar un ejemplo comparativo entre dialectos del español, en la ciudad de La Habana se utiliza únicamente el vocablo *medias,* mientras que en la ciudad de México se emplean cinco: *calcetas, calcetines, tobilleras, medias* y *pantimedias* (ver tabla 3)[22].

Asimismo, en Madrid *medias* se emplea para lo que en México se dice *calcetines* (de hombre) y *medias* (de mujer, de náilon). Por eso sería confuso para un mexicano escuchar por televisión que un hombre se compró unas *medias negras.*

Tabla 3. 'prenda de vestir que cubre el pie y parte de la pierna'

c o n c e p t o	México	La Habana
1 para uso deportivo	*calcetas*	
2. para uso diario		
2.1. para hombre	*calcetines*	
2.2. para mujer		*medias*
2.2.1. hasta arriba del tobillo	*tobilleras*	
2.2.2. hasta el muslo	*medias*	
2.2.3. hasta la cintura	*pantimedias*	

Además hay otras situaciones en las cuales el hablante necesita autorregularse para asimilarse al nuevo subsistema léxico. Así, un mexicano que viaje a La Habana tendría que autorregularse en ejemplos como la serie léxico-semántica *losa* <entrepiso de cemento', *placa* <matrícula de un carro', y

---

[22] Tomada de mi art. cit. "Variación léxica", p. 89.

chapa <cerradura de una puerta', que en La Habana corresponden, respectivamente, a *placa, chapa* y *yale* (tabla 4). Si va a Santiago de Chile, el mexicano tendrá que aprender que la *bombilla,* el término más general, que él conoce como *foco,* en Santiago se llama *ampolleta,* lo que significa para el mexicano <frasco pequeño que contiene un líquido, generalmente medicinal e inyectable', concepto para el cual en Santiago se utiliza *ampolla,* lo que para el mexicano es <vejiga pequeña que surge en la palma de la mano o en otros lugares por causa de una frotación excesiva', concepto que, de nuevo, en Santiago tiene otro nombre: *ampoa,* o a veces, también *ampolla,* con valor homonímico.

Tabla 4. 'losa, placa, chapa'

c o n c e p t o	México	La Habana
entrepiso de cemento	*losa*	*placa*
matrícula de un carro	*placa*	*chapa*
cerradura de una puerta	*chapa*	*yale*

Conclusiones

He señalado que la imprenta fijó la lengua escrita, y que la radio es su equivalente en cuanto a la lengua hablada. Posteriormente la televisión extendió su espacio hasta un ámbito internacional o mundial. Más adelante la Internet, sobre todo a través de WWW, replica e incluye esos tres medios. Precisamente por Internet se pueden tener noticias de una institución que, como Lutero en el siglo XVI, se dedica en la actualidad a traducir la Biblia a diferentes lenguas minoritarias del mundo, tras desarrollar el alfabeto correspondiente cuando el idioma es ágrafo[23].

---

[23] Me refiero al Summer Institute of Languages, o Instituto Lingüístico de Verano. Véase http://www.sil.org./ (16.07.01).

En lo que se refiere a la lengua española, la radio y la televisión emplean modelos relativamente estables. En el léxico se prefiere usar palabras que sean comprendidas por la mayoría de las audiencias, aunque la selección de un vocablo determinado puede causar problemas en algunos subsistemas léxicos dialectales. Esto podría conducir, por lo menos, a reajustes en la comprensión, el uso pasivo, de la lengua.

En cuanto a los aspectos fonéticos, las tres normas de uso general —α, β, γ— presentan, dentro de cada una de ellas, más convergencias que divergencias. La única divergencia significativa es, dentro de la norma β, la del fonema /y/, que, como dije antes, en algunos programas se escucha rehilado y ensordecido [š].

En cuanto a WWW o MMM, Malla Mundial Mayor, como propone el Instituto Cervantes, y cuya investigación estamos iniciando, puedo decir, por ahora, que, en ese espacio, las empresas mantienen el español estándar en sus portales y en sus páginas. Lo mismo sucede con las páginas de publicidad y con las de temas informativos o científicos[24]. En cambio, las páginas de propietarios individuales tienen más variación regional, lo que se explica porque su alcance no va más allá de unos cuantos lectores.

La proposición que se desprende de lo que he expuesto apunta hacia una lengua general que se haga entre todos los países y regiones hispanohablantes, tal como proponían los pensadores hispanoamericanos en el siglo XIX. Los medios de comunicación masiva nos sitúan en una nueva etapa de convergencia. Para mantenerla será necesario superar el modelo único, el castellano[25], e intentar las comparaciones interdialectales, el *tertium comparationis* que me enseñó un profesor alemán. Además, se requieren investigaciones que describan los usos de los países americanos, pues en la actualidad el mejor descrito es, de nuevo, el castellano. Esto implica superar las posi-

---

[24] Agradezco estos datos a mi colaboradora, Azul Aquino. Ella entrevistó a varios responsables de portales, quienes mostraron una clara conciencia de la necesidad de utilizar un español sin regionalismos para que sean comprendidos por un mayor número de lectores. Aquino, por otra parte, tuvo la impresión de que en los sitios comerciales argentinos se empleaban más regionalismos que en los mexicanos. Por supuesto, el español que se emplea en los sitios de charla (chat rooms) es mucho más variado y heterogéneo.

[25] Para una discusión más amplia, véase mi art. cit. "Españolismos y mexicanismos", p. 401 y ss. Véase asimismo J. M. Lope Blanch, "Americanismo frente a españolismo lingüísticos", México, *Nueva Revista de Filología Hispánica*, T. XLII, 1995, pp. 433 y ss. Lope Blanch muestra la inconsistencia del tratamiento que da el *Diccionario* de la Real Academia Española a los regionalismos: incluye todos menos los españolismos.

ciones logocéntricas, fundamentalmente eurocéntricas[26], que se mantienen en la actualidad, y que favorecen una sola norma como modelo general. Por el contrario, la idea es la de hacer proposiciones equitativas en las que se tomen en cuenta todos los países y regiones hispanohablantes del mundo. Los medios, por su propio interés, lo están haciendo. Los investigadores no podemos quedarnos atrás de estos hechos. Solo así un idioma como el español podrá enfrentar el reto de la globalización y de la lengua y el pensamiento únicos.

---

[26] Es el caso, por ejemplo, de G. Haensch y R. Werner, quienes dirigen el *Nuevo diccionario de americanismos*. Aunque Haensch advierte sobre la discriminación que sufre el español americano, parece no haberlo podido evitar, pues en la colección de diccionarios que coordina "uno por cada país hispanohablante" no incluyó uno para España, quizá porque allí se cuenta con un buen número de diccionarios nacionales de tipo general. Tampoco se incluyó en la colección un diccionario de mexicanismos, tal vez porque este país es el único, fuera de España, que cuenta también con un diccionario nacional, el ya citado *Diccionario usual del español de México*.

El proyecto de estudio
de la disponibilidad léxica en español

José Antonio Samper Padilla
Juan José Bellón Fernández
Marta Samper Hernández
Universidad de Las Palmas de Gran Canaria (España)

1. Introducción[1]

La disponibilidad léxica es un campo que no había sido suficientemente estudiado en español. Hoy la situación ha cambiado de forma radical, pues varios grupos de investigación de ambos lados del Atlántico trabajan en este aspecto de la léxico-estadística. Entre esos trabajos destaca un amplio proyecto, coordinado por Humberto López Morales, que persigue conocer el léxico disponible de estudiantes que aún no han comenzado su especialización universitaria. Los resultados de estas investigaciones, que parten de los mismos presupuestos metodológicos (tipo de encuesta utilizada para recopilar los materiales, centros de interés que se toman en consideración, criterios de edición de los listados y tratamiento matemático de los datos), aportarán, sin duda, una valiosa información sobre la disponibilidad léxica en nuestra lengua, permitirán establecer provechosas comparaciones entre las distintas modalidades dialectales y serán el fundamento de innumerables investigaciones en los campos de aplicación de estos estudios (psicolingüística, sociolingüística, etnolingüística, lingüística aplicada a la enseñanza...), así como

---

[1] En varios trabajos previos, entre los que destacan algunos de H. López Morales (1995, 1999a) y otro de A. Carcedo (1998a), se aporta una información muy detallada sobre la disponibilidad léxica. A ellos puede recurrir el lector para completar algunos de los puntos que abordamos en este artículo, especialmente los relativos a la historia de estos estudios de léxico-estadística. En nuestra presentación queremos centrarnos en las características metodológicas y en las aportaciones más relevantes del proyecto panhispánico.

una fuente importante de trabajos relacionados directa o indirectamente con sus objetivos fundamentales.

Precisamente con la finalidad de llegar a los acuerdos metodológicos a los que antes aludíamos se organizó una reunión en la Universidad del País Vasco a finales del mes de abril del año 1999, auspiciada por la profesora Maitena Etxebarria Arostegui, en la que estuvieron presentes los siguientes investigadores: Humberto López Morales (Universidad de Puerto Rico, Asociación de Academias de la Lengua Española), Julio Borrego Nieto, José Antonio Bartol Hernández y M.ª Victoria Galloso Camacho (Universidad de Salamanca), Miguel Casas Gómez, Adolfo González Martínez, M.ª Carmen Ayora Esteban y Luis Escoriza Morera (Universidad de Cádiz), José Luis Blas Arroyo (Universidad de Castellón) y Clara Eugenia Hernández Cabrera y José Antonio Samper Padilla (Universidad de Las Palmas de Gran Canaria). Aunque estaba prevista su presencia en la reunión, no pudieron asistir por diversas razones Pedro Benítez (Universidad de Alcalá), Francisco García Marcos y M.ª Victoria Mateo García (Universidad de Almería), Francisco Gimeno Menéndez (Universidad de Alicante) y José Ramón Gómez Molina (Universidad de Valencia). Los resultados de ese encuentro los expondremos a lo largo de las próximas páginas.

Este grupo coordinado cuenta desde octubre de 2000 con una página web, preparada en la Universidad de Salamanca por José Antonio Bartol (http://www3.usal.es/dispolex). Está prevista una segunda reunión de los responsables de los estudios de disponibilidad, más amplia que la anterior porque se espera contar con un número superior de investigadores hispanoamericanos, para la próxima primavera en La Rioja (España).

1.1. El nacimiento de los estudios de disponibilidad

Los estudios hispánicos de disponibilidad léxica cuentan con unos antecedentes bien conocidos, que se remontan a la lingüística francesa de los años cincuenta del siglo pasado. El primer trabajo sobre léxico disponible, que constituyó —y sigue constituyendo en algunos aspectos— una base indispensable para todos los que se efectuaron posteriormente, fue llevado a cabo por Georges Gougenheim, René Michéa, Paul Rivenc y Aurélien Sauvageot.

Recordemos brevemente el origen de estos estudios. Su nacimiento está directamente relacionado con la intención de facilitar la adquisición del francés tanto a los habitantes de los países africanos que habían formado parte de la Union Française, como al importante número de inmigrantes que en esos momentos llegaban a Francia. Gougenheim y sus colaboradores, que respondían de este modo a una invitación de la UNESCO, se propusieron crear una "lengua de base", limitada a sus unidades esenciales en el vocabulario y en la gramática, con el fin de garantizar una adquisición rápida de la misma. Ese proyecto de simplificación del francés para la enseñanza a extranjeros se materializó en 1954 con la aparición de *Le français élémentaire*[2]. En el terreno léxico el criterio en el que se basó la selección fue la frecuencia.

Ahora bien, el examen de las listas de frecuencia elaboradas para el *français élémentaire* dejaba ver que ciertas palabras muy conocidas y muy usadas por todos los hablantes de francés no aparecían o alcanzaban una frecuencia muy baja y, por tanto, no podían formar parte de esa lengua básica: en las listas que se obtuvieron había palabras muy comunes (como *auto*, *métro*, *fête* o *garage*) que figuraban en los últimos lugares y estaban ausentes otras que todo el mundo conocía (por ejemplo, *fourchette*, *coude*, *dent*, *jupe*, *lettre* o *timbre*) y que, por consiguiente, no podían ser incluidas en esa selección léxica. Una conclusión de ese tipo, aunque fuera aportada por un análisis cuantitativo riguroso, era inaceptable: quedaba de manifiesto la parcialidad de un léxico seleccionado solo a partir del criterio de frecuencia. Como explicaron Michéa (1953) y Gougenheim (1967), las frecuencias no podían ser, sin más, índices adecuados para la elección de los vocablos que debían constituir el léxico fundamental. Esta razón llevó a los autores franceses a proponer un método que compensara el peso de las palabras frecuentes con el de las palabras disponibles (entendidas estas como el caudal léxico utilizable en una situación comunicativa dada), ya que quedaba claro que algunos términos comunes, e incluso usuales, no eran frecuentes.

De acuerdo con una de las definiciones ya clásicas en este terreno, la aportada por Michéa (1953: 340), el vocablo disponible se caracteriza porque se presenta en la mente del hablante de forma inmediata y natural cuando se trata un determinado tema. Es una palabra que, sin ser necesariamente frecuente, vive potencialmente en el hablante y se actualiza en cuanto se produ-

---

[2] El opúsculo fue reeditado en 1958 con el título de *Français fondamental (1er degré)*. Dos años antes los autores habían publicado *L'élaboration du français élémentaire*; hasta 1964 no apareció la edición definitiva de esta obra: *L'élaboration du français fondamental (1er degré). Étude sur l'établissement d'un vocabulaire et d'une grammaire de base*. Tres años después vio la luz una reedición algo más amplia, por la que citaremos en este artículo.

cen ciertas asociaciones[3]. Como ha precisado López Morales, "existe en el lexicón mental una serie de términos que no se actualizan a menos que sea necesario para comunicar una información muy específica. Se trata de un léxico 'disponible', cuyo estudio no puede emprenderse manejando frecuencias, porque este factor es pertinente solo en el caso de las actualizaciones léxicas efectivas, no de las potenciales" (1999a: 11).

Es necesario, por tanto, distinguir, tal como hizo Michéa, entre palabras *atemáticas* y palabras *temáticas*. Las primeras son aquellas que se pueden encontrar casi regularmente en cualquier texto de una extensión suficiente, con independencia de su contenido: "Son palabras que nos sirven para expresar el asunto de las cosas más que para expresar las cosas mismas, los términos más o menos comunes a todos los temas, a todas las situaciones" (1950: 188-189). En esta categoría se encuentran las palabras gramaticales, un gran número de adjetivos y de verbos comunes y algunos nombres muy generales. Por el contrario, las palabras temáticas están vinculadas a un tema o a un tipo de tema dado, designan los seres y los objetos, y son, en su mayor parte, palabras concretas. La presencia de estos términos en las listas de frecuencia depende de la selección de los textos analizados para la muestra.

Así pues, los vocabularios basados únicamente en el criterio de la frecuencia constituyen, por su parcialidad, un método inapropiado para obtener unidades léxicas no realizadas regularmente en los textos (las palabras temáticas, esto es, el léxico disponible). En este sentido, la disponibilidad nace como un complemento necesario de la información que suministran los diccionarios de frecuencia[4], pues solo una combinación del vocabulario fre-

---

[3] Como sus propios compañeros reconocen, es Michéa el primero que perfiló la noción de disponibilidad, cuando constató, en un primer experimento, que no aparecían palabras gramaticales ni verbos de carácter general —sino las que posteriormente llamaría palabras temáticas— en la relación de voces que habían aportado sus alumnos a partir de la lectura de un fragmento de *El tonelero de Nuremberg* de Hoffmann.

En un segundo ensayo, Michéa pidió a sus alumnos que respondieran a la siguiente cuestión: "Piensen en un viaje en tren a partir del momento en el que se encuentran en la estación y escriban las 20 primeras palabras que les vengan a la mente". Los resultados fueron contundentes: "En presencia de una situación dada, las palabras que en primer lugar vienen a la mente son aquellas que están relacionadas muy especialmente con esa situación y que la caracterizan, es decir, los nombres. Las otras partes del discurso solo se presentan a la memoria en la medida en que se trate de expresar la relación entre las cosas" (Gougenheim *et al.* 1967: 151).

[4] Como es sabido, los diccionarios de frecuencia recibieron una notable mejora cuando al criterio estricto de la frecuencia se unió el de la dispersión. Esta aportación, recogida en

cuente y del vocabulario disponible proporciona el léxico fundamental de una comunidad de habla.

En este trabajo nos proponemos aportar una amplia información de los estudios de los equipos hispánicos en el terreno de la disponibilidad léxica. Los refinamientos en muchos aspectos metodológicos han abierto nuevas posibilidades para este tipo de investigación léxico-estadística, no contempladas en los estudios franceses precedentes. Pero antes de pasar a la exposición de los principios metodológicos de estas investigaciones, parece conveniente ofrecer un panorama general de los trabajos realizados en el mundo hispánico.

1.2. Los grupos del proyecto de estudio coordinado de la disponibilidad léxica en español

Los equipos coordinados se ocupan de las siguientes zonas dialectales[5]:

1.2.1. Puerto Rico. La investigación sobre esta isla la lleva a cabo Humberto López Morales, el lingüista que inició en el mundo hispánico, con sus trabajos sobre la pequeña de las grandes Antillas, los estudios sobre léxico disponible. López Morales, coordinador general de nuestro proyecto, ha dedicado un importante número de trabajos de gran relevancia (1973, 1978, 1979, 1983, 1986, 1995, 1999a, 1999b) a cuestiones relacionadas con la disponibilidad léxica, ha dictado numerosos cursos y conferencias sobre este tema y se ha convertido en el principal impulsor de estas investigaciones en nuestro ámbito lingüístico.

El primer trabajo sobre disponibilidad léxica en la zona metropolitana de San Juan de Puerto Rico data de 1973. Sus resultados iniciales, un análisis de las variables sociales que influyen en el desarrollo de la adquisición léxica, fueron expuestos por López Morales en una ponencia (que finalmente no llegó a publicarse) sobre "Frecuencia y disponibilidad léxica en escolares de primer

la confección de los léxicos básicos, aunque supone una importante modificación metodológica, no cambia la índole del vocabulario recopilado en ellos: se trata siempre de vocablos realmente actualizados en los textos.

[5] En esta introducción daremos una breve información de los trabajos realizados hasta el momento por cada uno de los grupos, con el objeto de que los lectores conozcan las aportaciones de los componentes del proyecto. En páginas sucesivas se darán más detalles de las características y los resultados de estos estudios.

grado" en el III Congreso de la ALFAL (Lima, 1975). En 1978 López Morales compara los materiales de disponibilidad léxica de San Juan con las listas de frecuencia que conformaban el *Recuento de vocabulario de preescolares* de Rodríguez Bou (1966). El cotejo le permite concluir que los índices de frecuencia aislados no traducen el dominio léxico y que es esencial tomar en consideración el factor 'tiempo' en la adquisición del vocabulario; además, llama la atención sobre el importante papel que deben desempeñar diversas disciplinas lingüísticas en la planificación de la adquisición léxica.

En otro estudio relevante, López Morales (1979) destaca que los datos cuantitativos ponen de manifiesto no solo importantes diferencias de disponibilidad relacionadas con los distintos niveles socioeconómicos, sino también notables divergencias en el tipo de léxico actualizado en las encuestas; como indica en las conclusiones, la teoría del déficit de Bernstein podría "alcanzar importancia sobresaliente si llegara a comprobarse fuera de toda duda razonable que existen implicaciones cognoscitivas serias en la mayor o menor disponibilidad léxica de los sociolectos" (181).

Una de las preocupaciones fundamentales de López Morales (expuesta en sus trabajos de 1983, 1986 y 1999a) ha sido la de buscar una forma de calcular el grado de disponibilidad de las unidades léxicas. La idea básica de su planteamiento es que ha de tenerse en cuenta el orden de aparición de los vocablos —y no solo la frecuencia, como habían contemplado los primeros estudiosos—, porque dos palabras con la misma frecuencia no tienen por qué presentar el mismo índice de disponibilidad. Estas sugerencias fueron concretadas en 1983, año en que, con la colaboración de Roberto Lorán, diseñó una fórmula que era capaz de ponderar ambos factores, frecuencia y 'espontaneidad' o —mejor— grado de disponibilidad.

Aunque finalmente se publicó en 1999, López Morales comenzó a elaborar ya en 1987 el léxico disponible de Puerto Rico, proyecto de descripción de la norma léxica de esa sintopía enriquecido con el examen de ciertas variables sociales. El *Léxico disponible de Puerto Rico* ofrece los datos generales de disponibilidad por cada centro de interés: en primer lugar, los lemas se presentan de acuerdo con el índice de disponibilidad y, en segundo lugar, por orden alfabético[6]. Por último, también en 1999 este lingüista publicó un estudio sobre los anglicismos léxicos en los materiales puertorriqueños.

---

[6] En soporte magnético, otros cuatro diccionarios ofrecen también los materiales léxicos según las variables sociales consideradas en la investigación: sexo, nivel sociocultural, zona geográfica y tipo de escuela.

Tras los fructíferos pasos dados por López Morales, otros estudiosos de Puerto Rico encaminaron su labor investigadora hacia la disponibilidad léxica. Como ya hemos indicado, R. Lorán colaboró con López Morales (1983, 1987) en el diseño de las primeras fórmulas matemáticas. En 1985, B. Román presentó la memoria de licenciatura titulada *Disponibilidad léxica en escolares de Dorado, Puerto Rico*, en la que trabajó los mismos diez centros de interés que había investigado López Morales en 1973. Por su parte, G. Butrón presentó en su tesis doctoral (1987) una investigación que perseguía analizar el valor de las diferentes fórmulas de cálculo del índice de disponibilidad, tanto desde un punto de vista teórico como empírico. En relación con esta última perspectiva, utiliza una muestra de alumnos de escuela elemental en la que tiene en cuenta las variables 'nivel socioeconómico', 'geografía' y 'sexo'. En la parte teórica se sirve del índice de correlación de Spearman, utilizado frecuentemente en estadística para medir la correlación entre rangos u ordenaciones. Butrón también propone una nueva aplicación para el cálculo de un índice individual de disponibilidad. En un trabajo posterior (1989) la citada estudiosa, utilizando el mismo material de base, analiza con detalle la incidencia de las variables sociales: sus resultados indican que son relevantes las diferencias propiciadas por los tres factores que considera, si bien en el condicionante 'nivel socioeconómico' se dibuja un patrón anómalo en cuanto el nivel medio supera al alto en la producción de palabras.

1.2.2. República Dominicana. También ha producido frutos importantes el estudio de la disponibilidad léxica en este país gracias a las investigaciones realizadas por O. Alba. La aportación más relevante, *El léxico disponible de la República Dominicana*, apareció en 1995. Con datos parciales de este libro, en el X Congreso de la ALFAL (Veracruz, 1993), O. Alba (1996) había presentado algunos resultados sobre ciertos aspectos de la disponibilidad léxica, centrados especialmente en la comparación de los listados de los alumnos universitarios con los del nivel secundario.

Otra línea de investigación cultivada por Alba se refiere al estudio de los anglicismos que aparecen en el léxico disponible del español dominicano. En un trabajo de 1995 realizó un análisis cuantitativo basado en un corpus compuesto por dos tipos de datos lingüísticos: conversaciones libres y palabras disponibles. En 1999 retomó el mismo asunto atendiendo a la densidad de los anglicismos y su correlación con las diferencias de nivel sociocultural y de sexo.

Una última vía de estudio a la que también se ha dedicado Alba es la que relaciona la disponibilidad léxica con la dialectología. En 1998 publicó una investigación cuyo propósito consistía en establecer una comparación entre cinco dialectos del español (República Dominicana, Puerto Rico, Madrid, México y Chile) basándose en las unidades léxicas de más alto grado de disponibilidad en tres centros de interés: 'El cuerpo humano', 'Medios de transporte' y 'Alimentos'. O. Alba decidió realizar las comparaciones solo con las primeras 50 palabras de las listas de disponibilidad porque representan el vocabulario más relevante de cada uno de los campos. Los resultados de esta investigación "muestran una compatibilidad léxica entre los diferentes dialectos mayor que la que suele creerse y pregonarse" (314).

1.2.3. Uruguay. Ya se han realizado las encuestas correspondientes a este país. La dirección del trabajo es responsabilidad de Carlos Jones Gaye.

1.2.4. España. El resto de los grupos componentes del proyecto panhispánico estudia distintos geolectos españoles:

1.2.4.1. Madrid. La investigación sobre la zona metropolitana de la capital española, que cuenta con una primera publicación de 1992, es realizada por P. Benítez Pérez, quien trabaja con una muestra constituida por 257 alumnos (122 hombres y 135 mujeres) del curso de orientación universitaria (COU) de cinco institutos y cinco colegios privados de la zona metropolitana de Madrid. En varios estudios, Benítez (1994b, 1997 y, en colaboración con Zebrowski, 1993) ha analizado detalladamente el léxico que aparece en los manuales destinados a la enseñanza de español a extranjeros y, tomando como referencia los resultados de su investigación sobre el léxico disponible madrileño, ha destacado las incongruencias en la selección del vocabulario, ya que junto a palabras con un alto índice de disponibilidad aparecen otras con valores muy bajos, que son de escasa productividad para los alumnos.

1.2.4.2. Canarias. En la isla de Gran Canaria las investigaciones sobre disponibilidad léxica han sido dirigidas por J. A. Samper y C. E. Hernández Cabrera, y han contado con la colaboración de M.ª J. García Domínguez, M. González Rivero, V. Marrero, J. A. Pérez Martín y G. Piñero. Un trabajo introductorio de Samper y Hernández (1997) explica los rasgos más relevantes de este estudio: se analizan 17 centros de interés (los 16 campos léxicos usuales, más el referido a los colores); en la muestra (539 alumnos) se distinguen cinco variables sociales: 'sexo', 'nivel sociocultural', 'tipo de enseñanza' (centros públicos/privados), 'ubicación de los centros educativos públicos' (área urbana/rural) y 'situación de los centros públicos urbanos' (zona central/periférica). En ese mismo artículo Samper y Hernández comentan los resultados de los factores 'sexo' y 'nivel sociocultural'. Para completar el estudio anterior, otros componentes del grupo de investigación grancanario (García Domínguez *et al.* 1994) analizaron la relación del léxico disponible con la variable geográfica y con el tipo de educación de los informantes.

En 1999 Samper publicó un trabajo en el que compara los datos grancanarios con los que había obtenido López Morales en Puerto Rico para comprobar el grado de variación que reflejan estos listados de disponibilidad léxica. La hipótesis de partida es que los distintos repertorios regionales o nacionales deben presentar una elevada proporción de palabras compartidas, que explicarían la unidad esencial de la lengua española. Asimismo, Samper (1998) dedicó un trabajo a los criterios de edición de los materiales de los léxicos disponibles, ya que considera necesario que se sigan normas comunes para facilitar los cotejos dialectales.

Otra aportación del grupo de investigadores grancanarios consistió en la comparación entre el léxico disponible y el de la norma culta de la ciudad de Las Palmas de Gran Canaria, que se centró en el campo relativo a la ropa (Hernández Cabrera y Samper Hernández 2001). La confrontación aportó una información muy útil sobre la vitalidad de algunos términos y sobre el cambio aparente de otros, dentro de la comunidad de habla estudiada. Finalmente, Samper, Hernández Cabrera y Bellón (en prensa) han realizado el cotejo de los léxicos disponibles de Gran Canaria y Córdoba. Los datos muestran una abrumadora presencia de términos comunes; el artículo incluye también un intento de sistematización de las diferencias dialectales que puede servir de guía para análisis posteriores. En un trabajo más reciente, Hernández Cabrera y Samper (en prensa) estudian la presencia de canarismos en los listados aportados por los estudiantes y centran su interés en uno de los campos, el de 'Alimentos y bebidas', en que aquellos son más numerosos.

En el archipiélago canario también se han realizado las encuestas para el estudio de la disponibilidad léxica de la isla de Tenerife, un trabajo dirigido por A. N. Torres. Hay asimismo un proyecto que pretende estudiar la disponibilidad en las islas no capitalinas con la finalidad de completar las investigaciones que están en marcha en Gran Canaria y Tenerife.

1.2.4.3. Andalucía. También existe un proyecto de estudio de la disponibilidad de toda la región, dirigido por H. López Morales y F. García

Marcos. Estos investigadores presentaron las bases metodológicas, que son las comunes a todo el proyecto panhispánico, en un trabajo de 1995. Para la recolección de los materiales se opta por la división provincial; la intención es que haya un diccionario general para la región y varios diccionarios particulares para cada demarcación. Ya hay provincias que cuentan con las investigaciones culminadas en su primera fase, la recopilación y publicación de los materiales: Almería (M.ª V. Mateo) y Cádiz (A. González Martínez). En otras demarcaciones provinciales ya se han realizado las encuestas: Córdoba (J. J. Bellón), Huelva (M.ª V. Galloso) y Sevilla (A. González Martínez), aunque todavía están sin publicar. En cambio, en Granada, Málaga y Jaén la recopilación del material se halla en su etapa inicial. Asimismo, González Martínez y otros investigadores de la Universidad de Cádiz (M. Casas, M.ª T. Díaz Hormigo, M.ª D. Muñoz Núñez, L. Escoriza, C. Varo, M.ª J. Paredes, A. I. Rodríguez-Piñero y G. Fernández Smith) elaboran el léxico disponible de Gibraltar, y C. Ayora (Universidad de Granada) el de Ceuta.

En el primer trabajo de los investigadores andaluces, Fuentes González, García Marcos y Mateo García (1994) recurren a la disponibilidad léxica para analizar la pervivencia de términos relacionados con el cultivo de la caña de azúcar en la costa granadina.

En 1996 Mateo García confronta los materiales del centro de interés de la alimentación de un corpus exploratorio recogido en Motril con los de Madrid (Benítez 1992a) y con los de México (Ruiz Basto 1987). La autora comprobó la extraordinaria diversidad que mantenían los listados de esas tres comunidades de habla en cuanto al tipo de léxico actualizado en las 20 posiciones iniciales.

En 1997 García Marcos y Mateo García publicaron un artículo en el que adelantaban los primeros resultados de las encuestas de disponibilidad léxica en la provincia de Almería. Finalmente, en 1998 Mateo García publicó la versión definitiva; en ella se analiza detalladamente el léxico recopilado en los 16 centros de interés clásicos en este tipo de estudios, más los campos 'Los colores' y 'La mar'. La muestra estuvo integrada por 400 estudiantes del curso de orientación universitaria. En sus conclusiones, Mateo García afirma que "los listados de léxico disponible del COU almeriense muestran una amplia base de vocabulario que podríamos considerar propio del español común" (243).

A. González Martínez presentó su tesis doctoral, *Disponibilidad léxica de Cádiz*, en 1997. En esta investigación, con una muestra de 400 estudiantes de COU, las variables sociales que se tuvieron en cuenta fueron 'sexo', 'tipo de centro de enseñanza', 'tipo de población de residencia' (áreas urbanas/rurales), 'zona geográfica de procedencia' (núcleos de población situados en el litoral/en el interior de la provincia) y, por último, 'nivel socio-cultural'.

En el año 2000 González Martínez y Orellana Ramírez publican un trabajo en el que comparan el léxico disponible de Cádiz con el de Zamora y en el que constatan, basándose en el 75% de frecuencia acumulada, la gran coincidencia entre las dos sintopías. A González le debemos también uno de los escasos estudios dedicados a los dialectalismos en las listas de disponibilidad (1999): la presencia de los andalucismos en las encuestas de Cádiz es muy limitada, ya que representan únicamente el 1.34% de los vocablos recopilados.

1.2.4.4. País Vasco. El léxico disponible del País Vasco es estudiado por M. Etxebarria. En 1996 esta autora publicó un trabajo cuyo objetivo consistía en conocer la relación entre disponibilidad léxica en lengua española y el modelo de enseñanza cursado (125 estudiantes seguían clases impartidas habitualmente en español y 120 se integraban en grupos que recibían la enseñanza generalmente en euskera). La investigadora vasca señala que no hay una diferencia notoria entre los dos tipos de alumnos. En un trabajo posterior, Extebarria (1999) añadió el análisis de los resultados de la muestra atendiendo a la variable 'nivel sociocultural'.

1.2.4.5. Castilla y León. Un amplio proyecto conjunto, promovido por J. A. Bartol, J. Borrego, C. Fernández Juncal, M.ª V. Galloso y F. J. de Santiago Guervós, contempla el estudio de la disponibilidad en esa región. Ya están elaborados los diccionarios de Ávila, Salamanca y Zamora, y se encuentran en fase de realización las encuestas correspondientes a León, Palencia y Valladolid. Los trabajos van más retrasados en las provincias de Burgos, Soria y Segovia, en las que hasta ahora no han podido efectuarse las pruebas previstas.

Las primeras investigaciones de disponibilidad léxica en esta comunidad fueron las de Galloso (1997, 1998), quien se centró en el léxico disponible de la provincia de Zamora. Además del análisis cuantitativo, esta investigadora estudió las relaciones asociativas entre las unidades léxicas que integran un centro de interés y que provocan que ciertas palabras se presenten siempre juntas, formando grupos compactos, los llamados campos asociativos de la palabra.

En 2001 Galloso presentó su tesis doctoral sobre la disponibilidad léxica de las provincias de Ávila, Salamanca y Zamora. Una de las novedades de este estudio es la aplicación del paquete estadístico SPSS (*Statistical Package for the Social Sciences*) para comprobar la significación de ciertas diferencias cuantitativas. Las conclusiones del trabajo señalan que son los alumnos varones, de procedencia urbana, que estudian en centros privados y que tienen padres con un grado de instrucción superior los que poseen un índice más alto de disponibilidad.

Los datos del léxico disponible de la República Dominicana, elaborado por O. Alba, y los de la provincia de Zamora le sirven a J. A. Bartol (1998) para analizar la implantación de anglicismos en la lengua de los jóvenes de esas dos regiones hispanas, mucho más acusada en el país americano que en la provincia castellanoleonesa.

En un estudio posterior, Bartol (2001) plantea cómo se deben analizar y comparar los datos obtenidos en las diferentes investigaciones sobre disponibilidad léxica. Considera que el criterio más adecuado es incluir solo aquellas palabras cuyo índice de disponibilidad sea, al menos, el 0.02.

1.2.4.6. Asturias. El último diccionario de léxico disponible que ha visto la luz, en el año 2001, es el de la región asturiana, realizado por A. Carcedo, quien ya contaba con la inestimable experiencia de sus trabajos sobre el léxico disponible de los estudiantes de español en Finlandia (1998b, 1999a, 1999b, 1999c, 2000a, 2000b, 2000c). Carcedo contempla las variables sociales que marcan las normas del proyecto: 'sexo', 'centro escolar' (público/privado), 'tipo de comunidad' (urbana/rural), 'nivel sociocultural' y 'zona geográfica' (las cuatro áreas que distingue coinciden con la diferenciación establecida por la dialectología tradicional, es decir, las del bable central, bable occidental, bable oriental y la zona del gallego-asturiano).

En la presentación del léxico el investigador lleva a cabo un análisis de gran interés sobre la compatibilidad global de los distintos inventarios: la más alta la presentan los vocabularios de hombres y mujeres, y la más baja corresponde a la diferencia entre centros públicos y privados. El mismo análisis de compatibilidad se realiza también tomando en consideración solo los 20 primeros vocablos; en este caso se alcanzan índices muy superiores.

En el último congreso de la ALFAL, celebrado en San José de Costa Rica en el mes de febrero de 2002, Carcedo presentó una ponencia en que comparaba los resultados del léxico disponible de Asturias con los de Cádiz, Zamora, Chile, Puerto Rico y República Dominicana.

1.2.4.7. Valencia. Para los trabajos en la región valenciana se cuenta con diferentes investigadores que se ocupan de estudiar cada una de las tres provincias. J. R. Gómez Molina y M.ª B. Gómez Devís se encargan, desde hace algunos años, del proyecto en Valencia. Más reciente es la incorporación de los estudiosos que se ocupan de la provincia de Castellón: J. L. Blas Arroyo y M. Casanova Ávalos. En Alicante trabaja en los últimos años F. Gimeno. Los tres equipos cuentan ya con todas las encuestas previstas.

1.2.4.8. Aragón. En esta región ha empezado a trabajar con mucho entusiasmo el equipo constituido por J. M.ª Enguita y A. B. Moliné, que ya dispone de un buen número de encuestas realizadas.

1.2.4.9. Galicia. En la región noroccidental española los trabajos han comenzado más recientemente, por lo que aún carecemos de datos firmes. Los responsables del estudio son A. I. Iglesias Álvarez y F. Ramallo.

1.2.4.10. Cataluña. Por ahora solo se cuenta con un proyecto de estudio de la disponibilidad en la provincia de Lérida. Se trata de un trabajo, dirigido por M.ª Ángeles Calero, que se halla en sus inicios y que, una vez culminada su primera etapa, se convertirá en la memoria de licenciatura de su autora, M.ª Isabel Serrano.

1.3. Otros estudios de disponibilidad en el mundo hispánico

No son los investigadores incluidos en el apartado anterior los únicos que se ocupan, o se han ocupado, de estudiar la disponibilidad en el mundo hispánico. Como fruto de algunos de los cursos impartidos en distintas universidades americanas por el profesor López Morales, se han desarrollado unas investigaciones que se ajustan a los criterios generales de disponibilidad y que, por tanto, resultan comparables, en mayor o menor medida, con las de los equipos del proyecto que describimos, si bien no siguen estrictamente las normas metodológicas a las que hemos de referirnos como criterios unitarios del grupo coordinado de disponibilidad.

Entre estos equipos de investigación, que en algunos casos se desarrollaron antes que los españoles, hay que recordar los que han estudiado la disponibilidad de las zonas siguientes:

1.3.1. México. En este país se realizaron importantes trabajos en los primeros momentos del estudio del léxico disponible de nuestra lengua. En los años 1986 y 1987 se presentaron tres memorias de licenciatura sobre el tema: la de H. Justo Hernández, la de A. Cañizal Arévalo y la de A. Ruiz Basto. La primera analizó la disponibilidad léxica de los vocablos que designan colores a partir de 10 centros de interés que actuaron de estímulo. La segunda, que trabajó seis campos léxicos, presenta la novedad de incluir uno ('Defectos físicos y morales') con la finalidad de recoger adjetivos. Por último, la investigación de A. Ruiz Basto analizó también seis centros de interés en estudiantes universitarios de primer año e incorporó, con ligeros retoques ('Defectos y cualidades físicas y morales'), la innovación más destacada del trabajo de Cañizal. Dos años después, en 1989, R. M. Mesa Canales llevó a cabo un estudio sobre el léxico disponible de preescolares. A Cañizal Arévalo (1991) también le debemos un interesante trabajo sobre la sistematización de la memoria semántica, que persigue explicar cómo se almacenan, organizan y recuperan las palabras.

Ahora bien, las aportaciones mexicanas más destacadas a los estudios de disponibilidad léxica son fruto del trabajo de J. López Chávez. Para todas las investigaciones posteriores ha tenido una gran trascendencia su propuesta, hecha en colaboración con el ingeniero C. Strassburger Frías (1987, 1991), de la fórmula matemática para el cálculo de la disponibilidad (que mejora la que inicialmente habían presentado Lorán y López Morales). También se ha interesado López Chávez por el estudio de los extranjerismos léxicos en el español de México: su trabajo de 1991 muestra con claridad que hay centros reacios al anglicismo frente a otros que presentan muchas voces procedentes del inglés, que, además, aparecen en lugares muy destacados de los listados. Otra fructífera vía de estudio cultivada por López Chávez (1992, 1995) es la que relaciona la disponibilidad léxica con la dialectología; su análisis de los índices de compatibilidad de los léxicos disponibles de Puerto Rico, República Dominicana, Madrid y Gran Canaria, lo lleva a concluir que el grado de convergencia entre estos dialectos hispánicos es extraordinariamente bajo. Entre sus otros trabajos, destaca el que llevó a cabo, junto a un grupo de colaboradores, con escolares de la ciudad de México (1993) para investigar la formación y el desarrollo del lexicón mental, así como el que, en colaboración con Rodríguez Fonseca (1992), dedicó al crecimiento léxico basándose en encuestas mexicanas y puertorriqueñas. López Chávez (1994) también ha utilizado las pruebas asociativas de disponibilidad léxica para estudiar el comportamiento sintáctico de los verbos.

1.3.2. Chile. También en este país se han realizado importantes aportaciones a los estudios de disponibilidad léxica. El primer trabajo fue el de M. Mena Osorio, quien en 1986 presentó como tesis de maestría una investigación realizada con 300 escolares de educación básica. En 1987 M. S. Echeverría, con la colaboración de M.ª O. Herrera, P. Moreno y F. Pradenas, publicó un estudio que describe cuantitativa y cualitativamente el léxico disponible de los alumnos de educación media de Concepción a partir de una muestra de 400 sujetos, la mitad de primer curso y la otra mitad de tercero. En este estudio se introduce el concepto de 'índice de cohesión', muy utilizado en ulteriores investigaciones de disponibilidad. Posteriormente, Echeverría (1991), a partir de la información de los dos trabajos anteriores, ofrece una visión global sobre la disponibilidad léxica en Chile; destaca, por ejemplo, en cuanto al nivel escolar, la acusada progresión del enriquecimiento léxico entre cuarto y octavo de educación básica y el aumento más lento a partir de ese curso. También en 1991 P. Vargas Sandoval estudia seis centros de interés en la V Región chilena, con la particularidad de que sustituye los campos concretos tradicionales en las investigaciones de la disponibilidad por otros abstractos. Un año más tarde, en colaboración con M. González Becker, completa este trabajo y propone que la disponibilidad léxica sea considerada como un instrumento de planificación curricular. Al léxico disponible de Chile ha dedicado también diversos estudios A. Valencia. Tras una serie de investigaciones iniciales (1993, 1994a, 1994b, 1997, 1998), esta autora publicó en 1999, junto con M. S. Echeverría, la *Disponibilidad léxica en estudiantes chilenos*[7], que representa uno de los empeños más ambiciosos de describir el léxico disponible de toda una comunidad (en este caso, de alcance nacional). Para ello los investigadores chilenos trabajaron con una muestra de 2.052 estudiantes de cuarto año de educación media y tuvieron en cuenta los siguientes factores extralingüísticos: 'sexo', 'nivel sociocultural', 'régimen educativo', 'regionalidad' y 'procedencia poblacional'. Como señalan Valencia y Echeverría, los materiales recogidos en esta amplia investigación pueden ser de gran utilidad para profesores de español y planificadores pedagógicos del país, independientemente del valor intrínseco que ya poseen para lingüistas, sociolingüistas, dialectólogos y psicolingüistas.

---

[7] Un año antes había salido una versión preliminar de esta obra con el título de *Disponibilidad léxica en estudiantes de cuarto año de educación media.*

1.3.3. Costa Rica. M. Murillo Rojas publicó en 1993 un primer traba-jo en el que estudia las respuestas dadas por 50 niños a estímulos pictóricos (10 láminas que cubrían cinco áreas temáticas: 'Profesiones u oficios', 'Partes del cuerpo', 'Medios de transporte', 'Familia' y 'Animales'); como se realizaron dos pruebas —una, al principio de curso y otra, al final—, se pudo comprobar el incremento léxico —en determinados ámbitos, muy acusado— de los escolares. De nuevo en 1994 Murillo Rojas analizó el léxico disponi-ble de un grupo de 50 preescolares en los centros de interés 'Alimentos' y 'Bebidas'. La disponibilidad léxica de los preescolares de Costa Rica fue estudiada también en otro trabajo de la misma autora, en colaboración con V. Sánchez Corrales (1993).

1.4. Las investigaciones en español como lengua extranjera

En relación con el proyecto, aunque con una perspectiva distinta por la índo-le de su objeto de estudio, se han desarrollado unas interesantes investiga-ciones que analizan la disponibilidad léxica de extranjeros que estudian el español. El pionero en estos trabajos es A. Carcedo, profesor español en Finlandia, quien, como ya señalamos anteriormente, ha dedicado numerosos estudios al análisis de los resultados que ofrecen las encuestas realizadas a alumnos finlandeses con diversos niveles de dominio de nuestra lengua. El autor, además de ocuparse de los datos cuantitativos, se ha centrado en muchos y variados aspectos de la disponibilidad: tipo de vocablos predomi-nantes en las listas, comparación intercultural a partir del cotejo con materia-les hispánicos, análisis de errores...

El primer estudio de Carcedo (1998b) constituyó un acercamiento a la disponibilidad léxica de 78 informantes finlandeses del último curso de bachillerato, que tenían el español como lengua opcional. El trabajo se ciñe a los 16 centros de interés del proyecto hispánico y al análisis de la variable 'sexo', que apenas tiene incidencia en los resultados. El análisis de los 469 errores observados en estas encuestas fue el objetivo de otro artículo. Carcedo (1999a) clasificó los errores en cuatro grandes apartados: ortográfi-cos, de carácter fónico, de índole morfológica y, por último, los causados por transferencia léxica de diversas lenguas.

Otro trabajo del mismo autor (1999b) está dedicado a la evolución de la disponibilidad léxica a lo largo de las distintas etapas de aprendizaje. La muestra la componen esta vez 48 estudiantes con lengua materna finesa, que se distribuyen entre los cursos cuarto y octavo de liceo, y primero y segundo de la enseñanza universitaria de español. Los datos reflejan un aumento de las unidades léxicas paralelo al del nivel de competencia en español, con una equivalencia altísima en el grado de productividad de los diferentes centros de interés. Desde el punto de vista cualitativo, destaca la coincidencia de los vocablos que ocupan los primeros puestos de las nóminas independientemente del nivel de conocimiento, lo que, según Carcedo, "permitiría extraer conclusiones provechosas para la psicolingüística" (93).

Carcedo ha dedicado especial atención a la comparación entre el léxico disponible de los estudiantes fineses y el de distintos geolectos hispánicos. En un primer estudio (1999c) cotejó los datos de alumnos del último año del bachillerato finlandés con los de los preuniversitarios de la zona metropolitana de Madrid (Benítez 1992a). Tras analizar la incidencia de las variables consideradas en la muestra finlandesa[8], destaca la natural desventaja cuantitativa de los extranjeros en relación con el vocabulario madrileño, aunque se hace patente también aquí la equivalencia en la productividad de los diferentes centros y en los vocablos que ocupan las primeras posiciones.

Una segunda investigación de este tipo (Carcedo 2000a), que insiste en la importancia de las diferencias de carácter etnolingüístico, amplía considerablemente el marco de la comparación. Ahora se tiene en cuenta una muestra compuesta por 350 alumnos finlandeses, por un lado, y los materiales de Cádiz, Madrid, Zamora, Chile, República Dominicana y Puerto Rico, por otro. El cotejo de las 20 primeras unidades manifiesta una notable convergencia entre los siete listados contrastados, que, en el caso del extranjero, va aumentando paralelamente al nivel de dominio. El autor destaca que la mayor presencia de anglicismos y americanismos en los léxicos hispanoamericanos los distancia de los resultados finlandeses, que, por consiguiente, ofrecen un mayor grado de convergencia cualitativa con los repertorios peninsulares. Finalmente, se constatan divergencias culturales en las diferentes asociaciones de los hispanohablantes frente a los extranjeros.

Por último, una extensa monografía (Carcedo 2000b) analiza detalladamente los datos de los 350 estudiantes fineses de español, esta vez teniendo en cuenta las variables 'sexo', 'conocimiento de otra(s) lengua(s) románica(s)', 'nivel de estudios' (150 alumnos de cuarto del liceo, 150 del último

---

[8] Por ejemplo, es importante la diferencia en cuanto a la productividad de los centros de interés según el sexo de los informantes, así como la superioridad de los informantes que conocían otra(s) lengua(s) románica(s).

curso de bachillerato y 50 universitarios distribuidos equitativamente entre dos niveles diferentes) y 'lengua materna' (26 suecos frente a 324 finlandeses). Este amplio estudio sirve para confirmar la incidencia del conocimiento de otros idiomas románicos en la cantidad de elementos aportados, al igual que la progresiva evolución que se produce desde el nivel inferior hasta el grado superior de especialización universitaria; por el contrario, ni el sexo ni la lengua materna —esta variable con una muestra muy dispar— parecen ejercer ningún tipo de influencia.

Una importante sección del trabajo se dedica al cotejo de los materiales finlandeses —en los que se diferencian los producidos por los preuniversitarios y los universitarios— y los recogidos en Cádiz, Puerto Rico, República Dominicana y Zamora. Tras comprobar que las listas se van equiparando a medida que aumenta el nivel de estudios, subraya el bajo índice de compatibilidad del nivel preuniversitario con los léxicos hispánicos. Aunque es verdad que en las diez primeras posiciones se produce una notable convergencia, la conclusión que se extrae del análisis comparativo es la deficiencia del vocabulario de estos informantes. Muy distinto es el caso de los alumnos de la especialidad universitaria, que se acercan en gran medida a los repertorios producidos por los nativos. De nuevo se constata la mayor cercanía de las respuestas de los fineses a las modalidades peninsulares.

Dos trabajos de M. Samper Hernández (2000, 2001) analizan el léxico disponible de 45 informantes extranjeros que se encontraban estudiando español en Salamanca en el momento de realización de las encuestas. La novedad metodológica principal consiste, por tanto, en que estos hablantes no nativos se hallaban inmersos en la vida y la cultura del idioma que estaban aprendiendo. Otro aspecto novedoso es que se distinguen cuatro grupos según la variable 'lengua materna'. Samper Hernández (2001) observa que precisamente este factor influye de forma clara en la producción léxica: los japoneses son los informantes que sistemáticamente aportan un número mayor de unidades. También es relevante el grado de dominio del español puesto que se produce una diferencia evidente entre la aportación cuantitativa de los alumnos del 'nivel umbral' y la de los estudiantes del superior. Ni el sexo ni el conocimiento de otras lenguas parecen tener influencia en los resultados.

Con respecto al tipo de asociaciones que acuden a la mente de los diversos informantes, la autora destaca que no se observa relación alguna entre los factores 'lengua materna' y 'nivel de dominio' y las características del léxico recogido, salvo en detalles como la inclusión de términos arcaizantes y librescos en los listados japoneses. Tampoco parece importante el conocimiento de otros idiomas para los resultados cualitativos. En cuanto al factor 'sexo', sí se puede hablar de una relativa influencia, aunque limitada a algunos centros de interés; curiosamente, no se encuentra relación entre los campos tradicionalmente masculinos y femeninos y las lexías aportadas: los estudiantes destacan en 'Muebles de la casa' y las alumnas en 'Trabajos del campo y del jardín'. Finalmente, la investigadora lleva a cabo un cotejo de sus materiales con los recogidos en Finlandia (Carcedo 2000b), que revela una compatibilidad muy alta tanto desde el punto de vista cuantitativo (donde roza el 80% de promedio) como desde la perspectiva cualitativa.

Un trabajo posterior de Samper Hernández (en prensa) compara el vocabulario de los 45 informantes extranjeros de su muestra con las listas que conforman el léxico disponible de Gran Canaria. La autora destaca el alto índice de compatibilidad general que se detecta entre ambas nóminas, con un 58% de vocablos comunes entre aquellos que figuran en las veinte primeras posiciones en los dos listados. Las diferencias, además, se deben en muchos casos a razones de índole dialectal (ausencia de *rebeca* o *guagua* en la disponibilidad de los foráneos) y, en menor medida, al establecimiento de relaciones asociativas distintas.

1.5. Los antecedentes de los estudios hispánicos

Como ya indicamos en su momento (*vid. supra* § 1.1), los estudios hispánicos de disponibilidad contaron con el precedente de los trabajos franceses. Además del realizado por los pioneros Gougenheim, Michéa, Rivenc y Sauvageot, hay que recordar el gran proyecto canadiense encabezado por Mackey (que contó con la colaboración de Savard y Ardouin), *Le vocabulaire disponible du français*. Este autor, que pensaba que los índices de disponibilidad eran los que mejor podían informar sobre las diferencias del vocabulario común en Francia y en América, siguió unos procedimientos idénticos a los que ya habían dado como fruto el vocabulario disponible de Francia con el fin de facilitar las comparaciones.

Mackey (1971a), que dedicó una extensa parte de su estudio al análisis comparativo del léxico recopilado por Gougenheim *et al.* con el que él mismo había obtenido en la región canadiense de Acadie, destaca que algunas palabras revelan diferencias de cultura y de civilización; por ejemplo, *théâtre* aparece en el tercer lugar en el vocabulario de 'Las distracciones' en

Francia, mientras que en Acadie desciende hasta el puesto número 242 y es la palabra *hockey* la que ocupa la tercera plaza.

La influencia de Mackey y del Centre International de Recherches sur le Bilinguisme (CIRB) de la Universidad de Laval en Quebec se evidencia en otras investigaciones sobre disponibilidad léxica. En 1971 J. Bailey Victery presentó un estudio realizado con hablantes bilingües de español e inglés en el estado norteamericano de Texas. Más patente es la deuda canadiense en el trabajo de P. E. Njock (1979), una investigación de carácter comparativo entre el francés y el basaa de niños de Camerún, y en la tesis doctoral de M.ª J. Azurmendi Ayerbe (1983), un análisis del léxico disponible en hablantes bilingües en euskera y español de la comarca de San Sebastián.

Otro antecedente relevante es el trabajo de N. R. Dimitrijevic sobre disponibilidad léxica en el inglés de Escocia, publicado en 1969, unos años antes de la obra de Mackey. A pesar de basarse en los presupuestos de los investigadores franceses, Dimitrijevic introdujo importantes cambios metodológicos, algunos de los cuales, como veremos, serán incorporados al proyecto panhispánico.

2. Las pautas metodológicas del proyecto de estudio panhispánico

En la reunión de Bilbao de 1999 los participantes llegaron a unos acuerdos que persiguen dotar de unas bases homogéneas al proyecto panhispánico. Dedicaremos las páginas siguientes a la exposición de estos principios, a la que añadiremos las indicaciones sobre los resultados más importantes que para cada factor han aportado los distintos estudios. También nos parece oportuno incluir información sobre otros caminos metodológicos emprendidos en investigaciones previas, hispánicas o foráneas, porque, de este modo, puede entenderse mejor el sentido y la oportunidad de las decisiones tomadas dentro del proyecto panhispánico.

2.1. Los centros de interés

Para la elaboración de los léxicos disponibles se emplean los datos obtenidos en pruebas asociativas controladas, que constituyen un modo artificial de conseguir que afloren a la superficie, a través de listas escritas o grabadas, las palabras de las que dispone, para uso inmediato, un determinado hablante o un grupo específico de ellos. Como ha destacado López Morales, estas pruebas son "las únicas que hacen posible, en condiciones experimentales, que se realicen en la actuación lingüística las unidades léxicas con poca estabilidad estadística" (1999a: 32).

Todas las investigaciones de disponibilidad han utilizado los llamados 'centros de interés', unos estímulos temáticos relativamente amplios que persiguen provocar las respuestas de los sujetos entrevistados[9]. Lógicamente, esos estímulos han de ser exactamente los mismos para todos los sujetos de una investigación, que, además, deben disponer de unas condiciones uniformes de reacción.

En todos los estudios del proyecto hispánico deben figurar los mismos 16 centros de interés para permitir las comparaciones pertinentes (uno de los objetivos esenciales del proyecto). Son los siguientes[10]:

01. 'Partes del cuerpo'
02. 'La ropa'
03. 'Partes de la casa (sin los muebles)'
04. 'Los muebles de la casa'
05. 'Alimentos y bebidas'
06. 'Objetos colocados en la mesa para la comida'
07. 'La cocina y sus utensilios'
08. 'La escuela: muebles y materiales'
09. 'Iluminación, calefacción y medios de airear un recinto'
10. 'La ciudad'
11. 'El campo'
12. 'Medios de transporte'
13. 'Trabajos del campo y del jardín'
14. 'Los animales'
15. 'Juegos y distracciones'
16. 'Profesiones y oficios'

---

[9] La noción de centro de interés, muy conocida en pedagogía, fue recomendada por Michéa (1950: 189) como base de la enseñanza de las palabras concretas.

[10] Hay ligeros cambios en la denominación de estos centros de interés en las distintas investigaciones. Por ejemplo, 'Partes del cuerpo' puede aparecer con los nombres de 'El cuerpo', 'Cuerpo humano', 'Partes del cuerpo humano'... Como estas variantes no introducen cambios significativos, cuando nos refiramos a un trabajo concreto podremos usar indistintamente el nombre general o el específico que emplea su autor.

En determinadas investigaciones dentro del proyecto se han añadido a los anteriores algunos otros campos. Por ejemplo, en los trabajos que se ocupan de la zona metropolitana de Madrid, de Gran Canaria, del País Vasco, de Almería y de Córdoba, se ha tenido en cuenta el centro de interés 'Los colores'[11]. Por otro lado, los coordinadores del proyecto de investigación de la disponibilidad léxica en Andalucía también han incorporado el centro de interés 'La mar'[12].

Los 16 centros de interés del proyecto panhispánico son comunes a los que establecieron los estudiosos franceses como manifestación de los sectores semánticos más representativos. Gougenheim *et al.* (1967) consideraban que estos campos cumplían tanto la condición de la universalidad (y, por consiguiente, podrían interesar a los hablantes, independientemente de su estrato, situación o condición) como la de la coherencia interna. Para López Morales (1999a), la decisión de mantenerse fiel, salvo con ligeras y obligadas adaptaciones, a los mismos centros de interés originarios de los investigadores franceses es importante porque deja abierta la posibilidad de establecer comparaciones entre los resultados hispánicos y los obtenidos entre los francohablantes.

En el texto en francés (Gougenheim *et al.* 1967: 152-153), la relación de los 16 centros de interés es la siguiente:

01. 'Les parties du corps'
02. 'Les vêtements (peu importe que ce soient des vêtements d'homme ou de femme)'
03. 'La maison (mais pas les meubles)'
04. 'Les meubles de la maison'
05. 'Les aliments et boissons des repas (à tous les repas de la journée)'
06. 'Les objets placés sur la table et dont on se sert à tous les repas de la journée'

---

[11] Se trata de un campo que incorpora "un aspecto básico de la verbalización de la percepción del entorno, de constante referencia desde los trabajos de los antropólogos lingüistas para el examen de las relaciones lengua/pensamiento/realidad" (López Morales y García Marcos 1995: 70).

[12] En su opinión, "aporta un elemento de contraste con los centros de 'El campo' y 'Trabajos del campo y del jardín' que puede resultar de gran rendimiento en una comunidad como la andaluza con un hábitat campesino y marinero fuertemente marcado" (López Morales y García Marcos 1995: 70).

07. 'La cuisine, ses meubles et les ustensiles qui s'y trouvent'
08. 'L'école, ses meubles et son matériel scolaire'
09. 'Le chauffage et l'éclairage'
10. 'La ville'
11. 'Le village ou le bourg'
12. 'Les moyens de transport'
13. 'Les travaux des champs et du jardinage'
14. 'Les animaux'
15. 'Les jeux et distractions'
16. 'Les métiers (les différents métiers et non pas les noms qui se rapportent à un seul métier)'

Como puede verse, son muy leves las modificaciones incluidas en el proyecto hispánico. La más relevante afecta al centro de interés 09, en el que se ha sumado, a los temas de calefacción e iluminación, la asociación con los medios de ventilación de los recintos, una referencia más cercana que la calefacción para los estudiantes puertorriqueños, dominicanos o canarios, por ejemplo.

Sin embargo, no todas las investigaciones de léxico disponible se han ajustado a los centros de interés explorados por los iniciadores franceses. Por el contrario, lo normal hasta el comienzo del proyecto panhispánico han sido los cambios, con la adición de algunos campos léxicos o la supresión de otros, sustituidos a veces por ámbitos que no figuraban entre los 16 citados. Esto empieza a observarse desde la segunda gran investigación en el área francófona. Mackey (1971a: 29) parte de la idea de que es imposible ofrecer una lista de centros que englobe todos los intereses posibles ya que, en su opinión, la importancia relativa de los ámbitos léxicos cambia con la edad, la profesión y el grado de instrucción de los interesados. Por eso, en la investigación canadiense, a la lista de los 16 manejados en Francia (un requisito obligado para los fines comparativos que se proponía el estudio), se incorporaron varios centros de interés complementarios:

17. 'L'Eglise et la vie paroissiale'
18. 'Les sports et l'equipement sportif'
19. 'Les outils'
20. 'L'automobile et ses parties'
21. 'Les actions courantes'
22. 'Les affaires'

Los cambios son frecuentes en los trabajos que se inspiran en el modelo canadiense. Así, en el estudio comparativo entre el francés y el basaa de niños de Camerún llevado a cabo por Njock (1979), también se modifican los centros de interés. Destaca, además de la reducción del número de los que se consideran, la incorporación del campo 09 ('La música y la danza'), que atiende a uno de los rasgos culturales más sobresalientes de la zona africana investigada:

01. 'Les parties du corps'
02. 'La nourriture et les boissons'
03. 'Les vêtements (pour hommes et pour femmes)'
04. 'La maison (materiaux de construction et meubles)'
05. 'Le travail au champ'
06. 'La cuisine (ce qu'on y voit)'
07. 'La salle de classe (ce que tu vois et/ou utilises)'
08. 'Les moyens de locomotion (ce qui te permet de te déplacer)'
09. 'La musique et la danse (les genres)'
10. 'Les jeux et divertissements'

También se percibe la adaptación a las características del medio en la selección de los centros que realizó M.ª J. Azurmendi Ayerbe (1983) en el País Vasco. Con la entrada de campos como los que llevan los números 05, 12 y 15, la autora pretende conseguir "un acercamiento mayor al grado de diversificación grande de la vida diaria en el mundo actual" (145):

01. 'Partes del cuerpo'
02. 'Prendas de vestir y de calzar'
03. 'Partes u objetos que hay en una vivienda (casa o piso)'
04. 'Alimentos, bebidas'
05. 'Relaciones familiares (madre, tío) y no familiares (alumno, amigo)'
06. 'Ciudad o pueblo: sus partes; lo que se ve y se hace en ellos'
07. 'Los transportes: medios y vehículos que se utilizan'
08. 'Enseñanza: clases de centros y sus partes; objetos y materiales utilizados, asignaturas, etc.'
09. 'Trabajo: clases de trabajos, de oficios, de profesiones'
10. 'Juegos, diversiones, entretenimientos'
11. 'Deportes: prendas de vestir y objetos que se utilizan'
12. 'Acciones que normalmente se realizan todos los días'

13. 'La naturaleza. Las vacaciones'
14. 'Agricultura y vegetales. Ganadería y animales. Pesca y peces'
15. 'Dinero, bancos, comercio'

Dimitrijevic (1969), tratando de evitar tanto los centros de interés muy dispersos como los excesivamente concretos, trabajó solo once campos. Casi todos ellos responden a los enunciados de los franceses (con la lógica reducción de algunos), pero incorporó dos, el 06 y el 08, que constituyen una novedad dentro de los estudios de disponibilidad. El primero, 'La ciencia', le parece interesante por la polisemia del término; el segundo está elegido por su intención de comparar el léxico de esta área asociativa en estudiantes que viven en países (Escocia y Yugoslavia) con sistemas políticos muy diferentes:

01. 'Animals'
02. 'Countryside'
03. 'Town'
04. 'Entertainment'
05. 'Jobs and professions'
06. 'Sciences'
07. 'Means of transport'
08. 'Politics'
09. 'Parts of the house'
10. 'Food and drink'
11. 'Clothes'

Tampoco se utilizaron los 16 campos empleados por los pioneros franceses en las primeras investigaciones hispánicas de léxico disponible. Así, en el primer trabajo exploratorio realizado en Puerto Rico (López Morales 1973) el análisis se redujo a diez centros de interés, relacionados con los propuestos por los investigadores franceses:

01. 'Alimentos'
02. 'Animales'
03. 'La casa'
04. 'La cocina'
05. 'El cuerpo humano'
06. 'Materiales de construcción'

07. 'Muebles'
08. 'Naturaleza'
09. 'La ropa'
10. 'Transportes'

Con estos mismos centros de interés se llevaron a cabo las investigaciones de Román (1985) en Puerto Rico y de Mena Osorio (1986) y Echeverría (1987, 1991) en Chile.

En algunos de los trabajos de disponibilidad realizados en México se observan novedades importantes. Por ejemplo, Cañizal Arévalo (1987) empleó seis centros, entre los que destaca, como ya señalamos, el 06, 'Defectos físicos y morales', que no había sido empleado previamente. Con él la autora buscaba que los informantes aportaran adjetivos[13]:

01. 'Las partes del cuerpo'
02. 'Objetos que hay en el interior de la casa'
03. 'Alimentos y bebidas'
04. 'Medios de transporte'
05. 'Profesiones y oficios'
06. 'Defectos físicos y morales'

Las modificaciones más relevantes se encuentran en el trabajo de H. Justo Hernández (1986). Son cambios propiciados por el tipo de léxico que se deseaba analizar, el relativo a los colores. Así, la autora tuvo en cuenta las siguientes áreas temáticas:

01. 'Ropa'
02. 'Zapatos'
03. 'Cosméticos'
04. 'Automóviles'
05. 'Anuncios comerciales'
06. 'Mochilas, maletas, bolsas'
07. 'Muebles'

---

[13] Como indicamos en su momento, Ruiz Basto (1987), que persigue propósitos semejantes a los de Cañizal, incorpora el mismo centro 06 con una leve modificación: 'Defectos y cualidades físicas y morales'.

08. 'Tapices y alfombras'
09. 'Pintura de la casa (exterior e interior)'
10. 'Vestido'

En cambio, las investigaciones de López Chávez, el máximo representante de los estudios de disponibilidad en México, utilizan habitualmente los mismos centros de interés que incluye el proyecto panhispánico, si bien ha de recordarse que en algún estudio (1994) trabajó de forma experimental con campos que servían de estímulo a la producción de verbos y adjetivos.

En su tesis doctoral sobre Puerto Rico, G. Butrón (1987) incorporó seis de los diez centros de interés que había tomado en consideración López Morales (1973) y añadió dos: 'Juegos y entretenimientos' y 'Colores', con la finalidad de comparar los resultados de este último con los obtenidos por Justo Hernández :

01. 'Alimentos'
02. 'Animales'
03. 'La casa'
04. 'La ropa'
05. 'Naturaleza'
06. 'Colores'
07. 'El cuerpo humano'
08. 'Juegos y entretenimientos'

Los estudios chilenos, que, como ya vimos, siguieron en un primer momento la propuesta de centros que había hecho López Morales en su trabajo de 1973, ofrecen también ejemplos en que los investigadores exploran otros campos léxicos. Es lo que se observa en el estudio de Vargas Sandoval (1991), quien trabajó con seis centros de interés de contenido abstracto:

01. 'Arte'
02. 'Derecho'
03. 'Economía'
04. 'Política'
05. 'Sentimiento'
06. 'Teología'

También A. Valencia y M. S. Echeverría (1998, 1999a)[14] incorporan ciertas novedades en sus trabajos sobre disponibilidad léxica en Chile. Sus 18 centros de interés suponen, además de la supresión de algunos de los propuestos por los lexicólogos franceses, la inclusión de siete nuevos, muchos de ellos relacionados con los que estaban presentes en la investigación de Vargas Sandoval:

01. 'Las partes del cuerpo'
02. 'Ropa y calzado'
03. 'La casa'
04. 'Muebles'
05. 'Alimentos'
06. 'La cocina'
07. 'Medios de transporte'
08. 'Trabajos de campo y jardín'
09. 'Plantas y animales'
10. 'Juegos y entretenimientos'
11. 'Profesiones y oficios'
12. 'La política'
13. 'La actividad económica'
14. 'Las artes'
15. 'Ciencia y tecnología'
16. 'Mundo espiritual'
17. 'Procesos mentales'
18. 'Problemas de ambiente'

Por su parte, la investigadora costarricense Murillo Rojas en sus trabajos con alumnos de preescolar consideró cinco centros de interés en un primer estudio (1993): 'Partes del cuerpo', 'Familia', 'Animales', 'Medios de transporte' y 'Profesiones u oficios'. Posteriormente, en 1994, la autora analizó otros dos centros: 'Alimentos' y 'Bebidas'.

Como hemos dicho, el proyecto panhispánico incluye definitivamente los 16 centros tradicionales, que vienen avalados por su presencia en numerosas investigaciones. Ha podido observarse a lo largo de este breve recorrido que los que se han introducido con posterioridad, en general, no han tenido una aplicación continuada y su estudio ha sido más esporádico.

---

[14] *Vid.* asimismo otros estudios de Valencia (1994a, 1994b, 1997, 1998, 2000 y, con Echeverría, 1999b).

No obstante, es conveniente diferenciar, entre los 16 centros de interés seleccionados, aquellos que tienen validez universal, por su presencia constante en prácticamente todas las investigaciones previas al proyecto (grupo A de los que distinguimos *infra*), aquellos otros de aparición media (grupo B) y los menos trabajados, que en general presentan un alcance semántico más concreto que los anteriores (grupo C). En realidad, estos últimos han estado ausentes en todas las investigaciones cuyos principios metodológicos no han contemplado la comparación con los datos proporcionados por la primera investigación francesa:

Grupo A: 01. 'Partes del cuerpo'; 02. 'La ropa'; 03. 'Partes de la casa (sin los muebles)'; 05. 'Alimentos y bebidas'; 12. 'Medios de transporte'; 14. 'Los animales'; 15. 'Juegos y distracciones'.

Grupo B: 04. 'Los muebles de la casa'; 07. 'La cocina y sus utensilios'; 08. 'La escuela: muebles y materiales'; 10. 'La ciudad'; 11. 'El campo'; 13. 'Trabajos del campo y del jardín'; 16. 'Profesiones y oficios'.

Grupo C: 06. 'Objetos colocados en la mesa para la comida'; 09. 'Iluminación, calefacción y medios de airear un recinto'.

Como ya antes indicábamos, los campos que no habían sido contemplados en el proyecto francés inicial solo han sido trabajados normalmente por el investigador o equipo de investigación que los ha propuesto, sin que, en general, hayan despertado mayor interés entre otros estudiosos. Expondremos, no obstante, algunas coincidencias, que normalmente reflejan preferencias de grupos de investigación, sin que se observe una generalización parecida a la que se produce en los campos más tradicionales.

El más repetido es 'Negocios', que, propuesto inicialmente por Mackey, fue incluido por Azurmendi bajo el rótulo de 'Dinero, bancos, comercio' y que los estudiosos chilenos han llamado, unas veces, 'Economía' y, otras, 'La actividad económica'. Cabe recordar también el caso de 'Los colores', empleado, de forma muy especial, en la investigación de Justo Hernández, que fue retomado por G. Butrón y que se ha incorporado en algunos de los estudios que forman parte de nuestro proyecto panhispánico. 'Política' y 'Ciencia' son también dos campos que han reaparecido (el segundo, con el nombre de 'Ciencia y tecnología') en las investigaciones de Chile tras la propuesta que en su día realizó Dimitrijevic.

Junto a los señalados, podemos recordar dos que están presentes en los trabajos concebidos desde los presupuestos de la escuela canadiense: 'Deportes' y 'Acciones habituales', contemplados por Mackey y por Azurmendi. Tampoco hay que olvidar la presencia de 'Defectos (y cualidades) físicos y morales' en dos trabajos mexicanos y de 'Las artes' entre los estudiosos chilenos. Asimismo, el centro 'Iglesia' (propuesto por Mackey) se corresponde, aunque solo sea parcialmente, con 'Teología' y 'Mundo espiritual', estudiados en algunas investigaciones en Chile.

Los demás campos léxicos, de carácter más específico ('Automóvil', 'Relaciones familiares', 'Música y danza', 'Derecho', 'Procesos mentales'...), han sido objeto de análisis en investigaciones particulares y no permiten ningún tipo de comparación.

El repaso de las distintas propuestas revela que estamos lejos de alcanzar la representatividad de carácter universal que buscaban con estos centros de interés los estudiosos franceses. Además, a pesar de sus indudables ventajas, no pueden ocultarse ciertos problemas o desajustes que se observan cuando se utilizan los 16 campos elegidos tradicionalmente. Como veremos cuando comentemos el número de vocablos (palabras diferentes) que aportan las encuestas, hay divergencias muy acusadas en el grado de asociación que los distintos centros propician: hay algunos —'La ciudad' o 'El campo', por ejemplo— que abren un abanico muy amplio de relaciones por la extensa gama de matices diferenciados, mientras que otros son muy restringidos —tal es el caso de 'Objetos colocados en la mesa para la comida', que, además, recoge un vocabulario que, en cierta medida, ha sido captado ya por otro centro de interés, 'La cocina'—. Por otro lado, el que un determinado vocablo pueda aparecer en muchos ámbitos léxicos[15] es un motivo más para plantearnos la idoneidad de la separación de campos propugnada por Gougenheim *et al.*

Ahora bien, sin descartar la oportunidad de los estudios futuros que puedan acercarnos al desiderátum enunciado por Gougenheim y sus colaboradores, creemos que López Morales, con un sentido muy práctico, sitúa el problema en su verdadera dimensión:

A pesar de que los centros sean unos u otros, se mantiene siempre la misma preocupación que ya estaba presente en los autores franceses: ¿cuál sería

---

[15] Por ejemplo, *silla* está presente en los centros 04, 07, 08, 10, 11 y 15 en Gran Canaria; *jardín,* en los campos 03, 08, 10, 11, 13, 15 y 16 en los listados de disponibilidad de Francia y Acadie que proporciona Mackey (1971a: 417).

(que, con medias de 22 a 27 palabras, logra en la casi totalidad de las zonas investigadas la tercera plaza).

Un segundo grupo de campos léxicos está integrado por aquellos que en los estudios realizados superan generalmente la media de respuestas. Este es el caso de los centros 16 'Profesiones y oficios', 08 'La escuela: muebles y materiales' y 10 'La ciudad' (los tres, con promedios que oscilan entre 20 y 23 palabras), y también del 02 'La ropa' (entre 20 y 22 palabras) y del 11 'El campo' (con medias que van de 19 a 22 respuestas).

El tercer conjunto está formado por aquellos centros de interés que en las investigaciones efectuadas no suelen alcanzar la media de respuestas. Esto es lo que sucede con los campos asociativos 15 'Juegos y distracciones', 07 'La cocina y sus utensilios' (ambos, con promedios entre 18 y 20 palabras) y 12 'Medios de transporte' (entre 16 y 19 respuestas).

Constituyen el cuarto grupo los campos asociativos que nunca consiguen sobrepasar la media de respuestas. Así ocurre con los centros 03 'Partes de la casa (sin los muebles)', 06 'Objetos colocados en la mesa para la comida' y el 04 'Los muebles de la casa'. Se trata, en los tres casos, de campos cerrados, cuyas frecuencias oscilan, por término medio, entre las 14 y las 18 respuestas.

Por último, se pueden aislar los centros de interés 09 'Iluminación, calefacción y medios de airear un recinto' y 13 'Trabajos del campo y del jardín'. Generalmente son los menos productivos y los que se encuentran en las posiciones más retrasadas (el centro de interés 09 tiene unos promedios que van de las 10 a las 14 palabras, y el 13, de las 10 a las 13). El que sistemáticamente queden relegados a los últimos lugares implica que estamos ante áreas léxicas más cerradas y poco familiares para los informantes de este tipo de estudios. Debe tenerse en cuenta también que el campo 13 ofrece la peculiaridad de que gran parte de sus respuestas no son sustantivos sino verbos.

La información anterior se sintetiza ahora en el cuadro 3:

Cuadro 3: Centros de interés según la media general de respuestas por informante en las investigaciones del proyecto panhispánico.

Rango	Centro de interés	Promedio general
1	14	26.9
2	05	25.5
3	01	23.8

/... cuadro 3 continuación/

4	16	21.1
5	08	20.6
6	02	20.5
7	10	20.4
8	11	18.6
9	15	18.1
10	07	18.0
11	12	16.4
12	03	15.3
13	06	15.0
14	04	14.9
15	09	11.3
16	13	11.1

Además del número de palabras hay otro criterio fundamental para estudiar las divergencias entre los distintos centros de interés: la cantidad de vocablos (o palabras diferentes) que generan. Este factor informa de la homogeneidad o heterogeneidad de las respuestas de los encuestados, es decir, de la mayor o menor amplitud de las asociaciones de cada uno de los campos léxicos analizados.

Cuadro 4: Total de vocablos por centro de interés en las distintas investigaciones del proyecto panhispánico

	P.R.	R.D.	Mad.	G.C.	Alm.	Cád.	Cór.	Bilb.	Ávi.	Sal.	Zam.	Ast.
01	271	246	325	403	385	296	339	307	169	198	178	336
02	329	249	251	448	312	251	365	250	151	198	191	252
03	251	293	367	510	347	186	433	275	168	187	172	263
04	330	316	366	546	494	152	452	362	187	229	208	252
05	570	400	589	773	704	495	636	550	290	366	355	589
06	310	235	312	439	507	222	455	252	188	213	215	297
07	423	396	488	634	642	373	612	426	257	337	319	383
08	345	307	600	787	643	452	669	480	253	297	302	475

/... cuadro 4 continuación/

	P.R.	R.D.	Mad.	G.C.	Alm.	Cád.	Cór.	Bilb.	Ávi.	Sal.	Zam.	Ast.
09	360	354	420	387	227	161	445	351	240	336	265	455
10	904	724	561	1.151	1.151	736	1.073	652	384	462	455	896
11	510	735	497	1.378	1.231	949	1.225	773	493	622	552	966
12	217	169	107	422	329	216	426	291	188	258	208	234
13	592	322	552	915	1.053	380	856	458	250	319	323	469
14	344	330	376	523	447	503	706	425	288	352	315	429
15	805	673	801	1.125	1.227	692	927	654	371	483	481	718
16	750	644	632	981	1.000	589	845	645	364	421	441	634
Media	457	400	453	714	669	416	654	447	265	330	311	478

El orden de los centros de interés, según las cifras totales de vocablos, ofrece el resultado que se recoge en el cuadro siguiente:

Cuadro 5: Centros de interés, ordenados por rangos, según el número de vocablos en las distintas investigaciones del proyecto panhispánico

Rango	P.R.	R.D.	Mad.	G.C.	Alm.	Cád.	Cór.	Bilb.	Ávi.	Sal.	Zam.	Ast.
1	10	11	15	11	11	11	11	11	11	11	11	11
2	15	10	16	10	15	10	10	15	10	15	15	10
3	16	15	08	15	10	15	15	10	15	10	10	15
4	13	16	05	16	13	16	13	16	16	16	16	16
5	05	05	10	13	16	14	16	05	05	05	05	05
6	11	07	13	08	05	05	14	08	14	14	13	08
7	07	09	11	05	08	08	08	13	07	07	07	13
8	09	14	07	07	07	13	05	07	08	09	14	09
9	08	13	09	04	06	07	07	14	13	13	08	14
10	14	04	14	14	04	01	06	04	09	08	09	07
11	04	08	03	03	14	02	04	09	12	12	06	01
12	02	03	04	02	01	06	09	01	06	04	12	06

/... Cuadro 5 continuación/

Rango	P.R.	R.D.	Mad.	G.C.	Alm.	Cád.	Cór.	Bilb.	Ávi.	Sal.	Zam.	Ast.
13	06	02	01	06	03	12	03	12	04	06	04	03
14	01	01	06	12	12	03	12	03	01	01	02	02
15	03	06	02	01	02	09	02	06	03	02	01	04
16	12	12	12	09	09	04	01	02	02	03	03	12

Estos datos permiten establecer tres grupos de centros de interés, de acuerdo con la cantidad de vocablos que se asocia a cada uno:

a) Áreas asociativas que en todas las investigaciones superan el valor medio: 11 'El campo', 10 'La ciudad', 15 'Juegos y distracciones' y 16 'Profesiones y oficios'. Suelen ocupar las cuatro primeras posiciones en la mayoría de los trabajos.

b) Campos léxicos que en unas ocasiones sobrepasan la cifra media de vocablos y en otras no alcanzan el promedio. Esto ocurre con los centros de interés 13 'Trabajos del campo y del jardín', 05 'Alimentos y bebidas', 08 'La escuela: muebles y materiales', 07 'La cocina y sus utensilios', 14 'Los animales' y 09 'Iluminación, calefacción y medios de airear un recinto' (este último únicamente supera el promedio en Salamanca).

c) Centros de interés que no logran la cantidad media en ninguno de los trabajos efectuados: 04 'Los muebles de la casa', 06 'Objetos colocados en la mesa para la comida', 01 'Partes del cuerpo', 03 'Partes de la casa (sin los muebles)', 02 'La ropa' y 12 'Medios de transporte'.

Como resultado final, aportamos, en el siguiente cuadro, una ordenación de los centros de interés a partir de las cifras de vocablos (en algunos casos, muy dispares) en las distintas investigaciones del proyecto panhispánico sobre disponibilidad léxica:

Cuadro 6: Centros de interés, ordenados por rangos, según la media
de vocablos conjunta de todas las investigaciones del proyecto
panhispánico sobre disponibilidad léxica

Rango	Centro de interés	Promedio general
1	11	828
2	10	762
3	15	746
4	16	662
5	13	541
6	05	526
7	08	468
8	07	441
9	14	420
10	09	333
11	04	325
12	06	304
13	01	288
14	03	288
15	02	271
16	12	255

2.2. La prueba

De acuerdo con la edad de los informantes, el proyecto panhispánico sobre
léxico disponible utiliza el sistema de listas abiertas con un límite temporal
de dos minutos para cada centro de interés.

Las listas cerradas —que, como indica su nombre, requieren una cantidad concreta de respuestas, sin delimitar el tiempo de reacción o conce-
diendo unos márgenes muy amplios— permiten simplificar considerablemente los cálculos estadísticos, pero, como contrapartida, no ofrecen la
posibilidad de realizar los variados análisis, especialmente sociolingüísticos,
que pueden hacerse a partir de las listas abiertas —que no fijan de antemano
la cifra de vocablos que debe aportar cada informante, aunque sí se controla

el tiempo de reacción—. Esta ventaja ha llevado a los estudiosos hispánicos a emplearlas de modo sistemático.

En este aspecto metodológico el proyecto panhispánico se aleja considerablemente de las pautas de las primeras investigaciones francesas y canadienses, que emplearon listas cerradas en las que los encuestados debían anotar los 20 nombres que estimaran más apropiados en un tiempo máximo de 15 minutos para cada centro de interés (Mackey 1971a). Fue Dimitrijevic (1969) el primero que utilizó el sistema de listas abiertas, aunque precisó que la prueba debía tener una duración breve, pues, si no era así, los informantes podrían anotar términos que apenas usaban en realidad, pero que podían aflorar en la encuesta si disponían de un período largo de reflexión[18]. Para establecer el límite temporal, Dimitrijevic realizó una encuesta experimental, en una zona rural de Escocia (Queensferry), en la que comprobó que los alumnos aportaban su léxico disponible casi por completo en cuatro minutos; a partir de ese límite eran muy pocos los que incorporaban otras palabras y, además, los vocablos que escribían en esas circunstancias no eran tan "disponibles" como los que habían sido anotados al principio de los listados. Los alumnos de un ámbito urbano como Edimburgo —pensaba Dimitrijevic— tendrían más léxico disponible y, por eso, aumentó el tiempo de reacción para cada centro de interés a cinco minutos.

En el mundo hispánico la decisión de tomar como informantes a estudiantes de 18 años (mayores que los niños y los adolescentes con los que se había trabajado hasta ese momento) condujo, tras algunos ensayos previos, a limitar el tiempo de respuesta para cada centro de interés a dos minutos, frente a los tres o cuatro que parecían necesarios para los alumnos de menor edad. La investigación de López Morales sobre el léxico disponible de Puerto Rico fue la primera del proyecto que adoptó el límite temporal indicado[19].

No faltan investigaciones hispánicas, todas anteriores al proyecto, que, en este aspecto metodológico, han seguido criterios distintos, requeridos, en gran medida, por la edad de los sujetos a los que se les aplicaban las pruebas (si bien en algún caso pudo influir asimismo la propia índole del léxico que se buscaba). Así, en cuanto al tipo de listas, Azurmendi Ayerbe (1986), que

---

[18] Tal idea está de acuerdo con el interés de estas investigaciones por descubrir cuáles son las palabras verdaderamente más disponibles, no todas las que conoce el hablante.

[19] Antes, Mena Osorio (1986) también había limitado a dos minutos el tiempo de respuesta de los niños de enseñanza básica que le sirvieron de informantes.

también en este punto se ajusta a la tradición francocanadiense, manejó listas cerradas de 20 palabras, aunque redujo el tiempo de reacción a 10 minutos. Asimismo, Justo Hernández (1986) marcó el límite en 10 palabras sin restricción temporal. Por su parte, Butrón (1987) utilizó listas abiertas, pero para el análisis igualó el número de respuestas de los informantes tomando en consideración solamente la cantidad que había aportado el encuestado que había escrito menos términos.

En otros casos, lo que cambia es el tiempo de reacción que se concede a los sujetos cuando se emplean las listas abiertas. Es lo que ocurre, por ejemplo, en las investigaciones mexicanas de Ruiz Basto (1987), quien fijó el límite en cinco minutos, y de López Chávez (1994), que lo estableció en tres cuando trabajó con pruebas que requerían la presencia de verbos.

En relación con el modo de recolección del material, en el proyecto hispánico se ha decidido que los informantes respondan a las encuestas por escrito. Hay razones de tipo práctico que justifican tal decisión: las pruebas escritas ofrecen la gran ventaja de que permiten obtener un material muy importante en pocas sesiones ya que pueden realizarse de forma colectiva. En cambio, las pruebas orales —que deben ser grabadas— han de ser efectuadas de forma individual, lo que supone mucho tiempo si se desea contar con un número considerable de informantes. Una investigación experimental de García Marcos (*apud* Mateo García 1998: 81), que contó con las respuestas de los mismos sujetos en ambos medios, mostró que la oralidad y la escritura no producían resultados sustancialmente distintos, ni cualitativa ni cuantitativamente; además, fueron más "regulares y detectables" los factores que condicionan los resultados en la prueba escrita, que, por tanto, es preferible, según el estudioso andaluz.

También por cuestiones prácticas, desde la pionera investigación francesa de Gougenheim y sus colegas, las encuestas se realizan con estudiantes, porque estos garantizan un número suficiente de informantes accesibles cuyos datos personales se pueden indagar con cierta facilidad.

En el proyecto panhispánico sobre disponibilidad léxica se ha desestimado la idea de trabajar con niños o con adolescentes, ya que el propósito principal de estas investigaciones, como indica expresamente López Morales (1999a: 28), es la descripción de la norma léxica disponible de los adultos. Por otro lado, los informantes no deben manejar una variedad de lengua especializada, fruto del desempeño de una profesión o de haber cursado unos estudios específicos, ya que esta circunstancia provocaría que los resultados obtenidos se alejaran de la norma léxica general de la comunidad. Por eso,

López Morales decidió que los informantes del léxico disponible de Puerto Rico fueran alumnos del curso preparatorio para el ingreso en la universidad, en el que se realizan estudios comunes. Como en el sistema educativo español el último año de enseñanza previo a la especialización universitaria es el COU, en los estudios de disponibilidad léxica que se llevan a cabo en España se eligen como informantes estudiantes de este curso[20]. Ello motiva que en estas investigaciones se elimine la variable 'edad', pues todos los participantes tienen 18 años aproximadamente.

Fuera de los límites del proyecto, en Hispanoamérica se han realizado también otras investigaciones en que se ha tomado la decisión de trabajar con las pruebas realizadas a estudiantes de unos 18 años. Es el caso de la llevada a cabo por la estudiosa mexicana Ruiz Basto (1987), quien encuestó a universitarios de primer año del plantel de Naucalpan. Asimismo A. Valencia y M. S. Echeverría (1999a), en su investigación sobre la disponibilidad léxica en Chile, trabajaron con una muestra de alumnos de cuarto año de educación media, curso que en el sistema de enseñanza chileno es el inmediatamente anterior a la universidad.

La intención de describir la norma léxica adulta de una comunidad aleja al proyecto hispánico de sus antecedentes franceses también en este punto de la metodología, ya que hay una importante modificación en la edad de los encuestados. En la primera investigación de disponibilidad, la de Gougenheim *et al.*, se eligieron escolares de 9 a 12 años, pues se consideraba que ya poseían el léxico común y que, como todavía no desempeñaban una profesión, no sufrían influencias que pudieran favorecer un vocabulario especializado (Mackey 1971a: 30). Los autores galos también efectuaron encuestas con adultos —una con varios carpinteros y otra con 160 lectores de la revista *Vie et langage*—, aunque no las utilizaron para la selección del léxico del *français fondamental*.

Para lograr los objetivos de la comparación con los trabajos franceses, en Canadá se decidió realizar la encuesta a individuos de la misma edad que los que habían proporcionado los datos en Francia, es decir, niños de 9 a 12 años. No obstante, desde un primer momento se pensó en ampliar la investigación hasta los cursos iniciales de los estudios secundarios e incluso más

---

[20] De acuerdo con los nuevos planes de estudio, el curso correspondiente a ese nivel es el segundo de Bachillerato.

(Mackey 1971a: 35); tanto es así que, en las encuestas realizadas en la región canadiense de Acadie, Mackey también contó con la participación de alumnos de 13 a 18 años. Del mismo modo, otros autores relacionados con la tradición francocanadiense escogieron como informantes a escolares de 9 a 12 años. Este criterio fue el que siguieron las investigaciones de Bailey (1971) en el estado norteamericano de Texas, de Njock (1979) en Camerún y de Azurmendi Ayerbe (1983) en San Sebastián (aunque, realmente, esta estudiosa elevó ligeramente la edad de los estudiantes encuestados: eran alumnos de quinto y octavo grados de la enseñanza básica española, o sea, de 10 y de 13 años, aproximadamente). Por último, Dimitrijevic (1969) seleccionó una muestra de estudiantes de 14 años de centros de enseñanza secundaria en Escocia.

Tras lo dicho en el párrafo anterior, no puede extrañar que también en el mundo hispánico se hayan realizado investigaciones que han estudiado el léxico de informantes de distintos niveles educativos y edades. Como indican las fechas, corresponden mayoritariamente a la primera etapa de estos trabajos, con el modelo francocanadiense aún muy cercano. Así, López Morales, en su investigación pionera de 1973, y Román (1985) llevaron a cabo sus estudios en Puerto Rico con niños de 6, 8 y 10 años —procedentes, respectivamente, de primero, tercero y quinto grados de la escuela elemental—. Asimismo, Butrón (1987), para su tesis doctoral, contó con alumnos de quinto grado (de 10 años de edad, aproximadamente) de varias escuelas puertorriqueñas. En México, Cañizal Arévalo (1987) estudió el léxico disponible de escolares de primaria terminada y López Chávez *et al.* (1993) llevaron a cabo un amplio trabajo que perseguía conocer la disponibilidad léxica de alumnos de preescolar y de los distintos niveles (desde primero hasta sexto) de primaria.

De igual forma, Mena Osorio (1986) realizó en Chile una investigación con escolares de tres niveles de enseñanza básica, y Echeverría y sus colaboradores (1987) analizaron el léxico disponible de estudiantes de los cursos primero y tercero de educación media. En la República Dominicana O. Alba (1996) efectuó un estudio con una muestra constituida por alumnos de primer año universitario (entre 18 y 21 años de edad) y de octavo grado de educación intermedia (entre 13 y 14 años).

La disponibilidad léxica en preescolares ha sido investigada por Mesa Canales (1989) en México y por Murillo Rojas (1993, 1994) y Sánchez Corrales y Murillo Rojas (1993) en Costa Rica.

No se realizaron a una población estudiantil las pruebas que utilizó Vargas Sandoval (1991) para estudiar la disponibilidad léxica en la V Región de Chile. La autora se sirvió de una muestra de 500 hablantes con edades que iban de los 20 a los 50 años.

En el apéndice 1 reproducimos algunas hojas del cuadernillo que se les entrega a los alumnos para la elaboración de la prueba. La hoja inicial tiene el propósito de recoger los datos que permitirán la estratificación sociocultural posterior; las otras (de las que solo presentamos una), contienen el nombre de los centros de interés en la parte superior y una serie de líneas numeradas (31 en nuestro ejemplo) en las que los alumnos deben escribir los términos asociados a aquellos núcleos semánticos. Por supuesto, y así ocurre en muchos casos en determinados campos, el encuestado puede seguir añadiendo palabras en el reverso de cada folio. La organización en líneas hace posible que pueda calcularse el índice de disponibilidad de cada vocablo a partir del orden de aparición de cada elemento en la columna, en combinación con la frecuencia.

2.3. El número de encuestados

Se ha fijado en 400 por área de estudio. Contamos, pues, a partir de la reunión de Bilbao (1999), con unas investigaciones unificadas también en este aspecto. Al número establecido se ajustan estrictamente tanto los estudios realizados por González (1997), Mateo García (1998) y Carcedo (2001) como aquellos que actualmente se encuentran en fase de elaboración.
    Lo que hemos dicho significa que se ha terminado con las diferencias —a veces no tan pequeñas— que en cuanto al tamaño de las muestras presentan los estudios de disponibilidad (incluso los incorporados dentro del proyecto). Por ejemplo, la muestra con que había trabajado López Morales en Puerto Rico alcanzaba los 558 individuos; la dominicana, analizada por O. Alba, comprendía 347 sujetos, un número superior al estudiado en Madrid (257 alumnos) y en el País Vasco (245), pero bastante más reducido que el recogido en Gran Canaria (539 estudiantes) y en Valencia (465). Dentro del proyecto de Castilla-León, la tesis de Galloso (2001) estudia el material aportado por 280 alumnos de tres provincias: 100 de Salamanca, otros 100 de Zamora y 80 de Ávila. Estas cifras parecen indicar que el diseño de la muestra del grupo de investigación de la Universidad de Salamanca contempla 100 informantes por demarcación provincial, excepto en aquellas menos pobladas, en las que la representación se reduce a 80 sujetos.

La cifra acordada (400) parece adecuada al tamaño de las poblaciones que se estudian. El número se ha reducido con respecto al que utilizaron las primeras investigaciones en territorios francófonos (904 sujetos en el estudio de Gougenheim *et al.* [1967]; 2.000 en el de Mackey [1971a]), pero en este caso hay que tener en cuenta la gran extensión y la población de las zonas que abarcaban estos macroestudios. También es muy inferior a la muestra que había utilizado López Morales (1973) en la primera investigación con escolares puertorriqueños (un total de 746).

No cabe duda de que una modificación como la propuesta, además de aportar homogeneidad a los procedimientos de análisis, confiere un mayor grado de fiabilidad a los resultados de las comparaciones directas, al eliminar el inconveniente de que las divergencias observables en la cantidad de palabras o de vocablos de las distintas sintopías puedan deberse a la disparidad en el número de los sujetos entrevistados. La diferencia entre las muestras de Gran Canaria y Madrid, por ejemplo, podría ser el motivo de que en el estudio comparativo de López Chávez (1992: 39-42) los vocablos exclusivos de Gran Canaria ('complementos del conjunto B') sean siempre en todos los campos —con la única excepción del centro de interés 09— considerablemente superiores a los que presentan los listados madrileños. Es lo que puede observarse en la detallada comparación que hace el profesor mexicano con los datos del centro de interés 16 (1992: 61-71): en él hay 470 vocablos comunes en las dos comunidades, 168 que aparecen en las listas madrileñas y no en las grancanarias, y 518 que figuran como aportaciones de los estudiantes isleños y que no tienen correspondencia en la relación madrileña.

2.4. Condicionantes extralingüísticos

2.4.1. El factor 'sexo'

Como es bien sabido, esta variable está presente en casi todas las investigaciones de carácter sociolingüístico. Frente a otros condicionantes sociales, que suelen presentar modificaciones de unos estudios a otros, dependiendo de la perspectiva desde la que se enfoca el análisis, prácticamente la totalidad de los trabajos de disponibilidad, desde los franceses de los años 50, han tenido en cuenta las diferencias producidas por la condición masculina o femenina de sus informantes.

En los estudios que se engloban dentro del proyecto panhispánico no se preestratifica este factor, ya que suele estar condicionado por razones prácticas. El procedimiento aleatorio de selección (normalmente se eligen los centros de enseñanza y se pasa la encuesta a los grupos que están disponibles en un momento determinado) justifica las habituales diferencias en el número de hombres y de mujeres de las diversas muestras. En todos los casos, como puede verse en el cuadro siguiente, se constata una superioridad numérica de las alumnas.

Cuadro 7. Distribución de los sujetos según la variable 'sexo' en los trabajos del proyecto panhispánico

	Hombres	Mujeres
Puerto Rico (López Morales)	217	341
República Dominicana (Alba)	135	212
Madrid (Benítez)	122	135
Gran Canaria (Samper *et al.*)	233	306
Almería (Mateo)	155	245
Cádiz (González Martínez)	181	219
Córdoba (Bellón)	179	221
Bilbao (Etxebarria)	120	125
Distrito universitario de Salamanca (Bartol *et al.*)	112	168
Asturias (Carcedo)	206	264
Valencia (Gómez Molina)	208	257

Fuera de los límites del proyecto sí encontramos algunos ejemplos hispánicos en que se da la equiparación numérica en esta variable. En los trabajos llevados a cabo en Chile, A. Valencia y M. S. Echeverría (1999a) seleccionaron una muestra en la que alumnos y alumnas se distribuyen de manera casi idéntica (1.032 y 1.020, respectivamente). Es un criterio que ya estaba presente en un trabajo previo de Echeverría *et al.* (1987) que contó con 200 informantes de cada sexo. Con un número bastante menor de sujetos, un total de 54, el estudio mexicano de H. Justo (1986) también considera el mismo número de hombres y mujeres, ya que se eligieron tres representantes masculinos y tres femeninos en cada plantel.

La presencia constante de la variable 'sexo', salvo excepciones generalmente limitadas a ciertos centros de interés donde se observan divergencias significativas, pone de manifiesto, en la mayoría de los trabajos, una gran homogeneidad en las respuestas aportadas por hombres y mujeres. No obstante, como veremos a continuación, hay algunas diferencias entre las distintas comunidades.

En sus diversos trabajos sobre el léxico disponible de Puerto Rico, López Morales ha subrayado la escasa incidencia del sexo de los informantes en los resultados de las encuestas, aunque, de manera paralela a la investigación de Dimitrijevic, destaca la superioridad de los estudiantes varones[21]. Casi todos los estudios que, a partir de los trabajos de López Morales, se llevaron a cabo en la América hispanohablante coinciden en señalar la poca relevancia del sexo, si bien destacan una ligera superioridad léxica de las mujeres. Por ejemplo, O. Alba (1995a), tras analizar desde una perspectiva cuantitativa los vocablos de su muestra, habla de una sistematicidad en la superioridad femenina, que se produce en todos los centros de interés excepto en 'Iluminación y aire acondicionado' (donde se da una coincidencia exacta). Los estudiantes proporcionan, en términos estadísticos, el 90% de las incorporaciones de las alumnas.

Los datos extraídos de las investigaciones sobre el español de Chile ponen de manifiesto nuevamente la homogeneidad en el vocabulario que actualizan hombres y mujeres. En 1987 Echeverría, Herrera, Moreno y Pradenas concluyen que el sexo no es un factor especialmente influyente en el promedio de respuestas, aunque tiene más importancia que el nivel escolar. Las chicas obtienen una media algo superior a la de los chicos (20.15/19.32) y destacan sobre todo en ciertos centros de interés, tradicionalmente relacionados con el rol social femenino, como 'Ropa' y 'Cocina'. En la misma línea, el único campo léxico en el que los alumnos aportan más palabras es el de 'Herramientas'. Posteriormente, en la *Disponibilidad léxica en estudiantes chilenos*, Valencia y Echeverría (1999a) refuerzan parcialmente estas conclusiones. Con una muestra otra vez inusualmente equitativa, confirman la superioridad general del sexo femenino en los promedios de respuestas (las chicas superan a los chicos en 12 centros de interés). Sin embargo, en lo que respecta a los vocablos los estudiantes presentan una

---

[21] En su trabajo de 1979 los estudiantes tienen una ventaja de 6.7 puntos de promedio sobre las chicas.

mayor riqueza léxica en la totalidad de los campos[22]. Este dato se ve corroborado por el índice de cohesión, que es sistemáticamente más alto en las mujeres. En cualquier caso, la aportación más importante del trabajo chileno es la confirmación de la relación existente entre la mayor o menor producción léxica de ambos grupos y el carácter tradicionalmente masculino o femenino de ciertos centros de interés. De este modo, las niñas producen un mayor número de palabras en campos como 'Alimentos', 'La cocina', 'La casa', 'Ropa y calzado' y 'Muebles'. Esta peculiaridad se refleja en muchos de los estudios sobre disponibilidad léxica, aunque normalmente no conlleva diferencias numéricas notables.

También G. Butrón (1989) concluye que esta variable es relevante en ciertas ocasiones. Esto sucede en algunos centros de interés, entre los que la autora subraya la importancia del campo léxico de 'Los colores', donde las chicas "perciben una gama más variada y amplia" (35) que los chicos.

En el otro lado del Atlántico la relevancia de la variable 'sexo' es muy similar a la que se observa en las distintas zonas americanas: en general no tiene gran incidencia en los resultados, pero sí parece importante cuando entra en relación con ciertos centros de interés. Benítez (1994a) analiza las convergencias y divergencias del vocabulario según la condición sexual de los informantes. De los 16 centros de interés, los hombres presentan más vocablos en 10. Las mujeres aportan más lexías en centros como 'Los muebles de la casa', 'Objetos colocados en la mesa para la comida' o 'La cocina y sus utensilios', relacionados con el rol social femenino; no obstante, las alumnas destacan también en 'La escuela' y 'Juegos y distracciones'. Con respecto al léxico convergente, en la mayoría de los casos se supera el 50% de coincidencias, porcentaje muy alto, sobre todo si consideramos que se trabaja con el total de los vocablos. El léxico divergente supone más del 50% solo en 'Calefacción e iluminación' y 'Trabajos del campo y del jardín', debido a la propia naturaleza de estos ámbitos semánticos. La conclusión de Benítez Pérez es que las divergencias probablemente serán cada vez menores.

En la muestra analizada por Samper y Hernández Cabrera (1997), las mujeres grancanarias superan generalmente a los hombres (en 13 campos

---

[22] Los estudiosos chilenos no son los únicos que señalan la mayor homogeneidad del vocabulario disponible de las mujeres frente al de los hombres. En los estudios de Samper Hernández (2000, 2001) sobre el léxico en español de estudiantes extranjeros se observa también una mayor producción de palabras por parte de las alumnas y de vocablos por parte de los estudiantes varones.

léxicos), pero realmente destacan en 'Alimentos y bebidas' y 'Los colores', donde la diferencia media es de 3 palabras, así como en otros como 'La ropa', 'Los muebles de la casa', 'Objetos colocados en la mesa para la comida' o 'La cocina y sus utensilios', con más de un punto de promedio de divergencia. Los hombres, por su parte, nunca llegan a establecer una superioridad de un punto de promedio, aunque destacan ligeramente en centros más relacionados con el rol social masculino: 'Iluminación, calefacción y medios de airear un recinto', 'El campo', 'Medios de transporte' y 'Juegos y distracciones'. Samper y Hernández ponen de manifiesto la coincidencia de sus datos con los obtenidos en Chile entre los estudiantes de educación media.

En Almería M.ª V. Mateo (1998) resalta la poca incidencia que el factor 'sexo' parece ejercer sobre los resultados y, a diferencia de anteriores investigaciones, no establece una relación clara entre determinados centros de interés y la mayor o menor producción léxica de hombres o mujeres. El detallado análisis de cada uno de los campos léxicos ofrece conclusiones a veces inesperadas: a pesar de que algunos de los centros que se perfilan como más femeninos son 'La ropa' y 'Comidas y bebidas', en 'La cocina' no se produce la diferencia cualitativa esperable, y en 'Juegos y distracciones' los hombres incluyen más juegos de sillón y las mujeres incorporan más actividades de acción. Desde el punto de vista específicamente cuantitativo, los hombres superan a las mujeres en 13 de los 17 centros de interés, lo que establece una diferencia con respecto a la investigación desarrollada en Gran Canaria.

En Cádiz A. González (1997) también encuentra diferencias poco importantes entre los sujetos de uno y otro sexo. No obstante, sí se da la relación entre determinados campos léxicos y el incremento de la producción léxica de hombres o mujeres. De este modo, las chicas son superiores, entre otros no tan significativos, en centros como 'La ropa', 'Los muebles de la casa', 'Alimentos y bebidas', 'Objetos colocados en la mesa para la comida' o 'La cocina'. Los hombres ofrecen los porcentajes más altos de incorporación de palabras en 'Trabajos del campo y del jardín' y en 'Iluminación, calefacción y medios para airear un recinto'. En Córdoba J. J. Bellón (en preparación) obtiene unos resultados similares: las diferencias más significativas a favor de las mujeres se observan en 'La ropa', 'Los muebles de la casa', 'La cocina' y 'Los colores'; en cambio, las áreas más propicias para los hombres son 'Iluminación, calefacción y medios de airear un recinto', 'El campo', 'Medios de transporte' y 'Trabajos del campo y del jardín'.

Por el contrario, en el distrito universitario de Salamanca M.ª V. Galloso (2001) observa una influencia nada desdeñable del factor 'sexo', que conlleva una superioridad de los hombres en Zamora y Salamanca desde el punto de vista cuantitativo (en Ávila los resultados son equivalentes). Al aplicar el programa SPSS, se comprueba que en Zamora se produce una relación estadísticamente significativa entre el número de respuestas y esta variable, mientras que en Salamanca la diferencia se debería al azar. Un aspecto interesante del trabajo realizado por Galloso es la confirmación de la vinculación entre algunos de los campos léxicos y la superioridad cuantitativa de uno de los grupos de contraste. En este caso, y de manera paralela a algunas de las investigaciones reseñadas, las mujeres de Ávila y Salamanca aventajan a los hombres en 'La ropa' (centro en el que también son superiores las alumnas de la muestra zamorana), 'Alimentos y bebidas' y 'La cocina'.

En el análisis del léxico disponible asturiano, Carcedo (2001) pone de manifiesto la escasa influencia del factor 'sexo' en los resultados. Se produce una notable igualdad en la distribución de palabras por centro de interés, así como en el promedio de respuestas y en el índice de cohesión de cada uno de ellos. Con respecto a la compatibilidad global del vocabulario que actualizan los informantes, la variable que comentamos es la que mayor índice presenta (coincide el 53.3% de los vocablos), valor que se dispara al pasar al cotejo de los 20 primeros puestos, donde se da el 86.9% de coincidencia. En este caso, además, no se observa una relación entre la producción léxica y el rol social masculino o femenino de los centros de interés: los campos donde podrían caber más diferencias ('Partes de la casa', 'La cocina', 'Objetos colocados sobre la mesa', etc.) presentan más equivalencias y comparten las mismas palabras en las primeras posiciones de los listados según el índice de disponibilidad.

Los datos que han arrojado estas investigaciones hispánicas han aportado matices de interés a los resultados obtenidos inicialmente por los franceses (Gougenheim *et al.* 1967), que mostraban que el factor 'sexo' no tenía una influencia destacable. Para el análisis del mismo —así como de la variable 'procedencia' (rural o urbana)— se había tomado como base la encuesta efectuada en la región de Dordogne, con una muestra compuesta por 120 alumnos y 120 alumnas de medio urbano y por 130 chicos y 130 chicas de medio rural, y se había comprobado que era bastante más relevante la condición rural/urbana que el sexo de los encuestados. Asimismo, Dimitrijevic (1969), en su análisis del inglés de Escocia, partió de la base de que el léxico más disponible también habría de variar según el factor 'sexo'. Sin embargo, aunque, efectivamente, se observaba una cierta ventaja numérica en cuanto a producción de vocablos de los chicos sobre las alumnas, el autor confirma la poca importancia de la variable que ya habían señalado sus predecesores franceses[23].

En próximos estudios del proyecto podrá confirmarse —o no— si en otras zonas geográficas se manifiesta también la diferencia entre centros de interés masculinos y femeninos, como se ha visto en algunas de las sintopías investigadas hasta ahora. Es posible asimismo que la correlación del factor 'sexo' con otros de los condicionantes contemplados en las investigaciones pueda arrojar luz sobre matices diferenciadores que los datos globales no permiten distinguir con claridad. Por otro lado, el análisis cualitativo de los vocablos puede darnos también una información muy valiosa sobre la existencia de posibles divergencias en el léxico actualizado en las encuestas por hombres y mujeres.

2.4.2. La variable 'nivel sociocultural'

Uno de los factores extralingüísticos más importantes en las investigaciones sociolingüísticas es el 'nivel sociocultural' de los hablantes. Su inclusión en el proyecto hispánico constituye una de las innovaciones más relevantes en el marco de los estudios de disponibilidad léxica. La adscripción de los distintos informantes a los diversos niveles se establece en el momento de la post-estratificación de la muestra, a partir de la información que aportan ellos mismos sobre las unidades familiares de las que proceden.

Como es sabido, son varios los indicadores que se pueden tener en cuenta para la distribución de los hablantes en los distintos estratos. En los acuerdos del proyecto se indican los siguientes: el nivel de estudios de los padres, su profesión y la renta familiar. No obstante, como ocurre en muchas de las investigaciones realizadas en España, a veces es difícil conseguir la información sobre los ingresos o, en los casos en que se tiene, puede no ser realmente válida dado el desconocimiento que, en general, tienen los alumnos sobre este aspecto de la vida familiar. Así pues, para el establecimiento de los distintos niveles socioculturales se han seguido dos caminos, según se haya tomado en consideración o no el parámetro económico.

---

[23] Investigadores como Mackey (1971) o Njock (1979) no hacen referencia alguna a la variable 'sexo'. Tampoco aporta resultados sobre este factor Azurmendi Ayerbe (1983).

a) Tanto López Morales (1999a) como O. Alba (1995a) obtuvieron el nivel sociocultural de sus encuestados en Puerto Rico y República Dominicana, respectivamente, ponderando los tres indicadores que señalamos en el párrafo anterior: ingresos familiares, escolaridad de los padres y profesión u oficio de estos. La detallada explicación que ofrece López Morales (1999a: 28-30) en la introducción al léxico disponible puertorriqueño aporta una información muy precisa sobre el valor conferido a cada parámetro (en su caso, 5 a escolaridad; 6 a la profesión y 9 a los ingresos) y el proceso matemático realizado en la post-estratificación para asignar una puntuación final a cada alumno. A partir de ahí, el investigador pudo establecer cuatro grupos socioculturales (bajo, medio-bajo, medio y medio-alto) conforme a una división del *continuum* de los resultados individuales en intervalos fijos. En España, Carcedo (2001) también ha utilizado los tres criterios indicados para la adscripción de los informantes del *Léxico disponible de Asturias* a uno de los tres niveles socioculturales que distingue: alto (19.1%), medio (un elevado 52.8%) y bajo (28.1%).

b) Casi todas las investigaciones españolas del proyecto han seguido la propuesta de tabulación aplicada por Samper y Hernández Cabrera (1997: 230) para el estudio del léxico disponible de la isla de Gran Canaria. En ella se consideran solo dos parámetros: nivel educativo y ocupación profesional de los padres de los alumnos, por las dificultades que presenta obtener datos relativos a los ingresos. La suma simple de los cuatro valores considerados permite asignar una puntuación a cada alumno, a partir de la cual puede obtenerse el perfil sociocultural de la muestra en cuestión. En el caso de Gran Canaria, los tres niveles socioculturales que se establecieron fueron los siguientes: alto (alumnos cuya puntuación oscilaba entre 20 y 24), medio (entre 9 y 19) y bajo (de 4 a 8).

Como hemos dicho, este criterio —o uno muy similar— ha sido el empleado para la delimitación del nivel sociocultural en las investigaciones realizadas por Etxebarria (1996) en Bilbao, González Martínez (1997) en Cádiz, Mateo García (1998) en Almería, Galloso (1998 y 2001) en Ávila, Salamanca y Zamora, Bellón Fernández (en preparación) en Córdoba y Gómez Molina (en preparación) en Valencia. En Madrid Benítez Pérez (1992a), para establecer el grupo sociocultural al que pertenecía cada alumno, había utilizado únicamente el criterio del nivel educativo de los padres; el mismo patrón clasificatorio emplean Blas Arroyo y Casanova (en prensa, a) en la provincia de Castellón.

Muchas investigaciones sobre disponibilidad léxica realizadas en Hispanoamérica también han tomado en consideración el factor 'nivel sociocultural', para extraer conclusiones de índole sociolingüística. Este interés se muestra desde el primer trabajo sobre léxico disponible en el ámbito hispánico, el realizado por López Morales en 1973 con escolares de San Juan de Puerto Rico, en el que se distinguen tres niveles, diferenciados por la ubicación y el entorno socioeconómico de las escuelas en las que se realizaron las encuestas. Posteriormente B. Román (1985) y G. Butrón (1989) también consideraron distintos niveles socioculturales en sus estudios puertorriqueños. Asimismo, en Chile Mena Osorio (1986), Echeverría *et al.* (1987) y Valencia y Echeverría (1999a) tuvieron en cuenta la variable sociocultural en sus trabajos de disponibilidad léxica. En esta última investigación, que, como ya hemos indicado, es la más amplia sobre este tema en aquel país, los autores, aplicando los criterios de Himmel y Maltes, consideraron tres aspectos para la estratificación según el nivel sociocultural: instrucción de los padres, nivel laboral de estos y 'enumeración de elementos del hogar'. La suma de las puntuaciones situó a cada encuestado en uno de los tres niveles socioculturales que finalmente se delimitaron: alto (20.9%), medio (46.5%) y bajo (32.6%).

El interés por relacionar el caudal léxico disponible con las diferencias socioculturales supone una importante innovación de los estudios hispánicos inaugurados por López Morales, porque ni la primera investigación sobre disponibilidad léxica efectuada en Francia (Gougenheim *et al.* 1967), ni la realizada por Mackey (1971a) en Canadá, ni otros trabajos posteriores del entorno de la tradición francocanadiense (Bailey 1971, Njock 1979, Azurmendi 1983) contemplaron la variable 'nivel sociocultural'. Solo Dimitrijevic (1969), al considerar los factores que influyen en el desarrollo lingüístico de los niños, aludió a dicha variable (*social background*), aunque finalmente solo analizó las diferencias léxicas provocadas por los factores 'sexo' y 'tipo de centro escolar'.

La importancia del condicionante sociocultural en la determinación de las diferencias léxicas entre los hablantes ha sido puesta de manifiesto desde los primeros estudios de López Morales (1973, 1979) y ha sido confirmada prácticamente por todas las investigaciones sobre disponibilidad léxica que se han realizado en Hispanoamérica y en España. En concreto, el investigador caribeño se propuso comprobar si había distinciones cuantitativas entre los sociolectos puertorriqueños (bajo y obrero, por una parte; medio, por otra). Los resultados ofrecieron una asociación fuerte entre disponibilidad y nivel socioeconómico, ya que aquella disminuía notoriamente en los sociolectos más bajos. Además, a las diferencias numéricas se unían diferencias cualitativas destacables. Por ejemplo, en el centro de interés 'El cuerpo humano' los niños del sociolecto medio empleaban palabras como *tórax, parietal, ovarios, occipital, globo del ojo, glándulas salivares, glándula pituitaria, espermatozoide, epidermis, encía, cromosoma, cordón umbilical, arterias, óvulo, bazo o iris*, que no se encontraban en la disponibilidad del sociolecto bajo. También se anotaban algunos casos de variación (como *axila/sobaco* o *cuello/pescuezo*). Estos resultados llevaron a López Morales (1979) a reclamar mayor atención para los estudios de disponibilidad léxica, ya que la teoría del déficit de Bernstein, basada en las diferencias cuantitativas entre los 'códigos amplios o elaborados' de los niveles socioculturales altos y los 'códigos restringidos' propios de las clases bajas, no bastaba, por sí sola, para dar explicación de tales diferencias sociolectales. La investigación concluye con las siguientes palabras: "Hasta el momento, el hecho evidente es que hay base empírica para adelantar, como hipótesis de trabajo al menos, la existencia de desniveles de disponibilidad léxica, estrictamente ligada a factores de índole socioeconómica" (181).

Esta hipótesis de López Morales se ha visto corroborada en general por los estudios del proyecto hispánico sobre disponibilidad léxica que han contemplado el factor 'nivel sociocultural'. Así, O. Alba (1995a, 1996) observó que este era un factor importante en la determinación del grado de disponibilidad léxica de los estudiantes dominicanos: mientras que la media de los hablantes del nivel alto fue de 18 vocablos por centro de interés, la del nivel medio se situó en un 16.5 y la del bajo no superó los 13 términos. Comparando los dos extremos socioculturales (niveles alto y bajo), Alba comprobó que por cada cuatro palabras disponibles en el sociolecto alto, el bajo solo contaba con tres.

Resultados similares se han obtenido en las investigaciones realizadas en España. Así, en el léxico disponible de Gran Canaria, Samper y Hernández Cabrera (1997) advirtieron diferencias cuantitativas de cierta importancia entre los distintos niveles socioculturales, ya que en todos los centros de interés el promedio de respuestas más elevado lo consiguieron los alumnos que pertenecían al estrato más alto del espectro social. Igualmente, A. González (1997) mostró que el factor 'nivel sociocultural' era relevante y discriminador en la disponibilidad léxica de los encuestados gaditanos: los alumnos de nivel bajo lograron una media de 292.2 palabras (18.26 en cada centro de interés), los de nivel medio consiguieron un promedio de 297.8 palabras (18.61 por centro) y los de nivel sociocultural alto alcanzaron las 305.1 palabras de media (19.07 en cada campo léxico); se produce, pues, una relación directamente proporcional entre la riqueza de vocabulario y el nivel sociocultural de los sujetos. Más determinante es esta variable en la investigación cordobesa (Bellón, en preparación): frente a las 19.3 palabras de promedio que obtuvieron los estudiantes de nivel bajo en cada centro de interés, los del nivel medio anotaron 20.1 y los del alto, 21.2. También Mateo García (1998) observó que la variable 'nivel sociocultural' estratificaba la muestra con claridad: la investigadora pudo establecer una división entre los hablantes de nivel sociocultural alto, por un lado, y los de estratos medios y bajos, por otro. Por su parte, M. Etxebarria (1999: 1492) comprobó que existían ligeras diferencias cuantitativas entre los grupos de informantes del área metropolitana de Bilbao de distintos niveles socioculturales y que esas diferencias se producían a favor de los alumnos que pertenecían al sociolecto alto. Tanto en la memoria de licenciatura (1998) como en la tesis doctoral (2001) de Galloso se evidenció asimismo una gradación ascendente en el léxico disponible de los informantes castellanoleoneses acorde con la variable 'nivel sociocultural de los padres': el nivel primario era superado por los otros dos grupos en varios centros de interés y el nivel elemental, a su vez, resultaba aventajado en algunos campos léxicos por el nivel superior. Para la autora, esto demuestra que existe una relación directa entre el nivel sociocultural o académico familiar y la disponibilidad léxica. También para A. Carcedo (2001: 74) los resultados del léxico disponible de Asturias confirman la estrecha vinculación entre el vocabulario disponible que tienen los encuestados y su nivel sociocultural. Los sujetos del estrato alto ofrecen en todos los centros de interés un mayor número de respuestas que los del medio, y estos, a su vez, mayor cantidad que los del nivel bajo. Del mismo modo, Blas Arroyo y Casanova (en prensa, a), al comentar la disponibilidad de 246 alumnos castellonenses en 8 campos léxicos, insisten en la significación del entorno sociocultural en que se desenvuelven los alumnos, si bien es cierto que las diferencias son relevantes solamente en el caso de los dos grupos extremos.

Otras investigaciones hispanoamericanas que quedan fuera del proyecto han obtenido asimismo resultados semejantes: el nivel sociocultural de los informantes incide de manera evidente en la riqueza de su léxico disponible. En este sentido, G. Butrón (1989: 37) observó que los índices variaban mucho según el perfil socioeconómico de los alumnos puertorriqueños, con una amplia diferencia entre el estrato bajo, por una parte, y el medio y el alto, por otra. Asimismo, de las tres variables (sexo, curso escolar y nivel socioeconómico) que se consideraron en la investigación sobre la disponibilidad léxica de los estudiantes chilenos de educación media, fue el factor sociocultural el que más influyó y el que presentó diferencias más significativas por lo que a riqueza de léxico disponible se refiere (Echeverría *et al.* 1987: 74). Posteriormente, Echeverría (1991), al analizar el crecimiento de la disponibilidad léxica en alumnos chilenos de enseñanza básica y media, destaca de nuevo que el factor que ofreció una discriminación más palpable fue el del nivel sociocultural: había dos grupos, uno alto y otro bajo, cuyos promedios de respuestas se iban alejando cada vez más, a medida que se incrementaba la edad de los sujetos. Por último, también la investigación de Valencia y Echeverría (1999a) confirma que, de los cinco factores que se tuvieron en cuenta, la variable 'nivel sociocultural' fue, una vez más, la que estableció la diferencia cuantitativa más importante entre los sujetos. Este factor permitió distinguir con nitidez los sociolectos contemplados (alto, medio y bajo).

Los datos que hemos recogido en las líneas precedentes ponen de manifiesto la indudable importancia de esta variable para explicar las diferencias en la disponibilidad léxica de los miembros de las distintas comunidades de habla. En muchas ocasiones constituye el factor que establece la discriminación social más acusada y, por otro lado, es sumamente raro encontrar una comunidad donde no sea perceptible su incidencia. De ahí el notable acierto de los equipos hispánicos de disponibilidad al incorporar un factor que aporta una información tan relevante, no solo desde el punto de vista sociolingüístico sino también por su aplicación en el terreno de la enseñanza de la lengua.

2.4.3. La variable 'zona geográfica' (urbana/rural)

Ya en la investigación pionera llevada a cabo en Francia por Gougenheim *et al.* (1967: 163-174) se prestó atención a la influencia del factor 'zona geográfica' (urbana/rural); de este modo, pudieron comprobarse diferencias muy importantes entre los resultados obtenidos en el medio rural y los que produjo el medio urbano en el interior de una misma región. En el departamento francés de Dordogne, las encuestas de 240 alumnos urbanos y 260 rurales permitieron concluir que el vocabulario de los segundos parecía más tradicional, mientras que el de los primeros, influido por las lecturas y por la enseñanza escolar, era más permeable a los neologismos.

También en el proyecto hispánico sobre disponibilidad léxica se toma en consideración el factor 'zona geográfica' desde la perspectiva de la oposición urbano/rural. Para la selección de los centros educativos, ha sido habitual seguir un criterio proporcional en función de la distribución de los estudiantes en el ámbito geográfico que se analiza.

En Puerto Rico, López Morales (1999a: 30-31) distinguió cuatro zonas predeterminadas en función del número de habitantes: zona 1 (la metropolitana de San Juan de Puerto Rico, con una población superior a los dos millones de habitantes), zona 2 (entre 190.000 y 80.000 habitantes), zona 3 (79.000-25.000) y zona 4 (24.999-5.000)[24].

En el caso del léxico disponible de Gran Canaria también se estudia la variable 'ubicación de los centros educativos' (área urbana/área rural) (Samper y Hernández Cabrera 1997: 230). En el trabajo de García Domínguez *et al.* (1994: 68-71), el análisis cuantitativo del léxico disponible según esta variable puso de manifiesto que, de manera general, los estudiantes urbanos superaban a los rurales, aunque la diferencia entre las medias totales era poco significativa. Para los autores, varios factores (el hecho de que las distancias geográficas en la isla no sean excesivamente grandes, la escuela y, sobre todo, los medios de comunicación) podían estar ejerciendo un efecto nivelador en el conocimiento y en el uso de la lengua entre los jóvenes grancanarios.

En el léxico disponible de la provincia de Zamora, Galloso (1997, 1998) tuvo en cuenta para el estudio de esta variable dos indicadores complementarios, que, curiosamente, como veremos, no ofrecen resultados coincidentes: 'ubicación del centro escolar' (60 informantes de zonas urbanas y 40 de zonas rurales) y 'residencia de los padres' (51 encuestados procedían de áreas urbanas y 49, de áreas rurales). En el análisis cuantitativo, el parámetro 'ubicación del centro escolar' registró un equilibrio entre los resultados de los dos ámbitos; en cambio, la 'residencia de los padres' presentó discrepancias sociolingüísticas significativas: prácticamente en todos los centros de interés el promedio de respuestas de los escolares cuyos padres residían en la ciudad superaba al de los alumnos de áreas rurales. También en su tesis doctoral Galloso (2001) encontró que los resultados no fueron muy llamativos en lo que se refiere al factor 'ubicación del centro'; sin embargo, el indicador 'residencia de los padres' arrojó una diferencia aproximada de

---

[24] Gómez Molina (en preparación) sigue muy de cerca esta clasificación de López Morales, puesto que en la provincia de Valencia distingue también cuatro zonas: la ciudad de Valencia (representada por 286 sujetos), el área metropolitana (55 alumnos), la zona semiurbana, que incluye poblaciones con más de 50.000 habitantes (86 estudiantes), y la zona rural (38 informantes).

una palabra de promedio en cada uno de los 16 centros de interés estudiados, a favor de los informantes cuyos progenitores residían en el ámbito urbano y en detrimento de aquellos con padres establecidos en zonas rurales.

A. González (1997), en su tesis doctoral sobre la disponibilidad léxica de Cádiz, contempló también la variable social 'tipo de población de residencia' (320 estudiantes proceden de áreas urbanas y 80 de ámbitos rurales) con la peculiaridad de que, siguiendo el criterio del padrón de enero de 1995 del Instituto Nacional de Estadística, consideró población urbana a toda aquella que superaba los 10.000 habitantes[25]. El análisis cuantitativo reflejó que la discriminación presentada por este factor era evidente: los informantes urbanos alcanzaron un promedio mayor que el que obtuvieron los jóvenes de ámbitos rurales.

Asimismo Carcedo (2001), al analizar los resultados del factor 'tipo de comunidad' (urbana/rural), confirma que en el léxico disponible de Asturias el promedio de respuestas por centro de interés de los estudiantes de Oviedo sobrepasa sensiblemente al de los alumnos de comunidades rurales: 19.33 frente a 18.76.

Fuera ya del ámbito del proyecto panhispánico, otros investigadores también han considerado oportuno prestar atención a la procedencia geográfica de los informantes en sus estudios sobre disponibilidad léxica. De esta manera, en Puerto Rico B. Román (1985) documentó que los índices de léxico disponible de los escolares de familias asentadas en entornos urbanos eran superiores a los de aquellos que residían en el medio rural. Es también muy llamativa la gran desventaja que presenta la zona rural de Cayey, en la cordillera Central de la isla, respecto al área metropolitana de San Juan de Puerto Rico, según los datos que ofrece para la variable geográfica G. Butrón (1989).

En el estudio realizado en Chile por Valencia y Echeverría (1999a), los autores consideran que la variable 'procedencia poblacional' (1.622 sujetos urbanos y 430 rurales) deja ver que los hablantes de ambientes rurales presentan un vocabulario mucho más pobre que los que viven en núcleos urbanos.

---

[25] Así pues, en este estudio sobre disponibilidad léxica de la provincia de Cádiz aparecen caracterizados como estudiantes de zonas urbanas no solo los alumnos de los centros educativos de Cádiz capital, sino también los de Algeciras, Arcos de la Frontera, El Puerto de Santa María, Jerez de la Frontera, La Línea de la Concepción, San Fernando y Sanlúcar de Barrameda.

Estamos, pues, ante un condicionante social que, como en general indican los distintos estudios, desempeña un papel importante para explicar las diferencias del léxico que tienen a su disposición los hablantes de una determinada zona. No obstante, es evidente que la configuración de las propias comunidades (por ejemplo, las distancias geográficas entre poblaciones urbanas y rurales, su grado de desarrollo...) puede justificar la mayor o menor incidencia de esta variable.

2.4.4. La variable 'tipo de centro' (público/privado)

Al contrario de lo que ocurre con el factor anterior, el 'tipo de centro' en el que los informantes cursan sus estudios no tiene cabida en los trabajos de disponibilidad léxica hasta el comienzo de las investigaciones para el español. Ni en el trabajo francés inicial, ni en el comparativo entre este y los datos del Canadá francófono, ni en los estudios de Dimitrijevic en Escocia, se tiene en cuenta la importancia del tipo de educación —pública o privada— que han recibido (o reciben) los integrantes de la muestra[26]. En cambio, distintas investigaciones hispánicas han mostrado la relevancia de tal condicionante, que ha pasado a ser uno de los factores sociales que requiere una constante atención en el proyecto.

El primero que introduce el análisis de la variable 'tipo de centro' en la disponibilidad léxica es H. López Morales. En un principio (1979) asoció el tipo de educación recibida por los informantes con el nivel socioeconómico, dada la estrecha relación que suelen tener ambos factores en Puerto Rico. Sin embargo, en el *Léxico disponible de Puerto Rico* (1999a) se contempla ya el tipo de centro como una variable independiente. En esta investigación, en la que, como se ha señalado previamente, se trabaja con las respuestas de alumnos universitarios de primer año, la muestra queda conformada por una mayoría de informantes procedentes de la enseñanza pública, un grupo menor que ha estudiado en la privada y, por último, un porcentaje intermedio que ha estado en ambos tipos de escuela.

---

[26] En la investigación de Dimitrijevic se contemplan dos tipos de centros educativos, la *junior secondary school* (*JSS*) y la *senior secondary school* (*SSS*), que, como señala el propio autor (1969: 9), implican diferencias en el grado de inteligencia de los alumnos que se incorporan a una y otra.

También trabaja con alumnos de universidad O. Alba (1995a) en la República Dominicana, e igualmente tiene en cuenta el tipo de escuela donde estos han desarrollado sus estudios preuniversitarios. En este trabajo se invierte la relación numérica habitual en el resto de las investigaciones, de modo que la muestra queda finalmente compuesta por 117 informantes de educación pública frente a 230 que habían cursado sus estudios en centros privados. Alba llega a la conclusión de que los encuestados procedentes de escuelas públicas muestran una disponibilidad equivalente tan solo al 75% de la que exhiben los alumnos de las escuelas privadas. En términos de promedio, los primeros incorporan una media de 13 palabras por campo léxico, frente a las 17 de los segundos. El autor equipara esta variable al factor 'nivel socioeconómico', ya que los resultados obtenidos son muy similares, y afirma que todo ello contribuye a crear una diferencia entre los sociolectos altos y los sociolectos bajos.

En España los investigadores de la disponibilidad léxica de Gran Canaria llamaron la atención acerca de la consideración de este factor como variable independiente del nivel sociocultural, opinión que sería confirmada por el resto de los estudiosos del país. Como en el momento de la preestratificación se tuvo en cuenta el número de centros de los dos tipos en la isla (el 77.7% son públicos y solo el 22.2% privados), la muestra finalmente incluyó 362 estudiantes de centros públicos y 178 de centros privados (Samper y Hernández Cabrera 1997). En el estudio de García Domínguez *et al.* (1994) se combina el análisis del factor que ahora nos ocupa con el de 'centro rural/centro urbano' para poner de manifiesto que la disponibilidad léxica de los estudiantes de centros urbanos es sistemáticamente superior a la de los que asisten a institutos rurales, y que, dentro de los primeros, los privados muestran índices más altos de disponibilidad.

En Almería M.ª V. Mateo (1998) plantea el problema teórico de la posible inclusión del parámetro 'tipo de centro escolar' en la variable 'nivel sociocultural', como ya había hecho López Morales al comienzo de sus estudios de disponibilidad léxica, o la consideración del mismo de forma independiente. Acogiéndose a las observaciones realizadas por los estudiosos grancanarios de que no siempre se produce un paralelismo claro entre un factor y otro (se pueden encontrar muchos niños de nivel alto en escuelas públicas —sobre todo en las céntricas— y, aunque en menor medida, niños de los niveles bajo y medio-bajo en centros privados), Mateo incluye el tipo de escolaridad como un factor válido por sí mismo y encuentra grandes divergencias numéricas entre los dos grupos de contraste, siempre a favor de los alumnos de colegios privados. Esta gran diferencia hace pensar de nuevo, según la autora, en las teorías de Bernstein, dada la evidente relación que, en general, se establece entre el tipo de educación que se recibe y el sociolecto de los informantes. A pesar de esta separación cuantitativa, los centros que encierran mayor cantidad de unidades son los mismos en los dos grupos, como sucede habitualmente en todos los trabajos, dada la especial disposición de ciertos campos léxicos para incorporar un número superior de vocablos. También se produce una notable igualdad al analizar las 10 primeras palabras en cada centro de interés.

A similares resultados llega A. González en la provincia de Cádiz: sus informantes, procedentes de 15 colegios públicos y 5 privados, coinciden en los centros más y menos productivos, pero se distancian en cuanto a la cantidad de unidades que incluyen. La media total de palabras en los colegios privados supera de manera significativa a la de los centros públicos. En el análisis cualitativo González Martínez (1997: 200) aporta un aspecto novedoso: el vocabulario incorporado por los informantes educados en colegios privados es más estandarizado, con menos dialectalismos (49.3% de andalucismos y 33.3% de gaditanismos) y menos léxico popular (49.2%) que el incluido por los alumnos de centros públicos (81.7%, 86.6% y 85.7%, respectivamente).

En Córdoba, Bellón (en preparación) obtiene unos datos coincidentes: los estudiantes de centros privados, con una media de 20.6 palabras por campo, superan en todas las áreas —menos en 'Los muebles de la casa'— a sus compañeros de la enseñanza pública, que presentan un promedio de 19.8.

En el trabajo realizado por Galloso (2001) en el distrito universitario de Salamanca la muestra se distribuye de la siguiente manera:

Cuadro 8: Distribución de los informantes del distrito universitario de Salamanca según el tipo de centro en el que estudian.

Provincia	Centro público	Centro privado
Ávila	60	20
Salamanca	60	40
Zamora	80	20

La autora subraya que en Zamora y Salamanca el promedio de palabras disponibles por sujeto es mayor en los centros privados, mientras que en Ávila se da una notable igualdad[27]. Con la aplicación de la prueba T-student, Galloso puede concluir que en Salamanca y, sobre todo, en Zamora, los resultados son estadísticamente significativos a favor del grupo educado en colegios privados.

Carcedo (2001) también incluye la variable 'tipo de centro' en su estudio de Asturias, con una muestra compuesta por 320 informantes de colegios públicos y 150 de instituciones privadas[28]. El autor destaca la importancia de este factor desde la perspectiva cuantitativa, ya que se observa de manera constante una superioridad léxica del grupo que estudia en centros privados. Los alumnos de estos últimos aportan más respuestas en 11 de los 16 centros de interés, lo que se traduce en una ventaja sistemática, aunque no excesiva. La superioridad se multiplica prácticamente por dos cuando se contempla la cantidad de vocablos, dato que refuerza la hipótesis de la influencia de la enseñanza pública o privada en los resultados de disponibilidad léxica.

Los resultados de Blas Arroyo y Casanova (en prensa, a) constituyen una excepción en relación con los anteriores. El análisis de las respuestas de 246 alumnos, distribuidos en cinco centros escolares públicos y otros cinco privados, muestra que en Castellón es prácticamente nula la influencia del factor 'modelo educativo'. Tampoco se aprecian divergencias cuando este condicionante se conjuga con el 'entorno sociocultural'. Blas Arroyo y Casanova consideran que el sistema educativo posiblemente ha eliminado las diferencias iniciales entre los alumnos de unos y otros centros.

Fuera de los límites metodológicos del proyecto panhispánico, Valencia y Echeverría (1999a) también incluyen este factor en sus análisis sobre la disponibilidad léxica en alumnos chilenos de educación media, bajo la denominación de 'régimen educacional'. De los centros escolares que están reflejados en la muestra, 39 son públicos, con 1.198 estudiantes, y 23 privados, con 854 informantes. Los resultados apuntan, aquí también, a una superioridad general del grupo que asiste a colegios no estatales.

[27] Este último dato se puede justificar por la combinación de las variables 'tipo de centro' y 'sexo', ya que en Ávila el único colegio privado en que se realizaron encuestas es femenino. Como ya hemos indicado, Galloso encuentra en el distrito universitario de Salamanca una diferencia significativamente importante de disponibilidad léxica a favor de los hombres.

[28] En relación con estos números, Carcedo señala: "Como ha ocurrido también con los trabajos de disponibilidad que preceden a este, los criterios de representatividad estricta son difíciles de lograr en lo que al tipo de enseñanza se refiere, pues, si exceptuamos uno, los centros privados se concentran en los grandes núcleos urbanos del centro de Asturias" (29).

Como ha podido observarse, en el mundo hispánico este condicionante contribuye a explicar las diferencias cuantitativas —y cualitativas— que se observan entre los informantes, lo que constituye una buena prueba del acierto de su incorporación a los análisis. La falta de una coincidencia absoluta con las diferencias debidas al nivel sociocultural justifica su consideración como factor independiente, que puede manifestar no solo distancia social, sino también divergencias en cuanto al tipo de instrucción que imparten las distintas clases de establecimientos educativos.

2.4.5. Los condicionantes en las investigaciones que se realizan en comunidades bilingües

Los estudios que analizan la disponibilidad léxica en comunidades bilingües contemplan, además de los factores que hemos indicado hasta ahora, otras variables específicas de indudable interés. La investigación pionera de la disponibilidad en una comunidad bilingüe dentro de nuestro proyecto es la que lleva a cabo M. Etxebarria en la zona metropolitana de Bilbao. Otras, que han comenzado más tarde, podrán aportar muchos datos de interés que complementarán a los que resulten del estudio bilbaíno; nos referimos tanto a las que realizan en el País Valenciano J. R. Gómez Molina (Valencia), J. L. Blas Arroyo y M. Casanova Ávalos (Castellón) y F. Gimeno (Alicante)[29], como a la que ha comenzado en Galicia el grupo formado por A. I. Iglesias Álvarez y F. Ramallo. Es más reciente el inicio del estudio de M.ª Isabel Serrano en la provincia catalana de Lérida.

Las variables específicas que se consideran son las siguientes:

2.4.5.1. 'Lengua materna'. El estudio de M. Etxebarria cuenta con una muestra formada por 100 informantes que tienen el español como lengua materna y 145 hablantes de euskera; hasta ahora no contamos con resultados relativos a esta variable.

Blas Arroyo y Casanova (en prensa, b) analizan los datos de una parte de la muestra general de Castellón, formada en este caso por 106 valencianohablantes, 104 sujetos con lengua materna castellana y 36 bilingües. Los resultados indican que los castellanohablantes superan siempre a los de habla

---

[29] Alguna de estas investigaciones está ya en una fase muy avanzada, por lo que pronto podrá contarse con más datos en esta importante parcela del proyecto de disponibilidad léxica.

materna valenciana en el número de respuestas, aunque tal diferencia prácticamente desaparece cuando se examina la cantidad de vocablos aportados por los distintos grupos. Al combinar las cifras aportadas por este condicionante y las que ofrece el factor 'sexo' surge el siguiente patrón: las divergencias aumentan entre los conjuntos extremos (las alumnas castellanohablantes presentan unos índices muy superiores a los que ofrecen los estudiantes de habla valenciana) y se acortan en los estratos medios (entre alumnas valencianohablantes y varones cuya lengua dominante en los primeros años fue el castellano). Al considerar conjuntamente el factor 'lengua materna' y el 'lugar de residencia' se observa que la incidencia de aquel condicionante es mucho menor en la ciudad de Castellón que en el resto de la provincia. Por último, al relacionar los datos con la variable 'entorno sociocultural' de los informantes, se dibuja un perfil curvilíneo de estratificación sociolingüística: las diferencias entre valencianohablantes y castellanohablantes son mucho más acusadas en los niveles intermedios y tienden a disminuir —y pueden llegar a anularse— en los dos grupos sociales extremos.

El trabajo de Azurmendi (1983) ya había hecho hincapié en este factor, distinguiendo tres grupos: (a) informantes cuya lengua materna es el euskera, (b) los que tienen el español como primera lengua y (c) los bilingües (que "se recuerdan bilingües desde siempre y (...) no son capaces de dar prioridad a una sola de las lenguas" [214]). Pero en el libro no se analizan ni se aportan siquiera los resultados de esta variable.

2.4.5.2. 'Lengua de uso familiar', es decir, la predominante fuera del recinto escolar. En la muestra de Etxebarria, 125 sujetos emplean normalmente el español; 50, el euskera, y los 70 restantes hacen uso de ambas lenguas indistintamente. Gómez Molina (en preparación) ha incluido en la muestra de Valencia a 343 castellanohablantes y a 122 bilingües (con predominio del valenciano). En nuestro proyecto no podemos aportar aún conclusiones sobre la importancia de este factor.

En la investigación de Azurmendi (1983: 214-217) esta variable aparece subdividida: por un lado, se tiene en cuenta la incidencia de la lengua más utilizada en casa y, por otro, se toma en consideración la relevancia de la lengua más utilizada con los amigos. En el segundo de los supuestos, la autora distingue los mismos tres grupos que hemos visto al analizar la variable 'lengua materna' (*vid. supra*). En cuanto a la primera de las perspectivas, Azurmendi considera importante tener en cuenta la información que proporcionan los alumnos sobre el uso lingüístico de sus padres para obtener una visión más apropiada del "dominio de funcionamiento social de la familia" y diferencia cuatro grupos de ambientes familiares: (a) de monolingüismo en euskera, (b) de monolingüismo en español, (c) de "bilingüismo bastante equilibrado" y (d) de bilingüismo desequilibrado a favor de una de las lenguas. A pesar del establecimiento de estas subdivisiones tan detalladas, el trabajo no se ocupa de analizar los resultados que ofrecieron las encuestas en estos aspectos.

2.4.5.3. 'Modelo de enseñanza' (monolingüe/bilingüe). En el estudio realizado en el País Vasco, comenzado antes de los acuerdos de abril de 1999, M. Etxebarria no diferenció estrictamente el carácter monolingüe o bilingüe de la educación que recibe el alumno, sino que prefirió diseñar una muestra que incluye a 125 estudiantes que siguen clases impartidas habitualmente en español y a 120 que lo hacen en euskera; por consiguiente, la diferencia se centra en el tipo de lengua que sirve de base para transmitir la enseñanza, mientras que la otra, en los dos modelos, se limita a ser una asignatura más del currículo escolar. Extebarria (1999: 1489) señala que no hay una diferencia notoria entre los alumnos según el modelo de enseñanza que han cursado en el promedio general de respuestas, aunque es verdad que los estudiantes del modelo A (que reciben las clases en castellano) alcanzan una media superior (21.75 *vs.* 19.71).

También Azurmendi (1983) había tenido en cuenta este factor. Aunque se vio obligada a prescindir de los centros públicos y privados de enseñanza en español, tuvo en cuenta a los alumnos de las ikastolas, que en el momento en que ella realizaba el trabajo podían impartir la enseñanza en euskera o en euskera y en español. Lamentablemente tampoco aquí la autora aporta datos —ni cuantitativos ni cualitativos— sobre esta variable.

Nos encontramos, pues, ante un aspecto de gran interés dentro del proyecto panhispánico, pero que necesita la publicación de los resultados de los distintos geolectos y los análisis correspondientes. No hay que insistir en el indudable interés de estos datos para la enseñanza del léxico en las comunidades bilingües.

2.4.6. Otros condicionantes (no incluidos en el proyecto general)

2.4.6.1. Como ya hemos indicado, algunas investigaciones del proyecto han tenido en cuenta otros factores que se vienen a sumar a los que hemos comentado en las líneas anteriores y que, en general, constituyen intentos de precisar más las diferencias que aquellos ponen de manifiesto. Nos referiremos únicamente a dos: uno, que ha sido contemplado en el estudio grancanario y en el de la zona metropolitana de Bilbao, recoge la distinción entre los colegios situados en el centro de las ciudades y los de zonas periféricas; el otro, que se toma en consideración en las investigaciones andaluzas, concierne a la diferencia entre campo y mar, como factor geográfico importante en ciertas zonas de la región meridional española.

En cuanto a la variable 'situación de los centros públicos urbanos', la muestra grancanaria cuenta con 90 alumnos de la zona céntrica y 94 de la periférica, distribuidos en seis institutos (los datos de la enseñanza privada se tabularon aparte). De los seis centros, los tres situados en distintos barrios de la ciudad acogen a alumnos de su entorno; a los tres centrales, sin embargo, no acuden solo estudiantes de esa zona, por lo que resultan más heterogéneos (Samper y Hernández 1997: 230-231). Como vemos, se trata de comprobar si las diferencias ocasionadas por esta distribución zonal marchan paralelas a las que ofrece la distinción según los niveles socioculturales o si son más o menos significativas que estas. Los resultados mostraron que la variable no es relevante en la ciudad de Las Palmas de Gran Canaria: se produce una gran igualdad en los promedios de los dos grupos considerados (García Domínguez *et al.* 1994). En Bilbao, M. Etxebarria (1996) trabaja con cuatro centros ubicados en la periferia de la ciudad y dos en el centro urbano, pero no conocemos aún los datos del análisis de este factor.

El proyecto de estudio andaluz prevé para varias provincias, dentro del condicionante geográfico, una distinción entre los informantes de las localidades costeras y los de las áreas del interior[30]. Así, la investigación de Mateo (1998) diferencia cuatro grandes zonas de la provincia de Almería: la capital (180 informantes), las comarcas litorales del este (32 estudiantes), las comarcas litorales del oeste (88 alumnos) y las comarcas del interior (100 encuestados). Por su parte, la tesis de A. González (1997) también analiza el condicionante 'zona geográfica de procedencia', con 260 alumnos de núcleos de población situados en el litoral y 140 de localidades del interior de la provincia de Cádiz.

Los resultados del trabajo almeriense en relación con este factor son muy significativos: los hablantes del litoral son los que producen más voca-

---

[30] Esta variable también guarda relación con el factor 'nivel socioeconómico'.

blos; les siguen los de la zona interior, mientras que los de la capital quedan relegados al último lugar. Esa misma ordenación vuelve a observarse al tener en cuenta otro índice, el de la producción de palabras: los alumnos de las dos zonas litorales aventajan de manera sobresaliente tanto a los capitalinos como a los que viven en el interior de la provincia.

No se obtienen diferencias tan marcadas al analizar este factor en Cádiz. A. González (1997) no encontró divergencias entre los informantes costeros (que aportaron una media de 18.55 palabras por centro de interés) y los rurales (que escribieron como promedio por centro 18.58 palabras). Tampoco el análisis cualitativo arrojó diferencias importantes. Por eso, González afirma en sus conclusiones que se trata de una variable no pertinente entre los informantes gaditanos.

2.4.6.2. En esta exposición de los condicionantes analizados en los estudios de disponibilidad, conviene comentar brevemente otros dos que han estado presentes en algunas investigaciones desarrolladas en el mundo hispánico, aunque no dentro de las incluidas en el proyecto. A. Valencia y M. S. Echeverría han tomado en consideración la 'regionalidad' para distinguir entre la zona metropolitana y el resto de las regiones de Chile; en México A. Ruiz Basto estudió el factor 'turno escolar'.

En cuanto al criterio de la regionalidad, Valencia y Echeverría (1999b) tuvieron en cuenta en la preestratificación la diferencia entre las 13 regiones en que se divide administrativamente el país. Aplicando un criterio de cuotas proporcionales, se encuestó a 824 alumnos de la región metropolitana (40.2% de la muestra) y a 1.228 del resto de Chile (59.8%). Los resultados cuantitativos son contundentes: los entrevistados que proceden de la región capitalina tienen más léxico disponible que los del resto del país; prácticamente en todos los centros ofrecen mejores promedios y también mayor homogeneidad. Dado el funcionamiento de esta variable en aquel país, sería conveniente comprobar si se producen diferencias paralelas en otras comunidades nacionales[31].

Por último, el factor 'turno', utilizado por Ruiz Basto (1987), es, en realidad, una variante del nivel sociocultural. El turno vespertino del plantel

---

[31] Un análisis preliminar en que se comparaban los resultados de Madrid con los de Gran Canaria (Samper y Hernández Cabrera 1997) no confirmó la hipótesis de que habría diferencia de léxico a favor de los hablantes capitalinos. Pero en ese resultado pudo influir el que las muestras de las que se partía eran cuantitativamente muy diferentes.

Naucalpan presenta un mayor número de alumnos que han de trabajar para contribuir a sus economías familiares. En las conclusiones, la estudiosa mexicana indica que los alumnos del turno matutino presentan "una norma y un vocabulario activo más amplios" (228); relacionando los datos de turno y sexo, se observa que la norma y el vocabulario activo más restringidos corresponden a los estudiantes varones del turno de tarde. Estamos, pues, ante una variable circunstancial que en la investigación de Ruiz Basto funciona como un índice alternativo de los parámetros que se toman habitualmente para distinguir el nivel socioeconómico de los hablantes.

2.4.6.3. Dentro de este apartado se han de mencionar también los factores extralingüísticos que se han incorporado en las investigaciones de español como lengua extranjera, fundamentalmente en las realizadas, con los criterios básicos del proyecto, por A. Carcedo (1998b, 1999b, 1999c, 2000a, 2000b) y por M. Samper Hernández (2000, 2001). Las características propias de este tipo de estudio suponen que, junto a algunas de las variables contempladas en los trabajos con hablantes nativos (como el sexo[32]), han de tenerse en cuenta otras que inciden en el proceso de aprendizaje del léxico español:

1. '**Nivel de estudios**'. La hipótesis de partida es que debe existir relación asociativa fuerte entre este factor y la cantidad de palabras y vocablos que aportan los encuestados. Lógicamente un mayor dominio del español debe implicar una disponibilidad más rica.

Carcedo (2000b)[33] analizó dos grados diferenciados del sistema de estudios, en los que a su vez realiza cortes: por un lado, se incluyen estudiantes de cuarto y octavo cursos del liceo y, por otro, alumnos de dos ciclos (primero y

---

[32] Se trata de un factor que ofrece resultados similares a los registrados en los trabajos realizados con nativos. Carcedo (2000b) señala la poca incidencia que parece tener desde el punto de vista cuantitativo, pero subraya la distribución que presentan las escasas divergencias encontradas: las mujeres aportan también en ELE más vocablos en los centros de interés tradicionalmente vinculados al rol social femenino. En el análisis cualitativo se mantiene la homogeneidad y no se puede hablar de una distribución significativa de unos términos u otros. Samper Hernández (2001) coincide en la poca relevancia que muestra esta variable, aunque anota una superioridad cuantitativa sistemática de las mujeres y una cierta relación, desde el punto de vista cualitativo, entre los vocablos masculinos y femeninos y la condición social de los ámbitos léxicos en los que aparecen.

[33] En Carcedo (1999b) se estudia este mismo factor en una muestra más reducida, formada por 48 alumnos de lengua materna finesa. Los resultados coinciden, en general, con los que aportará luego la investigación más amplia.

segundo) de universidad[34]. Llega a la conclusión de que existe una relación clara entre el número de palabras y vocablos aportados por los estudiantes y su grado de dominio de la lengua española, de manera que se da una evolución progresiva a medida que aumenta el nivel. Esta evolución es más evidente al comparar el último grado preuniversitario con el primero de la especialización, mientras que después continúa ya de forma más moderada. Es muy significativo que el promedio de vocablos por sujeto en el cuarto curso del liceo sea de 73 lexías y que en el segundo ciclo universitario se sitúe en torno a las 182. Carcedo señala también un paralelismo claro en el grado de productividad léxica según los distintos centros de interés en todos los niveles. Desde el punto de vista cualitativo, se da una notable similitud en el vocabulario actualizado por los estudiantes de todos los cursos, hecho que se refleja especialmente, como suele suceder en el resto de los trabajos de disponibilidad, en los primeros lugares de las listas. El cotejo general de la totalidad de las nóminas léxicas arroja un grado de coincidencia del 50%, tanto entre las cinco como entre las diez primeras lexías, porcentaje que aumenta considerablemente cuando se toman los dos grandes grupos por separado.

Los resultados de la investigación de Samper Hernández (2001) inciden nuevamente en la importancia del nivel de dominio de la lengua extranjera. Se observa una distinción clara en cuanto a la cantidad de palabras y vocablos que incorporan los alumnos del nivel 'umbral' y los del 'superior' —con una ventaja sistemática de estos últimos—, que, sin embargo, no tiene paralelismo desde el punto de vista cualitativo (con la excepción de los centros de interés 04 'Los muebles de la casa' y 07 'La cocina', donde los estudiantes de mayor dominio incorporan términos claramente más específicos).

2. **'Conocimiento de otras lenguas'**. Es un factor que se toma en consideración a partir de la idea de que el manejo fluido de otras lenguas puede facilitar la tarea de aprendizaje de una nueva, sobre todo si pertenecen a la misma familia. En la investigación con alumnos extranjeros que seguían los cursos internacionales de la Universidad de Salamanca (Samper Hernández 2001) se contó con una muestra que incluía a 19 entrevistados que no tenían conocimiento de otras lenguas y a 26 que sí lo tenían. Los resultados de ese estudio exploratorio indican que este factor no es relevante en la disponibilidad léxica de los estudiantes de ELE, ya que la tónica general arroja una gran

---

[34] El estudio se centra en mayor medida en los estudiantes del último curso del liceo porque es el nivel que presenta una mayor homogeneidad y porque, al igual que se subraya en las investigaciones hispánicas, su léxico no ha sido aún sometido al proceso de especialización.

igualdad de resultados, tanto en cuanto al número de palabras y de vocablos como en lo que respecta al tipo de asociaciones que se producen.

En Finlandia también se tuvo en cuenta esta variable, aunque Carcedo (2000b) aclara que se trata específicamente del 'conocimiento de otra(s) lengua(s) románica(s)'. En este caso la cantidad de términos aportados por los dos grupos sí confirma la hipótesis de que el dominio previo de otro idioma románico —los alumnos finlandeses estudian sobre todo francés e italiano— influye positivamente a la hora de asimilar el léxico español. Desde el punto de vista cualitativo, sin embargo, no se producen diferencias significativas que apoyen los datos cuantitativos.

A falta de otros estudios confirmatorios, parece que la incidencia del conocimiento de otros idiomas en la disponibilidad del español como lengua extranjera solo resulta pertinente si estos pertenecen a la familia románica.

3. **'Lengua materna'**. Este condicionante, que también se utiliza en las comunidades bilingües del Estado español, tiene una clara relevancia en el estudio con alumnos extranjeros. Carcedo (2000b) lo incluye en su trabajo, distinguiendo entre hablantes suecos y finlandeses. El autor señala la significativa incidencia que en su análisis puede tener esta variable, dada la naturaleza no indoeuropea de la lengua finesa frente a la sueca. Los resultados cuantitativos no arrojan las diferencias esperadas, si bien hay que tener en cuenta el carácter tendencial de la muestra, con una diferencia numérica considerable entre hablantes finlandeses (que constituyen la mayoría de los informantes) y suecos. En cuanto a los datos cualitativos, se producen unos índices de compatibilidad mucho menores que en las demás variables y se observan notables diferencias en los rangos que ocupan los términos en una y otra nómina.

Samper Hernández (2001), quien considera imprescindible tener en cuenta la lengua materna de los encuestados, con vistas no solo a comprobar qué hablantes presentan más facilidad para la adquisición de la lengua española, sino también con el fin de conocer la causa de muchos errores interlingüísticos de aprendizaje, incluye en su muestra salmantina de estudiantes extranjeros a 17 hablantes de inglés como primera lengua, 9 de italiano, 6 de japonés y un grupo heterogéneo formado por 13 alumnos que tienen otras lenguas maternas (alemán, francés, sueco...). Lo que más destaca en los resultados de esta investigación es la superioridad cuantitativa de los estudiantes japoneses, que aportan un número mayor de palabras y de vocablos que el resto: son los primeros en siete de los 16 centros de interés en cuanto al índice de respuestas y en 12 campos si se tiene en cuenta el promedio de unidades diferentes. En el análisis cualitativo también llama la atención la índole del vocabulario de los encuestados nipones, que incorporan muchos términos de carácter libresco, lo que aporta información importante acerca del método de estudio que se sigue en el país oriental.

El que se haya trabajado con una muestra reducida —se trata de una investigación experimental— impide dar un alcance general a estos resultados. Queda por tanto al descubierto un factor al que debe concedérsele la importancia debida en los futuros estudios de disponibilidad léxica entre hablantes no nativos de español.

3. Criterios de edición de los materiales

El proyecto panhispánico cuenta con unos criterios comunes para la transcripción de los materiales y su homogeneización mediante unos protocolos de edición convenidos en la reunión de Bilbao de 1999.

No cabe duda de que seguir unas pautas unificadas facilita extraordinariamente el cotejo dialectal, una aplicación esencial en estos estudios de disponibilidad, como ya planteó en su momento Mackey (1971a). Realmente el trabajo de comparación —sobre todo en sus aspectos cuantitativos— podría verse seriamente afectado si no hubiera criterios comunes a la hora de editar los distintos léxicos, puesto que un cotejo realizado sobre materiales que presenten diferencias notorias en este punto podría llegar a proporcionar unas divergencias dialectales que no reflejarían cabalmente la realidad.

Por todo esto parece necesario que se sigan criterios de edición comunes o que, al menos, antes de proceder a los cotejos, se tomen en consideración las decisiones adoptadas por los equipos que ya habían publicado sus léxicos antes de alcanzarse los acuerdos generales en la reunión de Bilbao.

A continuación señalamos los pasos que guían la edición de las encuestas. Algunos de estos aspectos pueden considerarse como de elemental "limpieza" de los materiales brutos aportados por los informantes; otros (como los referidos al alcance de las asociaciones y a la necesidad de lematizar con el fin de unificar variantes de una misma unidad léxica) constituyen problemas más complejos por la dificultad de alcanzar soluciones aceptadas por todos los investigadores[35]:

---

[35] Como ha escrito Ch. Muller, no es tarea sencilla decidir los múltiples detalles que debe atender una "norma de despojo": hay que dar respuesta a un conjunto de problemas con

(a) Eliminación de los términos repetidos. Aunque en la encuesta escrita el número de lexemas que aparecen más de una vez en el mismo listado es considerablemente inferior al que podría presentarse en una encuesta oral, no son escasos los ejemplos que se encuentran también en los cuadernos que contestan los informantes.

(b) Corrección de la ortografía. A pesar de que nuestros encuestados son estudiantes del nivel inmediatamente anterior al universitario, no faltan ejemplos de errores ortográficos, tanto de los generales de la lengua como de los derivados de la fonética dialectal. No puede olvidarse, sin embargo, que muchas de esas "faltas" de ortografía afectan a palabras que los alumnos no usan con frecuencia en el lenguaje escrito (aunque sean corrientes en el uso oral de la lengua); por otro lado, ha de tenerse en cuenta que, al comienzo de la encuesta, normalmente se les indica que no deben preocuparse por este aspecto.

(c) Unificación ortográfica. Aunque no son muchos los ejemplos, la posibilidad de escribir "correctamente" un mismo término con más de una forma (*gineta/jineta*; *hierba/yerba*; *mahonesa/mayonesa*) obliga a elegir una de ellas para que no aparezcan como dos entradas distintas.

La variación es más acusada en los neologismos, pues se encuentran variantes muy marcadas, que van desde la grafía del extranjerismo como en la lengua de origen hasta su reproducción fónica, pasando por situaciones intermedias (por ejemplo, adaptación a la fonética española, transcripción fonética de solo una parte de la lexía, deformaciones debidas a la etimología popular...): *football, fútbol, furbo* y *fulbo*; *chiffonnier/sinfonier*; *secretaire/secreter*; *mousse/mus*; *pudding/pudin*; *kayak/cayak*; *jet/yet*; *chaise longue/cheslón*. En estos ejemplos es preferible inclinarse por la forma que han adoptado los diccionarios de nuestra lengua, en especial el *DRAE*.

Distintos son los casos de aparición de dos formas claramente diferenciadas, la extranjera (o una adaptación cercana a ella) y la "traducción" española: *voleibol/balonvolea*; *basketball, basket/baloncesto*; *fútbol/balompié*; *container/contenedor*. Aquí sí permanecen las dos entradas.

Las soluciones son iguales para las variantes de carácter dialectal: se unifican todas aquellas que se explican por una mera variación fonética

la certeza de que las soluciones no siempre convencen a todo el mundo (a veces, ni siquiera al propio investigador), pero "es necesario franquear el obstáculo de la discusión en detalle" (1973: 244-246).

(alternancia de vocales átonas, confusión *r/l*, nasalización final, elisión de la dental intervocálica o final...).

(d) Neutralización de variantes meramente flexivas. En el proceso de lematización las palabras se reducen morfológicamente a la forma no marcada del paradigma (*cfr.* Alvar Ezquerra 1993: 102-111). Los verbos se presentan en su forma infinitiva, salvo en las denominaciones de ciertos juegos —como *veo, veo*; *corre que te cojo/pillo*; *desconfío*—, para cuya identificación es necesario respetar la forma conjugada. Los sustantivos —y los adjetivos, que, como hemos indicado, son evocados con un carácter más esporádico en estas encuestas— aparecen en su forma singular y, si presentan variación de género, en masculino. La reducción al número singular cuenta con algunas excepciones fácilmente explicables: nombres de juegos del tipo *ladrones y policías*; *barquitos*; *indios y vaqueros*, o los complementos de un verbo o de otro sustantivo (*estante de libros*, *cortar flores*). En ninguno de estos ejemplos hay contraste singular/plural.

En el proyecto de léxico disponible nos hemos inclinado por recoger solo la forma masculina en el centro de interés 'Los animales' cuando la variación genérica se expresa mediante morfemas. Esto quiere decir que aparecen el masculino y el femenino únicamente en los sustantivos heterónimos (*caballo/yegua*; *toro/vaca*) y en aquellos cuyo femenino contiene un sufijo específico (del tipo *gallo/gallina*)[36]. Por tanto, se elimina una de las formas si el sujeto aporta, por ejemplo, *perro* y *perra*; si solo aparece el femenino, se cambia al masculino.

En cuanto al campo léxico 'Profesiones y oficios', la reducción a una forma única se ve respaldada por el diccionario académico, que reúne masculino y femenino bajo una misma entrada: *limpiador, ra*; *empleado, da*; *cocinero, ra*; *bibliotecario, ria*[37].

El citado diccionario recoge solo la forma femenina para determinadas actividades (*doncella, azafata, chacha, costurera*). En estos casos parece razonable ajustarse al criterio académico, especialmente cuando ningún encuestado aporta la forma masculina para tales actividades.

---

[36] Es lo mismo que propone Ch. Muller, basándose en que "les deux substantifs opposés par leur genre [...] peuvent évoluer séparément" (1973: 165).

[37] Queda siempre la posibilidad de hacer, aparte, un recuento de las formas masculinas y de las femeninas que han escrito los sujetos de la muestra, si se quiere obtener ese dato de relevancia sociológica.

En los cuadernos de encuestas algunas profesiones solo aparecen en su forma femenina, a pesar de que también es posible el masculino. En las encuestas grancanarias, por ejemplo, eso ocurre en casos como *empleada de hogar, planchadora, manicura* y *bordadora*. Aquí la solución es indiferente, pues en nada afecta al cotejo dialectal: hemos preferido adaptarnos a la norma de la comunidad y mantenerlos tal como los han escrito los encuestados.

(e) Como se trata de listas lematizadas, se unifican bajo un solo rótulo los derivados regulares que no suponen alteración del significado léxico, es decir, que funcionan como variantes meramente morfológicas. Diminutivos del tipo *fresquito* y *florecilla* en el centro 11, se funden con los ejemplos de *fresco* y *flor*, respectivamente. Para los aumentativos como *cochazo*, que aparece en 'Medios de transporte', se adopta la misma solución.

En cambio, se mantienen separados todos los diminutivos que implican lexicalización, es decir, que presentan un matiz que no es simplemente la modificación minorativa de la base léxica: *mesilla, cocinilla*.

(f) Se unen las formas plenas y los acortamientos de determinadas palabras (*bolígrafo, televisión, bicicleta, fotografía, zoológico*, etc.). En los listados figuran de la forma siguiente: *boli(grafo), tele(visión), bici(cleta), foto(grafía), zoo(lógico)*.

(g) Usamos también los paréntesis para todas aquellas lexías que aparecen unas veces con todos sus elementos constituyentes y otras con reducción de algún componente (que se da por consabido). Es lo que ocurre, por ejemplo, con *columna vertebral* y *columna* en el centro 01, con *plato de ducha* y *plato* en el 03, con *bombona de gas* y *bombona* en el 07, con *vino tinto* y *tinto* en el 05, o con *perro pequinés* y *pequinés* en el 14. Los paréntesis que rodean al adjetivo *vertebral*, a las frases preposicionales *de ducha, de gas* y a los sustantivos *vino* y *perro*, amén de indicar que su presencia es variable, nos informan también de la aparición de las dos estructuras sintagmáticas en una determinada sintopía.

h) Un problema de más difícil solución es el referido a los nombres de marcas comerciales que se recogen en las encuestas, especialmente en los centros de interés 'Alimentos y bebidas', 'Juegos y distracciones' y 'Medios de transporte'. El criterio general es el de admitir solamente aquellas que ya estén totalmente lexicalizadas, es decir, que, en una situación comunicativa determinada, puedan sustituir el nombre del producto aun en el caso de que lo designado no se corresponda con la marca concreta. Es lo que ocurre en España con *colacao*, utilizado de forma general para designar 'cacao en polvo' con independencia del rótulo comercial que figure en un producto determinado.

Sin embargo, pueden encontrarse verdaderas dificultades a la hora de decidir cuándo se ha lexicalizado totalmente una marca. Porque hay situaciones intermedias en que un nombre comercial puede funcionar como representante de un producto para unos hablantes (que desconocen formas alternativas de designación) y no para otros.

En un artículo de Samper (1998) se recogen con detalle tanto las decisiones generales que acabamos de presentar como otras que afectan a cada centro de interés en los materiales de Gran Canaria. También en Carcedo (2001: 36-51) puede encontrarse una minuciosa explicación de los problemas de edición y las fundamentadas decisiones que toma el citado investigador en el léxico disponible de Asturias.

Algunas de las propuestas anteriores han sido ampliamente discutidas por los investigadores del proyecto. Entre ellas, la que ha suscitado más controversia es la referida a la inclusión o eliminación de las marcas comerciales (independientemente de su grado de lexicalización), ya que se considera que pueden aportar un dato sociológico relevante. A pesar de estas pequeñas discrepancias, los materiales de léxico disponible, tras estos acuerdos de edición, han ganado en homogeneidad, con lo que se facilitan y se hacen más fiables las comparaciones dialectales.

En realidad, la revisión de las decisiones que difieren de las anteriores —tanto en los estudios realizados antes de los acuerdos dentro del proyecto como en alguno posterior (donde se hace referencia explícita a las nuevas soluciones)— deja bien claro que son divergencias poco relevantes, que afectan a cuestiones de detalle[38]. Por ejemplo, para la edición de las listas de palabras de Madrid, Benítez (1992a), si bien unificó en masculino y en singular todos los lexemas, no lo hizo con los nombres de profesión, a los que consideró entradas distintas cuando tienen dos terminaciones (*el enfermero/la enfermera*); también diferenció las formas plenas y las formas apocopadas de ciertas palabras (*bicicleta* y *bici*); admitió como entradas distintas la palabra simple, los aumentativos y los diminutivos, y aceptó los nombres de marcas de determinados productos (*Toyota*).

---

[38] Aunque, como hemos dicho, deben tenerse muy presentes en los cotejos, porque pueden afectar directamente a los cálculos de los índices de compatibilidad interdialectal.

También en los criterios de edición seguidos por M.ª V. Mateo (1998) para el léxico disponible de Almería, aunque son en general comunes a los que adoptaron después los grupos del proyecto, se admitieron los nombres de marcas comerciales, sin restricciones de ningún tipo, como había hecho Benítez en Madrid.

En la edición de los datos del léxico disponible de Zamora, dentro de la investigación de Castilla y León, Galloso (1997: 26-27) sigue las normas generales, pero añade algunos criterios, adoptados por todo el grupo de investigación castellanoleonés. Por ejemplo, mantiene la variación de género en palabras cuyo uso femenino o masculino es relevante en la encuesta (son los casos de *mulo/mula* o de ciertos términos del centro de interés 'Profesiones y oficios') e incorpora todas las marcas comerciales (muy frecuentes en los centros de interés 'Alimentos y bebidas', 'Juegos y distracciones' y 'Medios de transporte') pero las escribe entre paréntesis con el fin de poder realizar su estudio de forma autónoma.

Asimismo puede comprobarse que los criterios metodológicos adoptados para la edición de los materiales por los equipos que trabajan en América sin seguir estrictamente los acuerdos de nuestro proyecto presentan solo divergencias insignificantes. Valgan como ejemplo las decisiones que señalan los investigadores chilenos que analizan la muestra de todo el país (Valencia y Echeverría 1999a: 16): los sustantivos y los adjetivos aparecen en singular; se eliminan los diminutivos, que se integran con las formas de las que derivan; los verbos figuran en infinitivo, con la excepción de los gerundios y los participios (estos últimos se incluyen en masculino); en cuanto a los extranjerismos, se siguen las decisiones del diccionario de la Real Academia Española (los casos que no aparecen en este diccionario se escriben con la forma que tienen en la lengua extranjera de origen). Puede notarse que las diferencias se reducen a que los estudiosos chilenos consideran aparte los gerundios.

La preocupación por la corrección de los datos que habían ofrecido los alumnos también está presente en Mackey, un aspecto nada sorprendente dados los propósitos de comparación que perseguía la investigación canadiense. Los criterios que adopta Mackey (1971a: 46-51), coincidentes parcialmente con los de los equipos hispánicos, son los siguientes:

1) Corregir las abundantes faltas de ortografía que habían cometido los alumnos.

2) Mantener todas las categorías (nombres, verbos, adjetivos, etc.).

3) Reducir las expresiones como *jouer à la balle* o *labourer les champs* al nombre común. Pero se conservaron los verbos (*jouer, labourer*) cuando se habían escrito solos.

4) Respetar las asociaciones de ideas poco previsibles que había aportado un número reducido de alumnos. Así, en la lista de 'Las partes del cuerpo' se encuentran palabras como *gâteau* o *microscope*, ambas con frecuencia 1. Se trata siempre de voces que consiguen una frecuencia muy poco significativa y que, por tanto, aparecen al final de las listas.

5) Conservar las palabras compuestas, los sintagmas y las locuciones que habían escrito los informantes si aparecían en el diccionario y en todos aquellos casos en que la palabra compuesta no designa lo mismo que la palabra simple. De esta forma, figuran en las listas expresiones como las siguientes: *table de billard, table à café, table à cartes, table à manger, table de nuit*, etc. En cambio, sintagmas como *petite table* o *table pour mettre des...* se redujeron a la palabra simple.

6) Mantener los anglicismos, con las grafías que anota el diccionario de Harrap (1964).

7) Conservar las voces propias del francés de Canadá escritas con la forma que figura en el *Dictionaire de la langue française au Canada*[39].

4. EL CÁLCULO DEL ÍNDICE DE DISPONIBILIDAD

Una vez que se dispone de los listados de todos los centros de interés según los criterios de edición que hemos indicado en las páginas precedentes, el paso siguiente es calcular el índice de disponibilidad léxica. Para ello las investigaciones del proyecto panhispánico utilizan la siguiente fórmula de J. López Chávez y C. Strassburger Frías, que fue aplicada primeramente en un conjunto de trabajos hechos en México:

$$D(P_j) = \sum_{i=1}^{n} e^{-23\left(\frac{i-1}{n-1}\right)} \cdot \frac{f_{ji}}{I_1}$$

donde
n = máxima posición alcanzada en el centro de interés en la encuesta,
i = número de la posición en cuestión,
j = índice de la palabra tratada,

---

[39] A la hora de poner a punto los materiales franceses para su posterior comparación con los datos obtenidos en Acadie, Mackey (1971: 51) también tomó en consideración cues-

e = número real (2.718181818459045),
f_{ji} = frecuencia absoluta de la palabra j en la posición i,
I_1 = número de informantes que participaron en la encuesta,
$D(P_j)$ = disponibilidad de la palabra j.

Además de la posibilidad de procesar los datos en el Centro de Cómputos de la Universidad Nacional Autónoma de México (así se hizo en el caso de los léxicos disponibles de Puerto Rico, República Dominicana, Madrid y en la primera versión de Gran Canaria, gracias a la generosa disposición de J. López Chávez), los equipos del proyecto cuentan con un programa informático, *Lexidisp*, que permite aplicar en ordenadores personales la fórmula de López Chávez y Strassburger. Este programa ha sido desarrollado por J. E. Moreno Fernández y A. J. García de las Heras, con el asesoramiento lingüístico de F. Moreno Fernández y P. Benítez Pérez, bajo el patrocinio de la ALFAL, el Instituto Cervantes y la Universidad de Alcalá (*vid.* una información detallada del mismo en Moreno, Moreno y de las Heras 1995).

El cálculo del índice de disponibilidad de cada vocablo es una de las aportaciones más importantes de los estudios hispánicos a las investigaciones sobre disponibilidad léxica. Hasta el año 1983 la posibilidad de asignar a las palabras un determinado índice solo se contempló como un desiderátum (que se veía reflejado en las ideas precursoras de Michéa [1953] o en las palabras de Muller [1973] sobre la conveniencia de considerar el 'índice de espontaneidad' de las palabras, esto es, el orden en que figuran en las listas). Esos deseos no tuvieron, hasta la fecha indicada, concreción de ningún tipo.

Realmente los primeros recuentos sobre léxico disponible solo contemplaron el factor frecuencia, unas veces absoluta —por ejemplo, Dimitrijevic (1969) se limitó a aportar unas listas con las cifras de aparición de cada vocablo entre los sujetos de su muestra—, otras relativa, como hizo Mackey (1971a). El criterio de la frecuencia relativa es el utilizado también en todos los estudios hispánicos de disponibilidad realizados antes de 1983.

Pero al basarse únicamente en el parámetro de frecuencia se pierde una información muy importante. Se alcanzan unos resultados más refinados y completos cuando se pondera también el orden de aparición de las palabras

tiones sobre el género y el número gramaticales de los sustantivos y sobre las grafías con guión o sin él de las palabras compuestas.

en las listas de los distintos informantes. La hipótesis que subyace bajo esta consideración es elemental: cuando una palabra está más disponible para un sujeto, este la incluirá antes en su lista-respuesta del correspondiente centro de interés porque acudirá más pronto a su memoria[40]. Ello supone que palabras con la misma frecuencia no han de presentar necesariamente el mismo índice de disponibilidad; por eso, los listados de disponibilidad no se ajustan al orden que nos proporcionan las listas que reflejan los índices de aparición de cada voz. Los datos del centro de interés 02 de Gran Canaria son un buen ejemplo de lo que venimos exponiendo:

Índice de frecuencia		*Índice de disponibilidad*	
01. calcetín	496	01. pantalón	0.731
02. pantalón	495	02. camisa	0.595
03. braga	426	03. calcetín	0.563
04. camisa	406	04. braga	0.479
05. chaqueta	390	05. blusa	0.461
06. calzoncillo	379	06. falda	0.446
07. falda	362	07. calzoncillo	0.430
08. zapato	357	08. chaqueta	0.429
09. media	355	09. pulóver	0.414
10. sujetador	350	10. zapato	0.394
11. pulóver	318	11. sujetador	0.364
12. blusa	316	12. camiseta	0.356
13. camiseta	285	13. media	0.328
14. bufanda	279	14. jersey	0.296
15. guante	248	15. bufanda	0.279

Como puede observarse, la palabra que se repite más veces en las encuestas no es la que resulta más disponible: en la lista de la derecha *calcetín* es superada ampliamente por *pantalón* e incluso por *camisa*, aun cuando

---

[40] Como ha escrito R. Michéa, "la mémoire, basée sur l'association des idées, est sélective" (*cfr.* Gougenheim *et al.* 1967: 151).

esta palabra haya sido citada 90 veces menos que aquella. También es destacable en este ejemplo la diferencia que afecta a la voz *blusa* (12ª en cuanto a frecuencia y 5ª en disponibilidad), señal inequívoca de que sus apariciones ocupan preferentemente los primeros lugares en los listados.

Las fórmulas matemáticas para calcular el índice de disponibilidad a partir de la consideración de la frecuencia y del orden en que aparece cada palabra en los distintos listados tratan, pues, de corroborar objetivamente lo que señala nuestra intuición: cuando una palabra acude antes que otra a la mente del hablante al referirse a un tema, podemos pensar que la primera es más disponible que la segunda.

Los primeros artificios matemáticos que permitieron calcular el índice de disponibilidad de los vocablos fueron propuestos por Lorán y López Morales (1983) y se pusieron en práctica en las investigaciones de Cañizal Arévalo (1987), Mena Osorio (1986) y Echeverría *et al.* (1987)[41]. La formulación se basaba en un factor de ponderación lambda (λ), inferior a la unidad, para determinar el peso que se le otorga a la posición del término dentro de la lista de cada sujeto. El coeficiente lambda (al que se le asignó un valor 0.90) debería multiplicarse por la frecuencia alcanzada por la unidad. Esta fórmula, que funcionaba muy bien con listas iguales, en listas desiguales presentaba algunos problemas relativos a la falta de discriminación del índice de disponibilidad a partir de ciertas posiciones. Tales defectos no fueron corregidos totalmente a pesar de las mejoras que introdujo G. Butrón (1987, 1991).

Los problemas anteriores fueron solventados con la formulación propuesta por López Chávez y Strassburger (1987). En ella se incluyen como factores relevantes para hallar el índice de disponibilidad los siguientes:

a) la frecuencia absoluta de la palabra,

b) la frecuencia absoluta de la palabra en cada posición,

c) el número de participantes en la encuesta,

d) el número de posiciones alcanzadas en la encuesta en el centro de interés que se analice,

e) las posiciones en que fue dicha la palabra. El auténtico ponderador de la posición, según López Chávez y Strassburger, es la aplicación del número *e* elevado al exponente observable en la fórmula que recogíamos anteriormente.

---

[41] El índice de disponibilidad léxica de los últimos estudios en Chile (Valencia y Echeverría 1999a: 16-17) se ha obtenido a través del programa DISPOLEX, que se utiliza en Concepción desde 1990 y que deriva del propuesto inicialmente por Lorán y López Morales.

La fórmula aporta una ponderación variable de cada palabra entre 1 y 0.1, independientemente del número de sujetos de la encuesta, de la extensión de los listados de cada informante y de la frecuencia de aparición del vocablo.

J. López Chávez y C. Strassburger (1991) también han elaborado fórmulas adecuadas para calcular el índice de disponibilidad léxica individual (IDLI), que informa sobre el grado de participación del individuo en el resultado total de la muestra y que tiene gran interés en el campo de la planificación de la enseñanza de la lengua.

5. APLICACIONES DE LA DISPONIBILIDAD LÉXICA

Los análisis léxico-estadísticos de disponibilidad, como ha destacado López Morales (1999a: 19-26), pueden aportar datos de mucho interés a disciplinas como la sociolingüística, la psicolingüística y la etnolingüística, y ofrecen unos ricos materiales para las comparaciones interdialectales. No es extraño, por otro lado, que la lingüística aplicada a la enseñanza de la lengua haya aprovechado los datos de la disponibilidad léxica, ya que este fue el propósito con el que nacieron estos estudios en los años 50 (*cfr.* Gougenheim *et al.* 1967).

5.1. Disponibilidad léxica y sociolingüística

Las páginas anteriores, en especial las agrupadas en el apartado 2.4, han mostrado cómo la sociolingüística puede utilizar los resultados de estas investigaciones para analizar la variación léxica debida a distintos factores sociales (sexo, nivel sociocultural, tipo de centro donde se cursan los estudios, etc.). Los equipos hispánicos, formados en muchos casos por estudiosos variacionistas, incorporan, en este sentido, muchas innovaciones y constituyen un buen ejemplo de las posibilidades de análisis que abren estos listados léxicos. Como ha señalado López Morales (1999a: 25), los estudios sociolingüísticos del léxico disponible no tropiezan con los graves inconvenientes teóricos que afectan a la variación léxica, en cuanto adoptan una perspectiva eminentemente cuantitativa.

En el estudio particular de cada uno de los condicionantes sociales, hemos observado cómo el factor que incide en la variación de forma más llamativa es el nivel sociocultural; también es muy relevante el papel que desempeña el tipo de centro escolar (público o privado). La variable 'zona geográfica (rural o urbana)' es significativa en algunos de los geolectos hispánicos, si bien su importancia parece algo menor de la que habían encontrado Gougenheim *et al.* en la primera investigación en suelo francés. En cambio, el sexo no influye decisivamente en los índices de disponibilidad, con la excepción de algunas sintopías donde es posible encontrar cierta divergencia entre centros de interés "masculinos" y "femeninos".

Un condicionante importante —como se ha visto desde las primeras investigaciones hispánicas— es la edad, aunque, como ya hemos dicho, es un factor que ha quedado neutralizado en los estudios de nuestro proyecto, puesto que en él ha primado el interés por describir la norma léxica adulta de las comunidades estudiadas[42].

5.2. Disponibilidad léxica y psicolingüística

Los análisis del léxico disponible pueden resultar muy útiles para conocer la organización del lexicón mental. Las propias pruebas de disponibilidad presentan una importante característica que las diferencia de las que han sido más frecuentes en psicolingüística: en ellas no se pide una única respuesta al estímulo que se le proporciona al hablante y por ello resultan más naturales que las pruebas psicolingüísticas tradicionales (*vid.* Aichitson 1987; López Morales 1995: 252-253).

Para llegar a conocer el tipo de relación entre las palabras que se encuentran asociadas en la mente, es muy importante tener en cuenta el 'índice de cohesión' de los centros de interés, que, según Echeverría *et al.*, "mide el grado de coincidencia en las respuestas de los sujetos para un mismo centro" (1987: 68). Este índice de cohesión relaciona el promedio de respuestas dadas por los sujetos con el número de palabras diferentes que se obtienen en cada uno de los campos. Un índice de cohesión con un valor cercano a 1 indica que el campo es cerrado o compacto, porque los informantes habrían escrito un gran número de palabras coincidentes; en cambio, un valor próximo a

---

[42] La incidencia de esta variable es un aspecto que debería trabajarse de forma sistemática, en un proyecto paralelo, por su importante aplicación al campo de la enseñanza de la lengua.

0 es señal de que es abierto o difuso[43]. Como ha precisado López Morales (1999a: 25-26), a la psicolingüística le interesan especialmente los centros compactos porque suponen que hay una relación estrecha entre los vocablos y su lugar de aparición en las listas. No obstante, también pueden resultar interesantes los campos difusos, ya que proporcionan datos muy significativos acerca de la relación mental entre vocablos que no aparecen "necesariamente" ligados, como podría ocurrir en los compactos.

En el primer estudio sobre el índice de cohesión, Echeverría *et al.* (1987) observaron que el centro de interés más cerrado era 'Ropa'. Otros como 'Muebles' 'Animales', 'Medios de transporte', 'Cuerpo humano' y 'Alimentos' eran campos de mediana cohesión; los centros más abiertos eran 'Naturaleza', 'La casa', 'La cocina' y 'Herramientas y materiales de construcción'.

Los estudios posteriores han confirmado, en general, estas diferencias. Así, la investigación de O. Alba (1995a: 19) señala que en el léxico dominicano el centro de mayor cohesión es 'El cuerpo humano', seguido de cerca por 'Medios de transporte' y por 'El vestido'. En cambio, 'La escuela' y 'Los muebles de la casa' son campos más abiertos o difusos, si bien no alcanzan la dispersión máxima que tienen 'Juegos y diversiones' y 'Profesiones y oficios'.

La investigación sobre Chile que realizan Valencia y Echeverría (1999a: 240) también destaca 'Las partes del cuerpo' como el centro más cohesionado. Los campos se clasifican en cuatro grupos de la manera siguiente: (a) 'Las partes del cuerpo', 'Ropa y calzado', 'Muebles' y 'Medios de transporte', con índice 0.04; (b) 'Alimentos', 'Plantas y animales' y 'La casa', con índice 0.03; (c) 'La cocina', con índice 0.02; y (d) 'Profesiones y oficios', 'Trabajo de campo y jardín', 'Juegos y entretenimientos', 'La política', 'Problemas del ambiente', 'Las artes', 'Mundo espiritual', 'La actividad económica', 'Ciencia y tecnología' y 'Procesos mentales', con índice 0.01.

El léxico disponible de Asturias (Carcedo 2001) refleja asimismo una distribución de los centros de interés que no se aleja mucho de las anteriores.

---

[43] Carcedo (2000b: 96) tiene razón cuando señala que unos cuantos sujetos atípicos podrían modificar sustancialmente los resultados relativos al grado de cohesión de los distintos centros de interés, pero él mismo aclara que ese peligro es más aparente que real puesto que los estudios de disponibilidad realizados hasta la fecha permiten ver que los datos de las diferentes comunidades en este punto son coincidentes.

En el Principado el campo más cohesionado es 'La ropa', seguido de 'El cuerpo humano', 'Medios de transporte', 'Los animales', 'Los muebles de la casa' y 'Partes de la casa (sin los muebles)'. En el otro extremo se sitúan 'El campo', 'Trabajos del campo y del jardín', 'La ciudad', 'Juegos y distracciones', y 'Calefacción e iluminación'.

Con los estudios realizados hasta la fecha, ya es posible llegar a ciertas conclusiones, algunas todavía provisionales a falta de otros análisis confirmatorios:

1. Por ahora, los centros de interés "tradicionales" (los propuestos por los primeros estudiosos franceses) son más compactos universalmente. Resultan, en cambio, más dispersos los que recogen un léxico más abstracto ('Las artes', 'Procesos mentales', 'Mundo espiritual'...)[44].

2. Debe destacarse la homogeneidad de los resultados en los diferentes dialectos: hay campos esencialmente compactos, como 'La ropa' o 'Partes del cuerpo', con un alto índice de vocabulario común. Por el contrario, 'Profesiones y oficios', 'Trabajos del campo y del jardín' o 'Juegos y distracciones' se caracterizan por la dispersión de los vocablos que se recogen en las encuestas.

En la alta cohesión del campo 'Partes del cuerpo' puede influir la enseñanza escolar, pues muchos de los términos aportados por los informantes se adquieren en las aulas ya que forman parte de los currículos educativos. Asimismo puede pensarse que la elevada dispersión de un centro como 'Trabajos del campo y del jardín' se debe probablemente a la presencia de numerosas lexías compuestas, con la consiguiente reducción de la posibilidad de que haya igualdad absoluta en las respuestas.

3. Los resultados de una investigación de O. Alba (1998, 2000b) muestran una estrecha relación entre el índice de cohesión de los distintos centros de interés y su grado de compatibilidad dialectal. 'El cuerpo humano', el campo más compacto, resulta ser el más compatible; en el otro extremo, el más difuso o abierto de los comparados, 'Alimentos', es el que favorece en mayor medida la divergencia entre los dialectos.

---

[44] Claro que cabría plantearse si estas áreas asociativas no serían más cerradas si se hiciera más concreta su referencia. Por ejemplo, es muy probable que hubiera más coincidencia en las respuestas si en lugar de 'Las artes' el estímulo fuera 'Pintura' o 'Cine'.

Además de los análisis sobre el grado de cohesión, algunos estudiosos de la disponibilidad han dedicado otros trabajos específicos a la organización mental del lexicón. Entre ellos nos referiremos a las aportaciones de Cañizal Arévalo, de López Chávez y de Galloso. Cañizal Arévalo (1991) intenta comprobar si la memoria semántica se organiza en forma de constelaciones alrededor de unos núcleos rectores. Con este propósito analiza en la lista de vocablos de 'Las partes del cuerpo' tres agrupaciones relacionadas con los sentidos, con los órganos internos y con los genitales. Como en ese momento la investigación no había culminado, Cañizal solo pudo confirmar la hipótesis parcialmente. Este estudio de los núcleos y de las redes semánticas resulta interesante como punto de partida para explicar la sistematización del conocimiento.

El trabajo de Cañizal está muy relacionado con las investigaciones que viene realizando en México desde hace años López Chávez. Este estudioso considera que el análisis de los vectores de frecuencia que aportan los programas de cálculo de la disponibilidad permite "observar" las redes que conectan las distintas unidades de un centro de interés. Según López Chávez, W. K. Estes refleja adecuadamente la organización de la memoria cuando la describe como "una estructura jerárquica en la que los ítems relacionados son asociados con el rótulo de una categoría común, y los nombres categoriales son asociados con un interrogante común para la lista" (1979: 45; *apud* López Chávez 1994: 73). El investigador mexicano plantea que, en el proceso de recuperar las palabras, la memoria no siempre funciona a partir del parecido semántico de aquellas; también se producen otras clases de relaciones (la similitud fonética, por ejemplo). En relación con este tema, es importante recordar la clasificación de vocablos que habían establecido Rodríguez Fonseca y López Chávez (1992) según las posiciones que ocupan en los listados de disponibilidad. Se distinguen, con este criterio, tres tipos de unidades: *núcleos lexicales* (o vocablos rectores), *nódulos léxicos en diversos grados* (o vocablos subordinados que rigen agrupaciones menores) y *vocablos dependientes o terminales*. Esta distinción tiene, como veremos, una relevancia evidente en la programación de la enseñanza del léxico.

Galloso (1997: 29-31), que ha analizado detalladamente las relaciones asociativas entre las unidades léxicas que integran los centros de interés, ha propuesto cinco tipos de mecanismos asociativos que pueden servir de base para futuros estudios en este terreno:

1) Asociaciones por similitud de los significantes. La relación puede residir en la raíz de las palabras (*gaviota* y *gavilán*) o bien se produce por una especie de rima entre los vocablos (*corazón* y *pulmón*).

2) Palabras relacionadas simultáneamente por el significante y por el significado. En este grupo se incluyen las asociaciones de términos compuestos y derivados (por ejemplo, *camarero, bombero* y *camionero)*. De los varios procedimientos de composición Galloso destaca como muy productivos los ejemplos de composición sintagmática (*sala de espera, sala de estar, sala de baño, sala de estudio, sala de juegos*) y los formados por verbo más complemento del tipo *posavasos* y *posacazuelas.*

3) Asociaciones por semejanza de significados, es decir, las series de sinónimos —entendidos estos en un sentido muy amplio— evocados por el vocablo que el informante toma como núcleo de la asociación (*burro, asno, jumento* y *pollino*; *lavaplatos* y *lavavajillas)*.

4) Asociaciones por antonimia, entendida asimismo en un sentido lato (*frío* y *calor, noche* y *día)*.

5) Otros mecanismos lingüísticos o extralingüísticos de asociación:

a) relación del todo con las partes (*bosque* y *árbol*);

b) gradación ascendente, descendente o relación de sucesión (*capitán, teniente* y *general*). La sucesión espacial tiene una indudable relevancia en el centro de interés 01 'Partes del cuerpo' (*cabeza, oreja, nariz, boca, labio* y *diente*) y en el 03 'Partes de la casa' (*puerta, recibidor, cocina, salón* y *sala de estar*);

c) relación de hiperónimos a hipónimos (*verdura, espárrago, puerro* y *zanahoria*), grupo en el que la autora incluye también los pequeños campos léxicos que forman subcategorías dentro de los distintos centros de interés (*chaqueta, chaquetón, tres cuartos, abrigo, cazadora* y *plumas,* en la subcategoría 'prendas de abrigo' del centro 'La ropa')[45].

Galloso (1997: 31) piensa que en los listados de léxico disponible aparecen primero los núcleos de esos campos asociativos y, después, los vocablos asociados a dichos núcleos. Las asociaciones son, pues, de dos tipos: unas, las iniciales, con el tema del centro de interés, que actúa de estímulo general, y otras, posteriores, con los vocablos nucleares en cada campo léxico.

Dentro de estas mismas preocupaciones por el tipo de asociación que se produce entre los vocablos de un centro de interés, A. Valencia y M. S. Echeverría (1999a) establecen una serie de subcampos significativos en los

---

[45] En un trabajo posterior, Galloso (2001: 98-117) considera el último apartado de este quinto grupo como un tipo especial de asociación.

que se agrupan las cien primeras palabras de cada campo que aportan los sujetos de su muestra. Por ejemplo, en el centro 01 'Las partes del cuerpo' distinguen las siguientes categorías: partes externas, partes óseas, partes internas, apéndices pilosos y términos genéricos.

Como puede observarse, es este un terreno en el que las futuras investigaciones podrán añadir mucho a nuestros conocimientos actuales acerca de la relación mental entre los vocablos.

5.3. Disponibilidad y etnolingüística

No cabe duda de que las listas de disponibilidad léxica —con su vocabulario concreto y cercano al medio en el que se recogen— proporcionan una rica información sobre diversos aspectos culturales de las zonas geográficas que se estudian y ofrecen una posibilidad inmejorable de analizar las diferencias entre diversas comunidades desde el punto de vista etnolingüístico.

Las primeras aportaciones en este terreno fueron realizadas por Mackey (1971a, 1971b), ya que al estudioso canadiense le interesaban vivamente las diferencias culturales que presentaban las distintas comunidades francohablantes. Algunas divergencias eran muy llamativas: basta recordar el ejemplo de *cinéma*, primera palabra en las listas de Francia y en el número 138 en Acadie en el vocabulario del centro 'Las distracciones', una diferencia muy cercana a la que se observa también con *théâtre* en el mismo campo (número 3 en Francia y 242 en Acadie).

En el mundo hispánico, aunque este tema de investigación no ha recibido la atención que merece, también contamos con algunas aportaciones de mucho interés. Son muy relevantes los resultados que ofrecen los trabajos comparativos realizados por Carcedo porque en ellos se pone de manifiesto cómo la preferencia por cierto tipo de léxico está íntimamente relacionada con factores culturales, geográficos, económicos... de las comunidades analizadas, una de ellas situada fuera del ámbito hispánico. En uno de sus trabajos (2000a), el citado estudioso compara los 20 primeros vocablos de los léxicos disponibles de Cádiz, Chile, Madrid, Puerto Rico, República Dominicana y Zamora, a los que se añaden los materiales de los estudiantes de ELE de Finlandia. El análisis cualitativo permite observar la presencia de la palabra *bosque* en el primer puesto de los alumnos finlandeses en el centro de interés 'El campo', mientras que en los listados hispánicos aparece en posiciones muy retrasadas o incluso no aparece entre las primeras 50 lexías. En la misma línea, ha de destacarse el caso de *lago* dentro del mismo ámbito léxico. En el centro 13 'Trabajos del campo y del jardín', aparece en el listado finés otra voz relacionada con el medio acuático, *pescar*, que no tiene cabida u ocupa lugares muy rezagados en las listas de los hispanohablantes.

Carcedo hace interesantes observaciones sobre diferencias culturales también dentro del mundo hispánico; valga como ejemplo la que se produce en el campo 15 'Juegos y distracciones' con la aparición en los listados peninsulares de entretenimientos como el *parchís* o *la oca*, ausentes en los vocabularios hispanoamericanos.

5.4. Disponibilidad y dialectología

Otra fructífera línea del proyecto de estudio de disponibilidad léxica es la que se relaciona con la dialectología comparada. Es una aplicación que se encuentra implícita en la misma formulación del proyecto panhispánico y que ya había sido desarrollada, sin la complejidad estadística con que se ha realizado después, por los antecesores franceses. Si el propósito de nuestras investigaciones es describir la norma léxica disponible de unas comunidades de habla determinadas, resulta lógico que el paso siguiente contemple la comparación, cuantitativa y cualitativa, de los listados correspondientes. No hay que insistir en el interés que pueden tener estos cotejos para el establecimiento y la confirmación del vocabulario general del español en las áreas semánticas que se analizan, sobre todo si se tienen en cuenta el tipo de léxico recabado en estas encuestas, los informantes que lo aportan y el elevado número de sujetos entrevistados en cada geolecto.

Como ya hemos indicado, las comparaciones diatópicas con los materiales allegados por medio de las pruebas asociativas para el estudio de la disponibilidad léxica cuentan con cierta tradición. Ya en la primera investigación sobre léxico disponible, Gougenheim, Michéa, Rivenc y Sauvageot advirtieron divergencias geográficas, aunque fue W. F. Mackey (1971a) quien destacó la importancia y el valor de estas comparaciones al examinar los listados de disponibilidad léxica de Francia y de la región canadiense de Acadie.

En cuanto al mundo hispánico, las primeras comparaciones fueron efectuadas por J. López Chávez (1992, 1995) con el fin de comprobar el grado de compatibilidad léxica entre distintas variedades del español. Para ello utilizó la totalidad de los datos de los léxicos disponibles de Madrid, Gran Canaria, República Dominicana y Puerto Rico. En un amplio y minucioso trabajo de comparación, López Chávez (1992) se basa en los datos estadísticos siguientes: (a) la cardinalidad, o número total de vocablos de cada conjunto; (b) la intersección, o número de vocablos comunes; (c) la unión, o número de vocablos diferentes; (d) el complemento, o número de vocablos exclusivos de cada conjunto, y (e) la suma disyuntiva, o suma de los vocablos exclusivos de los dos conjuntos. Las cifras de los cálculos anteriores permiten obtener los porcentajes siguientes, que son los más relevantes: (f) la compatibilidad, o porcentaje de vocablos comunes, que viene a ser el resultado de dividir la intersección por la unión; (g) la contribución a la intersección, o cantidad de vocablos aportados a la intersección por cada conjunto; (h) el contraste, o comparación del tamaño de las dos muestras, y, finalmente, (i) el código exclusivo de cada conjunto, es decir, el porcentaje del léxico de cada conjunto no compartido por el otro.

El análisis descubrió sorpresivamente que los índices de coincidencias eran "insospechadamente bajos", ya que los porcentajes de compatibilidad léxica entre las distintas zonas geográficas examinadas iban desde un pobre 14.8% (entre Madrid y Puerto Rico) a un muy moderado 24.2% (entre Puerto Rico y la República Dominicana); los índices de compatibilidad intermedios son, en orden ascendente: 17.21 (entre Madrid y República Dominicana), 18.97 (entre Gran Canaria y Puerto Rico), 22.02 (entre Madrid y Gran Canaria) y 23.70 (entre Gran Canaria y República Dominicana).

Siguiendo un criterio distinto del que guió la labor de López Chávez, O. Alba (1998, 2000b) estableció una comparación entre cinco dialectos del español utilizando como variables de análisis las unidades léxicas de más alto grado de disponibilidad (las primeras 50 palabras) en tres centros de interés: 'El cuerpo humano', 'Medios de transporte' y 'Alimentos'. Para ello, manejó los datos de la República Dominicana, Puerto Rico, Madrid, México y Chile[46].

Los resultados que obtiene Alba son muy elocuentes. 'El cuerpo humano', el centro de interés más compacto o cerrado, registró el mayor grado de compatibilidad léxica interdialectal. Del total de 69 lexías diferentes, 35 eran comunes a los cinco dialectos (un 70% de compatibilidad). Además, el examen de las palabras restantes reveló que ninguna era exclusiva de una deter-

---

[46] En la primera versión de este trabajo, O. Alba basó sus comparaciones en la investigación que Mena Osorio (1986) realizó en Concepción (Chile). En cambio, en la versión definitiva, el estudioso dominicano utilizó la obra de A. Valencia y M. S. Echeverría (1999a) sobre la disponibilidad léxica en estudiantes chilenos.

minada sintopía; lo que cambia es el lugar de su aparición en las listas de disponibilidad. Asimismo, en el campo 'Medios de transporte', 21 vocablos (42%), del conjunto de 102, estaban presentes en todos los dialectos. En 'Alimentos', el centro más disperso de los tres comparados, descendieron las coincidencias: únicamente 14 unidades, de los 125 vocablos diferentes, aparecían entre las primeras 50 en las cinco variedades (28% de compatibilidad).

En resumen, esta investigación no confirma la impresión acerca del alto grado de diferenciación dialectal debida al léxico; por el contrario, los resultados reflejan abundantes semejanzas entre los dialectos hispánicos. La comparación parcial por países da unos resultados que superan siempre el 60% de compatibilidad global.

Un trabajo de Samper (1999) estudia también las relaciones entre disponibilidad léxica y variación dialectal a partir de la confrontación de los léxicos disponibles de Puerto Rico y de Gran Canaria. La comparación no se basó en todo el material recopilado, sino en las palabras que suponían el 75% del índice acumulado de disponibilidad, con la finalidad de evitar que un cotejo de este tipo se viera afectado por fenómenos particulares del habla de un pequeño grupo de informantes o incluso de un único hablante; tal determinación implica que solo se toman en consideración vocablos efectivamente pertenecientes a la norma de las comunidades que se estudian. Así pues, se tuvieron en cuenta 632 vocablos puertorriqueños y 1.085 palabras de Gran Canaria.

Una cuestión sobre la que Samper llama la atención es la necesidad de tener en cuenta las diferencias en los criterios de edición de los materiales. Por ejemplo, los 88 vocablos presentes en Puerto Rico y que no aparecen en los listados grancanarios se reducen a 57[47] tras un detallado análisis de las discrepancias debidas en gran medida a diferencias de edición (el 13.9% de palabras ausentes en Gran Canaria se transforma en un 9%). Se confirma, pues, la hipótesis de que los listados de disponibilidad de las distintas variedades hispánicas deben presentar una elevada proporción de vocabulario coincidente, que explicaría el alto grado de compatibilidad de la lengua también en el terreno léxico.

---

[47] Entre esos 57 términos, hay 17 americanismos, 10 puertorriqueñismos, 10 anglicismos, 1 tainismo, 1 afronegrismo y solo 18 voces del español general. La ausencia de estas últimas entre las respuestas de los encuestados en Gran Canaria no supone que todas sean desconocidas en la isla española, como muestran, por ejemplo, los materiales léxicos de la norma culta de la ciudad de Las Palmas de Gran Canaria (Samper et al. 1998).

Como en el estudio de Alba, destaca la coincidencia del campo 'Partes del cuerpo': en este caso no hay ninguna discrepancia. También ofrecen grandes similitudes los siguientes centros: 'Objetos colocados en la mesa para la comida', 'Medios de transporte', 'Los animales' y 'Partes de la casa'. Por el contrario, los centros de interés que presentan mayores diferencias son 'Iluminación, calefacción y medios de airear un recinto', 'Juegos y distracciones', 'La escuela', 'El campo' y 'La cocina y sus utensilios'.

Siguiendo las pautas establecidas por Samper (1999), A. González Martínez y P. Orellana (2000) compararon el léxico disponible de Cádiz con el de Zamora (Galloso 1998). La base comparativa del estudio estuvo integrada por 979 vocablos de las listas de Cádiz y 1.086 de las de la provincia castellanoleonesa. La compatibilidad resultante es muy alta ya que se sitúa en el 78% de los vocablos considerados.

Una reciente investigación de Samper, Hernández Cabrera y Bellón (en prensa) persigue comprobar el grado de cercanía de los léxicos disponibles de Gran Canaria y Córdoba, y establecer una tipología de las divergencias que aparecen en estas comparaciones, ya que puede resultar útil para posteriores cotejos dialectales. Las cifras de léxico divergente, dentro del 75% del índice de frecuencia acumulada, representan en este caso unos porcentajes muy poco relevantes (solo el 5.4% del léxico grancanario no se encuentra en Córdoba; en la dirección opuesta el índice es aun menor, un 4%). Como hemos visto en comparaciones anteriores, hay centros de interés (como el 01 'Partes del cuerpo' y el 14 'Los animales') en que todos los vocablos son conocidos en las dos sintopías.

Los autores piensan que debe tenerse en cuenta que hay una serie de divergencias que no pueden explicarse por razones estrictamente dialectales: por ejemplo, la presencia de términos que no se encuentran en el mismo centro de interés en las listas de la otra sintopía, pero que aparecen en otros campos de significado afín, con la misma referencia; ciertas denominaciones de marcas comerciales (que pueden estar lexicalizadas en una zona pero no en la otra); algunas diferencias en la aplicación de los criterios de encuesta y edición; la presencia de sintagmas compuestos; la propia fecha de realización de las encuestas... Frente a estas, se encuentran las verdaderas diferencias diatópicas, que en este caso los autores clasifican de la forma siguiente: (a) distinto uso de los sufijos o-$\emptyset$/a aplicados a los mismos lexemas para idéntica referencia (*zapatero* frente a *zapatera*); (b) aparición en un geolecto de un sufijo derivativo, ausente en el otro (*naranjero* frente a *naranjo*); (c) divergencias culturales, en sentido amplio (presencia en Córdoba en el centro 10 de la voz *mezquita* con un destacado índice de disponibilidad y de *cabildo* y *muelle* en Gran Canaria); (d) presencia en una de las listas de vocablos propios del español general —o al menos muy extendidos en nuestra lengua[48]—, que faltan en la otra (en Gran Canaria no aparecen voces como *cochera* o *pillar*; en Córdoba, *chamarra*, *lavamanos* o *cancha*)[49]; (e) sinónimos diatópicos (*goma* y *elástico* para designar el mismo juego infantil); (f) dialectalismos registrados en los diccionarios regionales diferenciales (*flamenquín* en Córdoba; *camisilla* en Gran Canaria)

En el último congreso de la ALFAL, celebrado en febrero del año 2002 en San José de Costa Rica, A. Carcedo (en prensa) presentó una comparación del léxico disponible de Asturias con los de Cádiz, Zamora, Chile, Puerto Rico y República Dominicana, con un análisis muy detallado que especifica: (a) los vocablos más disponibles de Asturias que aparecen en los otros léxicos por debajo de la posición 50[a]; (b) los más disponibles de las otras sintopías que no aparecen en Asturias entre los 50 primeros vocablos; (c) los que, presentando un alto índice de disponibilidad en Asturias, no aparecen en los listados de los otros geolectos; y (d) aquellos que figuran entre los 50 primeros de los otros léxicos pero no tienen presencia en las listas asturianas.

En relación con el índice que debe tenerse en cuenta para los cotejos dialectales, J. A. Bartol (2001) propone, con el fin de ampliar la base de la comparación, una solución que contempla tanto el índice de disponibilidad como el número de informantes que aportan cada palabra: incluir aquellas unidades cuyo índice de disponibilidad sea, al menos, el 0.02 y hayan sido aportadas por una cantidad mínima de sujetos (Bartol precisa que podrían ser 3 en el caso de los léxicos de las provincias del distrito universitario de Salamanca).

5.5. Disponibilidad léxica y enseñanza de la lengua

Los datos aportados por las investigaciones de disponibilidad léxica constituyen uno de los pilares de la léxico-estadística para dar respuesta a una pre-

---

[48] Son voces que no aparecen con marca dialectal en el diccionario académico.

[49] Sin embargo, no debemos olvidar que la amplitud de las asociaciones de los centros de interés puede explicar la ausencia de ciertos vocablos, aunque sean conocidos y usados, en la nómina de una comunidad. Con nuestros datos actuales —sin disponer de recopilaciones léxicas de uso, no solo diferenciales— es aventurado dar respuestas firmes en esta cuestión.

gunta esencial a la hora de programar la enseñanza del vocabulario de la lengua materna: ¿cuáles son las palabras que debe conocer el alumno para que, cuando acabe su escolaridad, haya incorporado a su competencia el vocabulario fundamental de la lengua? Los diccionarios —generales o diferenciales— no pueden prestar gran ayuda en este terreno porque sus páginas acogen un conjunto de tecnicismos muy específicos y términos apenas o nunca utilizados por los hablantes. Por eso son muchos los estudiosos que consideran que para la planificación de la enseñanza del vocabulario la tarea imprescindible es identificar el léxico básico y el léxico disponible (es decir, el léxico fundamental) de una comunidad[50].

En realidad, la preocupación por la aplicación de los resultados de la disponibilidad al campo de la enseñanza ha estado presente prácticamente en todos sus estudiosos desde los comienzos. Muy pronto el interés inicial por utilizar los léxicos disponibles para la enseñanza de la lengua a hablantes extranjeros se extendió al campo de la lengua materna. Entre las aportaciones hechas en este terreno, hemos de recordar los intentos de aplicar la teoría que concibe el lexicón mental como una estructura jerárquica en torno a unos núcleos rectores. Rodríguez Fonseca y López Chávez (1992), a partir de la distinción de los tres tipos de vocablos que permite diferenciar el análisis de los vectores de frecuencia, defienden que una programación adecuada debe comenzar por el afianzamiento de los núcleos primarios (*vocablos rectores*) y pasar después al refuerzo de los primeros nódulos, los cuales, a su vez, atraerían otros secundarios. Mediante el establecimiento de constelaciones, la adquisición de las estructuras lexicales supondría la atracción del mayor número de vocablos terminales de forma económica porque los nódulos *n-arios* tendrían una fuerte carga de atracción hacia sus terminaciones "naturales"; con ello se afianzarían los caminos que facilitan una más rápida y segura adquisición del léxico.

López Chávez y Strassburger Frías (1991) también han aportado datos de sumo interés sobre el cálculo del índice de disponibilidad individual (IDLI), que permite determinar matemáticamente qué alumnos y en qué medida presentan una disponibilidad inferior a la de los otros. Para ello debe tenerse en cuenta no solo el número de respuestas, sino también la índole de las mismas (por ejemplo, si son las palabras más disponibles o no).

---

[50] Prescindir de estos datos de la léxico-estadística ha llevado a resultados poco satisfactorios en este campo de la enseñanza. Sirva como muestra el estudio de Guerra Salas (1989) sobre la evidente inadecuación del conocimiento léxico que presentaban los alumnos madrileños de enseñanza media.

Gran relevancia en el tema que nos ocupa tiene la reciente creación de un programa informático, preparado por M. S. Echeverría, que permite al alumno hacer el diagnóstico de su propio índice de disponibilidad en cada centro de interés, así como realizar distintos ejercicios con el vocabulario que ha sido extraído de las encuestas chilenas. El programa responde a las ideas de las teorías metacognitivas, que consideran una estrategia de aprendizaje muy positiva que el sujeto tenga plena conciencia del proceso de enriquecimiento (qué, cómo y cuánto está aprendiendo). El menú ofrece tres módulos: introducción, diagnóstico y tareas. En el primero, como es lógico, se explica la naturaleza y funciones del programa, y se da una breve información sobre la disponibilidad léxica. El segundo ofrece al alumno la posibilidad de evaluarse en los centros que elija; el programa comparará sus datos con el promedio nacional y le señalará los vocablos más disponibles que él ha omitido. Finalmente, las tareas permiten realizar diversas actividades: asociar imágenes con palabras, asociar palabras con definiciones, clasificar términos, descubrir los vocablos discordantes, etc.

El primer objetivo que impulsó a Gougenheim y sus colaboradores a investigar sobre el léxico disponible de los hablantes francófonos fue, como ya hemos indicado, la enseñanza a extranjeros. En el mundo hispánico, varios autores han descrito las ventajas que pueden aportar estos estudios a la enseñanza del español y han expresado la necesidad de profundizar en este campo.

Benítez (1994b) y Mateo y García Marcos (en prensa) han señalado la importancia de contar con una base científica sólida a la hora de seleccionar el vocabulario adecuado para la confección de los manuales de ELE y consideran que los estudios de disponibilidad pueden resultar muy provechosos para este propósito, ya que aportan palabras que solo aparecen en ciertos discursos y permiten discernir la utilidad de las mismas según su orden de aparición. Benítez (1994b) ha hecho un análisis del léxico que aparece tanto en siete manuales españoles de uso corriente en la enseñanza de ELE como en otros volúmenes extranjeros, y lo compara con los vocablos aportados por los 257 estudiantes españoles de COU que habían sido encuestados en la investigación sobre la disponibilidad léxica en la zona metropolitana de Madrid. Sus resultados son concluyentes: esos manuales recogen, junto a vocablos realmente disponibles, otros muchos que solo aparecen en lugares muy rezagados de las listas de disponibilidad y algunos, muy específicos, que ni siquiera figuran en ellas. En esos mismos libros de texto se constata, además, que muchos términos son citados una sola vez, circunstancia que hace muy difícil su asimilación. En otro trabajo, realizado en colaboración con J. Zebrowsky (1993), Benítez hizo un examen concreto del vocabulario que presentan los manuales polacos de español como lengua extranjera.

Además de esos estudios, hemos de citar aquellos, realizados por Carcedo y Samper Hernández, que han aplicado la metodología de los trabajos de disponibilidad léxica a estudiantes de ELE y que fueron comentados brevemente en el apartado 1.4.

6. OTROS ESTUDIOS

Los listados de disponibilidad léxica ofrecen la posibilidad de realizar múltiples análisis sobre el vocabulario recopilado en ellos. Son destacables en este sentido los estudios sobre anglicismos y los menos numerosos que tratan la presencia de los dialectalismos. Estas investigaciones dan una información importante sobre el grado de penetración de unos y la pervivencia de otros, con el interés añadido de que, al tratarse de un léxico aportado por hablantes muy jóvenes, puede inferirse directamente el futuro inmediato de tales voces en las distintas comunidades.

6.1. Los anglicismos

El primer acercamiento al estudio de la presencia de anglicismos en uno de los léxicos disponibles hispánicos se debe a López Chávez (1991). El análisis de dos centros de interés ('Partes del cuerpo' y 'Medios de transporte') en las muestras de preescolares y de alumnos mexicanos con primaria terminada permitió comprobar que el primer ámbito rechaza el anglicismo, mientras que el segundo admite muchos préstamos de este tipo, que además se sitúan en lugares relevantes de los listados.

O. Alba ha dedicado varios estudios a los anglicismos en el léxico disponible del español dominicano. En un primer trabajo (1995b) analizó seis centros de interés ('Alimentos', 'Juegos y diversiones', 'La escuela', 'Medios de transporte', 'Profesiones y oficios' y 'El vestido') en las encuestas de 65 informantes. Como media encontró en estos campos un anglicismo por cada 12.39 vocablos.

Es importante la diferencia producida por el nivel socioeconómico: el grupo social alto emplea un mayor número de anglicismos (uno cada 12 palabras diferentes) que el bajo (uno cada 14 términos). Los factores 'edad' y 'grado escolar', sin embargo, no produjeron ningún efecto apreciable en los resultados.

El centro más receptivo fue 'Juegos y diversiones' (con un anglicismo cada 6.93 palabras diferentes), seguido de 'Medios de transporte' y 'El vestido'. El campo léxico menos permeable fue el de 'Profesiones y oficios', donde solo aparecía un anglicismo cada 44 palabras diferentes. Los otros dos centros de interés con baja densidad fueron 'Alimentos' y 'La escuela'. Según Alba, la frecuencia de aparición de los anglicismos fue, por regla general, muy baja, incluso en los campos léxicos más abiertos a los extranjerismos.

Un segundo trabajo de O. Alba (1999) también examina cuantitativamente la densidad de los anglicismos, pero en este caso ya tiene en cuenta todos los materiales que conforman el léxico disponible de la República Dominicana. La proporción de anglicismos alcanza en este caso el 6.06%, una cantidad algo inferior a la que había obtenido López Morales (1991) en la norma culta de San Juan de Puerto Rico, pero más alta que la que había señalado Benítez (1993) en el léxico disponible de Madrid (el 4.29%). Centros particularmente ricos en palabras de origen inglés son 'Medios de transporte', 'Juegos y diversiones', 'El vestido' y 'Los muebles de la casa'. Otros ámbitos, en cambio, ofrecen muy pocos casos o, incluso, no registran ni un solo anglicismo: 'Animales', 'El cuerpo humano' y 'Trabajos del campo'. Según Alba, son resultados lógicos porque "los centros más influidos por el inglés constituyen áreas semánticas abiertas que se refieren a actividades sociales o de comunicación en las que el dominio y el prestigio anglosajón son indiscutibles" (855). Además, en estos campos los anglicismos constituyen elementos léxicos de alto grado de disponibilidad, es decir, son palabras de gran rentabilidad. La diferencia de permeabilidad frente al anglicismo entre los centros de interés puede considerarse un rasgo léxico panhispánico, como confirma, según Alba, la comparación con los resultados de investigaciones similares.

Como en el trabajo anterior, los informantes del nivel alto aventajan a los del bajo en la actualización de anglicismos, por lo que O. Alba concluye que el uso de estos términos constituye un fenómeno prestigioso en la comunidad de habla dominicana. En cambio, la diferencia de sexo no es un factor de importancia en lo concerniente al empleo de estos préstamos. Solamente en el campo 'Juegos y diversiones', en el que los chicos sobrepasaban a las chicas (25% frente a 21%), se producía una diferencia digna de ser tomada en consideración.

J. A. Bartol (1998), que coteja los datos de la República Dominicana con los de Zamora, observa que hay notables diferencias en el número de anglicismos actualizados por los estudiantes de las dos zonas comparadas: los dominicanos superan a los zamoranos en casi todos los centros de interés, en algunas ocasiones de manera ostensible. Además, las diferencias no solo afectan a la cantidad sino también a los tipos de anglicismos que aparecen: en la República Dominicana se encuentran más anglicismos crudos (*baby-doll, freezer, laundry*), adaptaciones de palabras inglesas (*suiche, yompa*) y formaciones derivadas españolas sobre la base de un anglicismo (*basquetbolista, jeepeta, surfear*). Estos datos confirman, según Bartol, que el español dominicano está más expuesto a la influencia directa del inglés. Como en investigaciones precedentes, centros como 'La ropa', 'Medios de transporte' y 'Juegos y diversiones' presentan un número mayor de anglicismos, a diferencia de otros como 'Las partes del cuerpo humano', 'Trabajos del campo y del jardín', 'Objetos colocados en la mesa para la comida' y 'El campo', con una escasa representación de voces de origen inglés. Por otra parte, así como la variable 'sexo' no tiene una importancia decisiva en la utilización de los anglicismos, el tipo de escuela sí condiciona la disponibilidad léxica de estas unidades: la escuela privada favorece más su aparición.

En 1999 López Morales publicó un estudio cuantitativo de los anglicismos léxicos presentes en el corpus del *Léxico disponible de Puerto Rico*. Para tal análisis distingue entre préstamos propiamente dichos, calcos y extranjerismos. En los primeros incluye dos apartados: uno, que recoge las voces adaptadas gráfica (*poliéster*) y morfosintácticamente (*clipiadora*) al español, y otro donde incorpora tanto aquellos anglicismos recientes que ya ofrecen un alto índice de disponibilidad (*panties*), como aquellos que, compitiendo con voces españolas, figuran antes que ellas en los listados (*brassiere,* frente a *sostén* y *ajustador*). El porcentaje de anglicismos se sitúa en el 8.1%, un promedio inferior al esperable en esa isla caribeña, pero superior al que hemos visto que se produce en la República Dominicana. El centro de interés con mayor número de términos de esta procedencia es 'Juegos y distracciones', seguido de 'La ciudad', 'Alimentos' y 'Medios de transporte'. En el lado opuesto destacan 'Partes del cuerpo humano', donde no se registra ningún anglicismo, y 'El campo', 'Trabajos del campo y del jardín' y 'Objetos situados en la mesa para la comida'. La diferencia entre estos ámbitos semánticos confirma los resultados a los que había llegado O. Alba.

6.2. Los dialectalismos

Si los anglicismos han sido ampliamente estudiados en distintas sintopías, no ha despertado el mismo interés la investigación sobre la presencia de los dialectalismos en las listas de vocablos disponibles. En este terreno solo contamos con un trabajo de A. González Martínez (1999), quien en su tesis doctoral (1997) también había contemplado un análisis de gaditanismos. Asimismo Mateo (1998: 99-128) aporta interesantes comentarios sobre los términos del léxico disponible que podrían considerarse andalucismos, basándose fundamentalmente en la *Gran Enciclopedia de Andalucía*, aunque no ofrece una cuantificación precisa. De sus datos podemos concluir que los andalucismos están presentes sobre todo en el centro de interés 11, 'El campo'. Un reciente trabajo de Hernández Cabrera y Samper (en prensa) se suma a la reducida nómina de investigaciones citadas.

La escasez de estudios de este aspecto de la disponibilidad puede deberse a que el propio tipo de encuesta para recabar el léxico disponible no favorece la aparición de una gran cantidad de regionalismos. Es sintomático que González (1999) encuentre que los dialectalismos suponen solo un 1.34% de los vocablos presentes en el léxico disponible de Cádiz.

Hernández Cabrera y Samper distinguen tres grandes grupos de centros de interés según la presencia del léxico dialectal en los listados grancanarios:

a) de alta densidad: 05 'Alimentos y bebidas', 11 'El campo' y 14 'Los animales';

b) de densidad media: 04 'Los muebles de la casa', 06 'Objetos colocados en la mesa para la comida', 07 'La cocina y sus utensilios', 12 'Medios de transporte' y 13 'Trabajos del campo y del jardín';

c) de baja densidad: 01 'Partes del cuerpo', 02 'La ropa', 03 'Partes de la casa', 08 'La escuela: muebles y materiales', 09 'Iluminación, calefacción y medios de airear un recinto', 10 'La ciudad', 15 'Juegos y distracciones', 16 'Profesiones y oficios' y 17 'Los colores'.

Como puede verse en la clasificación anterior, los centros que registran el mayor número de dialectalismos son, como era de esperar, aquellos que están más apegados al medio y a las tradiciones locales. Si establecemos una comparación con los resultados que arrojan las investigaciones sobre la penetración de anglicismos en el mundo hispánico, se podría hablar de una relación prácticamente inversa. Aparecen más dialectalismos en dos de los campos que Bartol (1998) y Alba (1999) clasifican como de baja densidad. En cambio, los anglicismos alcanzan una densidad muy alta en centros como 'Juegos y distracciones' y 'La ropa', que aparecen en el último grupo en cuanto a la presencia de canarismos. Sí hemos de destacar la coincidencia en torno a un centro. El campo 01 'Partes del cuerpo' rechaza tanto el anglicismo como el dialectalismo, con lo que se confirma una de las conclusiones de las comparaciones geolectales: se trata del área léxica con una mayor proporción de vocabulario panhispánico.

Los datos canarios presentan una gran coincidencia con los que ofrece González (1999), por lo que cabe pensar en el carácter general de la mayor o menor presencia de dialectalismos en los distintos centros de interés, independientemente de la cantidad de estas unidades que aparezcan en los listados de los diferentes geolectos.

7. CONCLUSIONES

Las páginas anteriores han servido para exponer sumariamente cuáles han sido hasta ahora los logros del proyecto panhispánico de disponibilidad. Entre ellos debemos recordar el detallado estudio de ciertos factores sociales (algunos contemplados por vez primera en este proyecto, sin antecedentes en otras investigaciones previas), las aportaciones al terreno de la lingüística aplicada a la enseñanza de la lengua, los cotejos dialectales objetivos, tanto cuantitativos como cualitativos, la consecución de unas fórmulas matemáticas que aportan el índice de disponibilidad según criterios muy fiables y su materialización en unos programas, como *Lexidisp*, puestos a disposición de los investigadores (que ya pueden hacer sus cálculos de forma autónoma), etc.

Pero el panorama trazado también ha permitido comprobar que aún quedan parcelas que requieren un tratamiento más amplio o más profundo. Entre estas tareas pendientes, la más imperiosa es, sin duda, la publicación de los léxicos que todavía no han visto la luz. Disponer de los mismos nos permitirá contar con una fotografía muy precisa de una parcela léxica tan relevante para conocer muchos aspectos del español general y de las diferenciaciones dialectales en una capa de población hasta ahora poco estudiada. Algunos de esos listados inéditos necesitan solo las correcciones últimas para pasar a la imprenta; otros, en cambio, precisan de un trabajo superior porque las labores de recolección han empezado más tarde. Sin embargo, el entusiasmo de los integrantes de estos nuevos equipos hace esperar una rápida culminación de estos compromisos iniciales.

Los distintos trabajos han aportado datos muy importantes acerca de la incidencia de las variables extralingüísticas. Pero este es un terreno que podrá abordarse con más fiabilidad con los resultados de los nuevos léxicos. Lo que venimos señalando es especialmente notorio en las investigaciones que estudian comunidades bilingües. De los trabajos emprendidos en el País Vasco, Valencia, Galicia y Cataluña cabe esperar informaciones muy novedosas sobre el léxico disponible y la importancia de los distintos condicionantes extralingüísticos en cada una de esas comunidades en que el español convive con otras lenguas.

El campo de las aplicaciones de estos estudios ofrece aún muchas posibilidades hasta hoy apenas explotadas. Creemos que una de las más relevantes concierne al uso de nuestros resultados en la enseñanza del español. Tener en cuenta los listados panhispánicos puede suponer la eliminación en los manuales de todo el léxico superfluo, de lujo, a favor de aquel que *vive* en nuestra comunidad idiomática, como demuestran con claridad estos estudios de léxico-estadística. Una tarea inicial es el análisis en profundidad del vocabulario que aparece actualmente en los manuales al uso, compararlo con los resultados de nuestras investigaciones y, por último, hacer propuestas para mejorar este importante aspecto de la enseñanza, tanto en la vertiente del español como lengua materna como en la que se orienta a los alumnos extranjeros. Los estudios de Benítez, por ejemplo, han mostrado en ciertos campos una clara inadecuación que es necesario corregir.

Pero tampoco podemos olvidar otras aplicaciones: a la psicolingüística —porque estas pruebas asociativas están esperando un análisis en profundidad que aporte datos novedosos sobre las relaciones mentales de los vocablos— y a la etnolingüística —aspecto muy poco estudiado entre nosotros, si exceptuamos lo que nos han ofrecido distintos trabajos de Carcedo.

Ni que decir tiene que la disponibilidad ofrece otras muchas posibilidades que podrían explotarse, aunque algunas de ellas supongan ampliar considerablemente nuestro proyecto (o crear otros específicos), dada la necesidad de incorporar algunos cambios importantes en los principios metodológicos que hemos ido señalando. Uno de estos caminos es la consideración del factor 'edad', con la finalidad de conocer cómo va cambiando el nivel de disponibilidad de los hablantes de distintas edades a lo largo de los años de adquisición de la lengua. Este objetivo necesita la programación de unas investigaciones que complementen los resultados iniciales que nos aportaron los trabajos mexicanos encabezados por López Chávez (1993) con niños de preescolar y primaria. Por ahora, los cotejos entre muestras de distintos niveles educativos (*cfr.* los estudios de López Morales 1979, Echeverría 1991 o Alba 1996) han mostrado unas ricas posibilidades de análisis.

REFERENCIAS BIBLIOGRÁFICAS

Aitchison, Jean. 1987. *Words in the mind. An introduction to the mental lexicon.* Oxford-New York: Basil Blackwell.

Alba, Orlando. 1995a. *Léxico disponible de la República Dominicana.* Santiago de los Caballeros: Pontificia Universidad Católica Madre y Maestra.

Alba, Orlando. 1995b. "Anglicismos léxicos en el español dominicano: análisis cuantitativo". En: *El español dominicano dentro del contexto americano.* Santo Domingo: Librería La Trinitaria, 11-38.

Alba, Orlando. 1996. "Disponibilidad léxica en el español dominicano: aspectos sociolingüísticos". En: Arjona Iglesias, Marina *et al.* (eds.). *Actas del X Congreso Internacional de la ALFAL.* México: UNAM, 742-749.

Alba, Orlando. 1998. "Variable léxica y dialectología hispánica". *La Torre, Revista de la Universidad de Puerto Rico* 7-8, 299-316.

Alba, Orlando. 1999. "Densidad de anglicismos en el léxico disponible de la República Dominicana". En: Samper Padilla, José Antonio *et al.* (eds.). *Actas del XI Congreso Internacional de la ALFAL.* Las Palmas de Gran Canaria: Universidad de Las Palmas de Gran Canaria, tomo II, 853-865.

Alba, Orlando. 2000a. "Densidad de anglicismos en el léxico disponible". En: *Nuevos aspectos del español en Santo Domingo.* Santo Domingo: Librería La Trinitaria y Brigham Young University, 73-98.

Alba, Orlando. 2000b. "Variable léxica y comparación dialectal". En: *Nuevos aspectos del español en Santo Domingo.* Santo Domingo: Librería La Trinitaria y Brigham Young University, 99-132.

Alvar Ezquerra, Manuel. 1993. *Lexicografía descriptiva.* Barcelona: Bibliograf.

Azurmendi Ayerbe, María José. 1983. *Elaboración de un modelo para la descripción sociolingüística del bilingüismo y su aplicación parcial a la comarca de San Sebastián,* 3 tomos. San Sebastián: Caja de Ahorros Provincial de Guipúzcoa.

Bailey Victery, John. 1971. *A study of lexical availability among monolingual-bilingual speakers of Spanish and English* (memoria de licenciatura inédita). Houston: Rice University.

Bartol Hernández, José Antonio. 1998. "Anglicismos en el español de finales de siglo. Anglicismos en el léxico de dos regiones hispanas". En: Kent, Conrad y María Dolores de la Calle (eds.). *Visiones salmantinas (1898-1998).* Salamanca: Universidad de Salamanca y Ohio State University, 97-124.

Bartol Hernández, José Antonio. 2001. "Reflexiones sobre la disponibilidad léxica". En: Bartol Hernández, José Antonio *et al.* (eds.). *Nuevas aportaciones al estudio de la lengua española.* Salamanca: Luso-Española de Ediciones, 221-235.

Bellón Fernández, Juan José (en preparación). *Léxico disponible de la provincia de Córdoba*. Las Palmas de Gran Canaria: Universidad de Las Palmas de Gran Canaria.

Benítez Pérez, Pedro. 1991. "Reseña a Azurmendi (1983)". *Revista Española de Lingüística* 21/2, 355-357.

Benítez Pérez, Pedro. 1992a. "Disponibilidad léxica en la zona metropolitana de Madrid". *Boletín de la Academia Puertorriqueña de la Lengua Española (BAPLE)* 1/1, 71-102.

Benítez Pérez, Pedro. 1992b. "Listas abiertas y listas cerradas de palabras en disponibilidad léxica". En: *Actas del VIII Congreso Nacional de la Asociación Española de Lingüística Aplicada (AESLA)*. Vigo: AESLA, 117-127.

Benítez Pérez, Pedro. 1993. "Anglicismos en la disponibilidad léxica de Madrid". Comunicación presentada en el X Congreso Internacional de ALFAL (Veracruz). MS.

Benítez Pérez, Pedro. 1994a. "Convergencia y divergencia en el léxico de alumnos de COU". *Revista de Estudios de Adquisición de la Lengua Española (REALE)* 2, 39-45.

Benítez Pérez, Pedro. 1994b. "Léxico real/léxico irreal en los manuales de español para extranjeros". En: Montesa Peydró, Salvador y Antonio Garrido Moraga (eds.). *Actas del II Congreso Nacional de ASELE "Español para extranjeros: didáctica e investigación"*. Málaga: ASELE, 325-333.

Benítez Pérez, Pedro. 1997. "El vocabulario enseñado en los manuales de ELE ¿es el adecuado?". En: *Problemas actuales en la enseñanza del español como lengua extranjera: gramática, pragmática, vocabulario y cultura*. Utrecht: UFSIA, 64-76.

Benítez Pérez, Pedro y Jerzy Zebrowski. 1993. "El léxico español en los manuales polacos". En: Montesa Peydró, Salvador y Antonio Garrido Moraga (eds.). *Actas del III Congreso Nacional de la Asociación para la enseñanza del español como lengua extranjera (ASELE) "El español como lengua extranjera: de la teoría al aula"*. Málaga: ASELE, 223-230.

Blas Arroyo, José Luis y Manuela Casanova Ávalos (en prensa, a). "La influencia del modelo educativo y del entorno sociocultural en la disponibilidad léxica. Estudio de las comunidades de habla castellonenses". En: Sánchez Miret, Fernando (ed.). *Actas del XXIII Congreso Internacional de Lingüística y Filología Románica*. Salamanca-Tübingen: Niemeyer. MS.

Blas Arroyo, José Luis y Manuela Casanova Ávalos (en prensa, b). "La influencia de la lengua materna en algunos valores de la disponibilidad léxica en el español de una comunidad bilingüe". En Veiga, Alexandre *et al.* (eds.). *Actas del I Congreso Internacional de Lingüística sobre "Léxico y Gramática"*. Lugo: Universidad de Santiago de Compostela. MS.

Blas Arroyo, José Luis y Manuela Casanova Ávalos (en prensa, c). "Factores sociales y adscripción lingüística en el léxico disponible de una comunidad bilingüe española". *Lenguas Modernas* 28-29. MS.

Butrón, Gloria. 1987. *El léxico disponible: índices de disponibilidad* (tesis doctoral inédita). Río Piedras: Universidad de Puerto Rico.

Butrón, Gloria. 1989. "Aspectos sociolingüísticos de la disponibilidad léxica". *Asomante* 1-2, 29-37.

Butrón, Gloria. 1991. "Nuevos índices de disponibilidad léxica". En: López Morales, Humberto (ed.). *La enseñanza del español como lengua materna*. Río Piedras: Universidad de Puerto Rico, 79-89.

Cañizal Arévalo, Alva Valentina. 1987. *Disponibilidad léxica en escolares de primaria terminada. Análisis de seis centros de interés* (memoria de licenciatura inédita). México: UNAM.

Cañizal Arévalo, Alva Valentina. 1991. "Redes semánticas y disponibilidad léxica en el español de escolares mexicanos". En: Hernández Alonso, César *et al.* (eds.). *El español de América. Actas de III Congreso Internacional de 'El español de América'*. Valladolid: Junta de Castilla y León, tomo II, 631-641.

Carcedo González, Alberto. 1998a. "Tradición y novedad en las aportaciones hispánicas a los estudios de disponibilidad léxica". *Lingüística* 10, 5-68.

Carcedo González, Alberto. 1998b. "Sobre las pruebas de disponibilidad léxica para estudiantes de español como lengua extranjera". *RILCE* 14/2 (número monográfico "Español como lengua extranjera: investigación y docencia"), 205-224.

Carcedo González, Alberto. 1999a. "Análisis de errores léxicos del español en la interlengua de los finlandeses". En: Jiménez Juliá *et al.*: *Actas del IX Congreso Internacional de ASELE. "Enfoque comunicativo y gramática"*. Santiago de Compostela: Universidade de Santiago de Compostela, 465-472.

Carcedo González, Alberto. 1999b. "Desarrollo de la competencia léxica en español LE: análisis de cuatro fases de disponibilidad". *Pragmalingüística* 5-6, 75-94.

Carcedo González, Alberto. 1999c. "Estudio comparativo del vocabulario español (LE) disponible de estudiantes finlandeses y el de la sintopía madrileña: propuestas didácticas". *Documentos de Español Actual (DEA)* 1, 73-87.

Carcedo González, Alberto. 1999d. "Vocabularios básicos, fundamentales y disponibles. Renovación metodológica de la investigación hispánica". En: Gambier, Y. y E. Suomela-Salmi (eds.). *Jalons*. Turku: Departamento de Estudios Franceses 2 de la Universidad de Turku, 191-207.

Carcedo González, Alberto. 2000a. "La lengua como manifestación de otredad cultural (o convergencia intercultural)". *Espéculo* (revista electrónica cuatrimestral; monográfico "Cultura e intercultura en la enseñanza del español como lengua extranjera"), Universidad Complutense de Madrid (http://www.ucm.es/info/especu-lo/ele/carcedo.html).

Carcedo González, Alberto. 2000b. *Disponibilidad léxica en español como lengua extranjera: el caso finlandés (estudio del nivel preuniversitario y cotejo con tres fases de adquisición)*. Turku: Turun Yliopisto.

Carcedo González, Alberto. 2000c. "Índices léxico-estadísticos y graduación del vocabulario en la enseñanza de E/LE (aspectos culturales)". En: Franco Figueroa, Mariano *et al.* (eds.). *Nuevas perspectivas en la enseñanza del español como lengua extranjera*. Cádiz: Universidad de Cádiz, tomo I, 174-183.

Carcedo González, Alberto. 2001. *Léxico disponible de Asturias*. Turku: Departamento de Español de la Universidad de Turku.

Carcedo González, Alberto. 2002. "La variable léxica disponible en la comparación interdialectal: compatibilidad de la norma asturiana con otras sintopías hispanohablantes". Comunicación presentada en el XIII Congreso Internacional de la ALFAL (San José de Costa Rica). MS.

Dimitrijevic, Naum R. 1969. *Lexical availability*. Heidelberg: Julius Gross Verlag.

Echeverría, Max S. 1991. "Crecimiento de la disponibilidad léxica en estudiantes chilenos de nivel básico y medio". En: López Morales, Humberto (ed.). *La enseñanza del español como lengua materna*. Río Piedras: Universidad de Puerto Rico, 61-78.

Echeverría, Max S. 1999. "Metacognición, vocabulario y software". Comunicación presentada en el Taller Internacional de Software Educativo TISE'99 (Santiago de Chile). MS.

Echeverría, Max S. 2000. "Estructuras y funciones de un software de vocabulario disponible". Santiago de Chile. MS.

Echeverría, Max S., María Olivia Herrera, Patricio Moreno y Francisco Pradenas. 1987. "Disponibilidad léxica en Educación Media". *Revista de Lingüística Teórica y Aplicada* 25, 55-115.

Etxebarria Arostegui, Maitena. 1996. "Disponibilidad léxica en escolares del País Vasco: variación sociolingüística y modelos de enseñanza bilingüe". *Revista Española de Lingüística* 26/2, 301- 325.

Etxebarria Arostegui, Maitena. 1999. "Disponibilidad léxica y enseñanza de la lengua materna en el área metropolitana del Gran Bilbao". En: Samper Padilla, José Antonio *et al.* (eds.). *Actas del XI Congreso Internacional de la ALFAL*. Las Palmas de Gran Canaria: Universidad de Las Palmas de Gran Canaria, tomo II, 1479-1494.

Fuentes González, Antonio D., Francisco J. García Marcos y María Victoria Mateo García. 1994. "Índices de mortandad del léxico cañero en la costa granadina". En: Escañuela, E. (ed.). *1492: lo dulce a la conquista de Europa*. Granada: Diputación Provincial de Granada, 219-255.

Galloso Camacho, María Victoria. 1997. "Tratamiento y perspectivas del 'léxico disponible': el caso de la provincia de Zamora". *Revista de Estudios de Adquisición de la Lengua Española (REALE)* 8, 23-33.

Galloso Camacho, María Victoria. 1998. *El léxico disponible en el nivel preuniversitario (provincia de Zamora)* (memoria de licenciatura inédita). Salamanca: Universidad de Salamanca.

Galloso Camacho, María Victoria. 2001. *El léxico de los estudiantes preuniversitarios en el distrito universitario de Salamanca (Ávila, Salamanca y Zamora)* (tesis doctoral inédita). Salamanca: Universidad de Salamanca. [La obra ha sido publicada por la Universidad de Salamanca en el año 2002.]

García Domínguez, María Jesús, Vicente Marrero Pulido, José Alberto Pérez Martín y Gracia Piñero Piñero. 1994. "Estudio de la disponibilidad léxica en Gran Canaria. La variante geográfica y el tipo de educación". *Revista de Estudios de Adquisición de la Lengua Española (REALE)* 2, 65-72.

García Marcos, Francisco J. y María Victoria Mateo García. 1997. "Resultados de las encuestas sobre disponibilidad léxica realizadas en Almería". *Revista de Estudios de Adquisición de la Lengua Española (REALE)* 7, 57-68.

González Becker, Marina y Patricia Vargas Sandoval. 1992. "La disponibilidad léxica como instrumento de planificación curricular: un diagnóstico al hablante medio en lengua materna en seis centros de interés (arte, derecho, economía, política, sentimientos y teología)". Comunicación presentada en el I Congreso Internacional sobre la Enseñanza del Español (Madrid). MS.

González Martínez, Adolfo. 1997. *Disponibilidad léxica de Cádiz* (tesis doctoral inédita). Cádiz: Universidad de Cádiz. [La obra ha sido publicada por la Universidad de Cádiz en el año 2002.]

González Martínez, Adolfo. 1999. "Andalucismos del léxico disponible de la provincia de Cádiz". *Tavira* (Revista de Ciencias de la Educación. Universidad de Cádiz) 16, 181-193.

González Martínez, Adolfo y Pepa Orellana Ramírez. 2000. "Cotejo de los léxicos disponibles de Cádiz y Zamora". *Documentos de Español Actual (DEA)* 2, 139-160.

Gougenheim, Georges. 1967. "La statistique de vocabulaire et son application dans l'enseignement des langues". *Revue de L'Enseignement Supérieur* 3, 137-144.

Gougenheim, Georges, René Michéa, Paul Rivenc y Aurélien Sauvageot. 1956. *L'elaboration du français élémentaire. Étude sur l'établissement d'un vocabulaire et d'une grammaire de base*. París: Didier.

Gougenheim, Georges, René Michéa, Paul Rivenc y Aurélien Sauvageot. 1967 [1964]. *L'elaboration du français fondamental (1er degré). Étude sur l'établissement d'un vocabulaire et d'une grammaire de bas* (nouvelle édition refondue et augmentée). Paris: Didier.

Guerra Salas, Luis. 1989. *Comprensión y producción del léxico básico en Enseñanzas Medias*. Madrid: Universidad Complutense.

Hernández Cabrera, Clara Eugenia y Marta Samper Hernández. 2001. "Léxico disponible y norma culta". En Valencia, Alba (ed.). *Actas del Congreso*

Internacional 'El español culto en el mundo hispánico'. Santiago de Chile: Universidad Bolivariana, tomo II, 79-89.

Hernández Cabrera, Clara Eugenia y José Antonio Samper Padilla (en prensa). "Los dialectalismos en el léxico disponible de Gran Canaria. Análisis de un centro de interés". En: *Homenaje a Humberto López Morales*. Madrid: Arco/Libros.

Justo Hernández, Hortensia G. 1986. *Disponibilidad léxica en colores* (memoria de licenciatura inédita). México: UNAM.

López Chávez, Juan. 1991. "Préstamos, extranjerismos y anglicismos en el español de México. Valores lexicométricos (planteamientos previos)". En: Hernández Alonso, César *et al.* (eds.). *El español de América. Actas de III Congreso Internacional de 'El español de América'*. Valladolid: Junta de Castilla y León, tomo II, 775-784.

López Chávez, Juan. 1992. "Alcances panhispánicos del léxico disponible". *Lingüística* 4, 26-124.

López Chávez, Juan. 1994. "Comportamiento sintáctico de algunos verbos ordenados según su grado de disponibilidad léxica". *Revista de Estudios de Adquisición de la Lengua Española (REALE)* 1, 67-84.

López Chávez, Juan. 1995. "Léxico fundamental panhispánico: realidad o utopía". En: Matus Oliver, Alfredo *et al.* (eds.). *El español de América. Actas del IV Congreso Internacional de 'El español de América'*. Santiago de Chile: Pontificia Universidad Católica de Chile, tomo II, 1006-1014.

López Chávez, Juan y Carlos Strassburguer Frías. 1987. "Otro cálculo del índice de disponibilidad léxica". En: *Presente y perspectiva de la investigación computacional en México. Actas del IV Simposio de la Asociación Mexicana de Lingüística Aplicada.* México: UNAM.

López Chávez, Juan y Carlos Strassburguer Frías. 1991. "Un modelo para el cálculo del índice de disponibilidad léxica individual". En: López Morales, Humberto (ed.). *La enseñanza del español como lengua materna*. Río Piedras: Universidad de Puerto Rico, 91-112.

López Chávez, Juan *et al.* 1993. Colección de cuadernos de *El léxico disponible de escolares mexicanos*. 1. *Léxico disponible de preescolares mexicanos* (con Rosa M.ª Mesa Canales). 2. *Léxico disponible de primer grado de primaria* (con M.ª Trinidad Madrid Guillén). 3. *Léxico disponible de segundo grado de primaria* (con Martha Julián Peña). 4. *Léxico disponible de tercer grado de primaria* (con Rosalía Bolfeta Montes de Oca). 5. *Léxico disponible de cuarto grado de primaria* (con Marcela Flores Cervantes). 6. *Léxico disponible de quinto grado de primaria* (con Lilia Castellanos Medina) y 7. *Léxico disponible de sexto grado de primaria* (con Eva Núñez Alonso). México: Alhambra Mexicana.

López Morales, Humberto. 1973. *Disponibilidad léxica en escolares de San Juan*. MS.

López Morales, Humberto. 1978. "Frecuencia léxica, disponibilidad y programación curricular". En: López Morales, Humberto (ed.). *Aportes de la lingüística a la enseñanza del español como lengua materna,* número especial del *Boletín de la Academia Puertorriqueña de la Lengua Española (BAPLE)* 6/1, 73-86.

López Morales, Humberto. 1979. "Disponibilidad léxica y estratificación socioeconómica". En: *Dialectología y sociolingüística. Temas puertorriqueños.* Madrid: Hispanova de Ediciones, 173-181.

López Morales, Humberto. 1983. "Lingüística estadística". En: López Morales, Humberto (coord.). *Introducción a la lingüística actual.* Madrid: Playor, 209-225.

López Morales, Humberto. 1986. *Enseñanza de la lengua materna. Lingüística para maestros de español.* Madrid: Playor.

López Morales, Humberto. 1991. "Anglicismos léxicos en el habla culta de San Juan de Puerto Rico". En: *Investigaciones léxicas sobre el léxico antillano.* Santiago de los Caballeros: Pontificia Universidad Católica Madre y Maestra, 125-144.

López Morales, Humberto. 1995. "Los estudios de disponibilidad léxica: pasado y presente". *Boletín de Filología de la Universidad de Chile* (Homenaje a Rodolfo Oroz) 35, 245-259.

López Morales, Humberto. 1999a. *Léxico disponible de Puerto Rico.* Madrid: Arco/Libros.

López Morales, Humberto. 1999b. "Anglicismos en el léxico disponible de Puerto Rico". En: Ortiz López, Luis A. (ed.). *El Caribe hispánico: perspectivas lingüísticas actuales. Homenaje a Manuel Álvarez Nazario.* Frankfurt-Madrid: Vervuert Iberoamericana, 147-170.

López Morales, Humberto y Francisco J. García Marcos. 1995. "Disponibilidad léxica en Andalucía. Proyecto de investigación". *Revista de Estudios de Adquisición de la Lengua Española (REALE)* 3, 65-76.

Lorán Santos, Roberto. 1987. *La tasa de sustitución y el índice de disponibilidad léxica.* Mayagüez: Departamento de Matemáticas de la Universidad de Puerto Rico. MS.

Lorán Santos, Roberto y Humberto López Morales. 1983. "Nouveau calcul de l'indice de disponibilité". MS.

Mackey, William Francis. 1971a. *Le vocabulaire disponible du français,* 2 tomos. Paris-Bruxelles-Montréal: Didier.

Mackey, William Francis. 1971b. *Le sondage dans les enquêtes de disponibilité.* Québec: CIRB. Université Laval.

Mateo García, María Victoria. 1995. "Disponibilidad léxica: posibles aplicaciones". En: Luque Durán, Juan de Dios y Antonio Pamies Bertrán (eds.). *Actas de las I Jornadas sobre el estudio y la enseñanza del léxico.* Granada: Universidad de Granada, 141-147.

Mateo García, María Victoria. 1996a. *Estratificación social del léxico de la alimentación en Motril.* Almería: GRUSTA.

Mateo García, María Victoria. 1996b. "Disponibilidad léxica en Andalucía". *Interlingüística* 5, 103-109.

Mateo García, María Victoria. 1998. *Disponibilidad léxica en el COU almeriense. Estudio de estratificación social*. Almería: Universidad de Almería.

Mateo García, María Victoria y Francisco J. García Marcos (en prensa). "La selección de materiales léxicos en la enseñanza de lenguas extranjeras. Evaluación y propuestas desde la disponibilidad léxica". MS.

Mena Osorio, Mónica. 1986. *Disponibilidad léxica infantil en tres niveles de enseñanza básica* (tesis de maestría inédita). Concepción: Universidad de Concepción.

Mesa Canales, Rosa M. 1989. *Disponibilidad léxica en preescolares* (memoria de licenciatura inédita). México: UNAM.

Michéa, René. 1950. "Vocabulaire et culture". *Les langues modernes* 44, 188-189.

Michéa, René. 1953. "Mots fréquents et mots disponibles. Un aspect nouveau de la statistique du langage". *Les langues modernes* 47, 338-344.

Moreno Fernández, Francisco, José Enrique Moreno Fernández y Antonio J. García de las Heras. 1995. "Cálculo de la disponibilidad léxica. El programa *LexiDisp*". *Lingüística* 7, 243-249.

Muller, Charles. 1973. *Estadística lingüística*. Madrid: Gredos.

Murillo Rojas, Marielos. 1993. "Disponibilidad léxica en los preescolares: estudio de cinco campos semánticos". *Káñina* (Universidad de Costa Rica) 17/2, 117-127.

Murillo Rojas, Marielos. 1994. "Comidas y bebidas: estudio de disponibilidad léxica en preescolares". *Káñina* (Universidad de Costa Rica) 18/2, 117-133.

Njock, P. E. 1979. *L'universe familier de l'enfant africain*. Québec: CIRB. Université Laval.

Rodríguez Bou, Ismael. 1966. *Recuento de vocabulario de preescolares*. Río Piedras: Consejo Superior de Enseñanza.

Rodríguez Fonseca, Leonilda y Juan López Chávez. 1992. "Un modelo para la programación de la enseñanza del vocabulario". Comunicación presentada en el I Congreso Internacional sobre la Enseñanza del Español (Madrid). MS.

Román, Belén. 1985. *Disponibilidad léxica en escolares de Dorado* (memoria de licenciatura inédita). Río Piedras: Universidad de Puerto Rico.

Ruiz Basto, Araceli. 1987. *Disponibilidad léxica de los alumnos de primer ingreso en el Colegio de Ciencias y Humanidades Plantel Naucalpan* (tesis profesional inédita). México: UNAM.

Samper Hernández, Marta. 2000. *Disponibilidad léxica en alumnos de ELE* (memoria de máster universitario inédita). Salamanca: Universidad de Salamanca. [La obra ha sido publicada por ASELE (Málaga) en el año 2002.]

Samper Hernández, Marta. 2001. *Disponibilidad léxica en español como lengua extranjera* (memoria de licenciatura inédita). Salamanca: Universidad de Salamanca.

Samper Hernández, Marta (en prensa). "Datos comparativos entre el léxico disponible de estudiantes de español como lengua extranjera y el de la variedad grancanaria". Comunicación presentada en el I Congreso Internacional sobre el Español de Canarias. MS.

Samper Padilla, José Antonio. 1998. "Criterios de edición del léxico disponible". *Lingüística* 10, 311-333.

Samper Padilla, José Antonio. 1999. "Léxico disponible y variación dialectal: datos de Puerto Rico y Gran Canaria". En: Morales, Amparo *et al.* (eds.). *Estudios de lingüística hispánica. Homenaje a María Vaquero*. San Juan de Puerto Rico: Universidad de Puerto Rico, 550-573.

Samper Padilla, José Antonio y Clara Eugenia Hernández Cabrera. 1997. "El estudio de la disponibilidad léxica en Gran Canaria: datos iniciales y variación sociolingüística". En: Almeida, Manuel y Josefa Dorta (eds.). *Contribuciones al estudio de la lingüística hispánica. Homenaje a Ramón Trujillo Carreño*. La Laguna: Universidad de la Laguna, tomo II, 229-239.

Samper Padilla, José Antonio, Clara Eugenia Hernández Cabrera y Juan José Bellón Fernández (en prensa). "Léxico disponible y variación dialectal: datos de Gran Canaria y Córdoba". Comunicación presentada en el I Congreso Internacional sobre el Español de Canarias. MS.

Samper Padilla, José Antonio *et al.* 1998. *Léxico del habla culta de Las Palmas de Gran Canaria*. Las Palmas de Gran Canaria: Cabildo Insular de Gran Canaria y Universidad de Las Palmas de Gran Canaria.

Sánchez Corrales, Víctor y Marielos Murillo Rojas. 1993. "Campos semánticos y disponibilidad léxica en preescolares". *Educación* 17/2, 15-25.

Valencia, Alba. 1993. "El vocabulario estudiantil y la medición de las habilidades intelectuales". Comunicación presentada en el X Congreso Internacional de la ALFAL (Veracruz). MS.

Valencia, Alba. 1994a. "El léxico de los estudiantes de 4° año de Educación Media. Centro de interés 'Procesos mentales'". En: *Serie Documentos de estudio*. Santiago de Chile: CPEIP 26. MS.

Valencia, Alba. 1994b. "Disponibilidad léxica en Educación Media: III y IV". En: *X Encuentro en torno a la Admisión Universitaria*. Santiago de Chile: Talleres Gráficos DIVEST. MS.

Valencia, Alba. 1997. "Disponibilidad léxica, muestreo y estadísticos". *Onomazein* 2, 197-226.

Valencia, Alba. 1998. "Aspectos sociolingüísticos del léxico estudiantil de la Región Metropolitana". En: Bernales, Mario y Constantino Contreras (orgs.). *Por los caminos del lenguaje*. Temuco: Universidad de la Frontera, 39-45.

Valencia, Alba. 2000. "Ciencia y tecnología. Análisis de léxico estudiantil". *Nueva Revista del Pacífico* (Universidad de Playa Ancha, Valparaíso) 45, 89-98.

Valencia, Alba y Max S. Echeverría. 1998. *Disponibilidad léxica en estudiantes de cuarto año de Educación Media*. Santiago de Chile: Universidad de Chile y Universidad de Concepción.

Valencia, Alba y Max S. Echeverría. 1999a. *Disponibilidad léxica en estudiantes chilenos*. Santiago de Chile: Universidad de Chile y Universidad de Concepción.

Valencia, Alba y Max S. Echeverría. 1999b. "El factor geográfico en la disponibilidad léxica chilena". En: Samper Padilla, José Antonio *et al.* (eds.). *Actas del XI Congreso Internacional de la ALFAL*. Las Palmas de Gran Canaria: Universidad de Las Palmas de Gran Canaria, tomo II, 1705-1711.

Vargas Sandoval, Patricia. 1991. "La disponibilidad léxica: un diagnóstico al hablante medio de la V Región en seis centros de interés". *Nueva Revista del Pacífico* (Universidad de Playa Ancha, Valparaíso) 33-36, 115-123.

Apéndice 1

DISPONIBILIDAD LÉXICA - DATOS DE LA ENCUESTA

1. Sexo   M _____   F _____

2. ¿Has vivido siempre en Gran Canaria?   _____

Si no fuera así, señala los lugares donde has vivido _____

3. ¿Tus padres son también de Gran Canaria?   _____
Si no fuera así, señala de dónde proceden

     Padre _____

     Madre _____

4. Centros donde has estudiado o estudias

     Primaria _____

     Secundaria _____

5. ¿Cuál es la profesión de tus padres?

     Padre _____

     Madre _____

6. ¿Qué estudios han realizado tus padres?

	Padre	Madre
a) No ha ido a la escuela	_____	_____
b) Enseñanza primaria (5-6 años de escuela)	_____	_____
c) Bachillerato elemental / E.G.B. completa	_____	_____
d) Bachillerato /FP	_____	_____
e) Carrera universitaria media	_____	_____
f) Carrera universitaria superior	_____	_____

Apéndice 1

DISPONIBILIDAD LEXICA

1. Partes del cuerpo   2. La ropa   3. Partes de la casa

                                                                       (sin los muebles)

1.
2.
3.
4.
5.
6.
7.
8.
9.
10.
11.
12.
13.
14.
15.
16.
17.
18.
19.
20.
21.
22.
23.
24.
25.
26.
27.
28.
29.
30.
31.

Apéndice 2

Léxico disponible de la República Dominicana (Alba 1995a).

Centro de interés #13: Trabajos del campo y del jardín

	vocablo	índice dispon.	frecuen. relativa	frecuen. acumula.		vocablo	índice dispon.	frecuen. relativa	frecuen. acumula.
1	sembrar	0.714	14.585	14.585	51	agricultura	0.010	0.208	85.478
2	arar	0.366	7.475	22.061	52	cortar plátanos	0.010	0.207	85.685
3	podar	0.328	6.693	28.753	53	pescar	0.010	0.206	85.891
4	cosechar	0.296	6.043	34.796	54	cuidar ganado	0.009	0.193	86.084
5	regar	0.257	5.249	40.045	55	talar	0.009	0.191	86.275
6	desyerbar	0.232	4.744	44.789	56	cargar agua	0.009	0.188	86.463
7	ordeñar	0.200	4.079	48.868	57	remover tierra	0.009	0.187	86.650
8	cultivar	0.185	3.785	52.652	58	rastrillar	0.009	0.186	86.836
9	abonar	0.183	3.747	56.399	59	arrear	0.009	0.183	87.019
10	cortar	0.171	3.497	59.896	60	remover	0.009	0.178	87.197
11	limpiar	0.153	3.118	63.015	61	deforestar	0.009	0.174	87.371
12	mojar	0.105	2.148	65.163	62	lavar	0.008	0.172	87.543
13	recolectar	0.078	1.596	66.759	63	cercar	0.008	0.167	87.711
14	fumigar	0.076	1.553	68.311	64	arrear vacas	0.008	0.165	87.875
15	recoger	0.070	1.437	69.748	65	buscar leña	0.008	0.162	88.037
16	chapear	0.065	1.332	71.080	66	ganadería	0.008	0.155	88.192
17	plantar	0.060	1.230	72.310	67	criar gallinas	0.008	0.154	88.346
18	cuidar	0.039	0.805	73.116	68	desinfectar	0.007	0.151	88.497
19	criar animales	0.036	0.740	73.855	69	buscar agua	0.007	0.145	88.642
20	injertar	0.035	0.713	74.568	70	surcar	0.007	0.145	88.787
21	cortar flores	0.034	0.686	75.254	71	deshojar	0.007	0.144	88.931
22	cortar grama	0.032	0.662	75.916	72	trabajar la tierra	0.007	0.141	89.072
23	barrer	0.027	0.551	76.467	73	irrigar	0.007	0.138	89.210
24	echar agua	0.026	0.535	77.003	74	domesticar animales	0.006	0.133	89.343
25	trasplantar	0.025	0.515	77.517	75	cocinar	0.006	0.133	89.475
26	descosechar	0.024	0.501	78.018	76	trabajar machete	0.006	0.129	89.604
27	criar	0.024	0.500	78.517	77	hoyar	0.006	0.127	89.731
28	arrancar	0.022	0.458	78.975	78	recoger basura	0.006	0.126	89.857
29	rociar	0.022	0.441	79.417	79	plantar árboles	0.006	0.123	89.980
30	labrar	0.020	0.415	79.832	80	echar abono	0.006	0.121	90.101
31	recortar	0.020	0.415	80.247	81	apalear	0.006	0.115	90.217
32	fertilizar	0.018	0.359	80.605	82	arreglar	0.006	0.115	90.332
33	cortar caña	0.016	0.334	80.939	83	recoger frutos	0.006	0.113	90.445
34	alimentar	0.016	0.329	81.268	84	recoger leña	0.005	0.112	90.557
35	picar	0.015	0.299	81.568	85	alimentar animales	0.005	0.112	90.669
36	cortar césped	0.014	0.293	81.861	86	quemar	0.005	0.110	90.779
37	cortar árboles	0.014	0.291	82.151	87	sacar yuca	0.005	0.102	90.881
38	cortar leña	0.014	0.280	82.431	88	enterrar	0.005	0.102	90.983
39	cazar	0.013	0.256	82.687	89	arreglar flores	0.005	0.099	91.083
40	mojar las flores	0.012	0.255	82.942	90	trabajar	0.005	0.098	91.181
41	reforestar	0.012	0.250	83.193	91	cuidar plantas	0.005	0.095	91.276
42	cortar hierba	0.012	0.250	83.443	92	cortar madera	0.005	0.094	91.370
43	cuidar animales	0.012	0.244	83.687	93	trabajar la hierba	0.005	0.094	91.464
44	forestar	0.012	0.240	83.927	94	vender	0.005	0.094	91.558
45	criar ganado	0.012	0.240	84.167	95	desenterrar	0.005	0.093	91.651
46	replantar	0.012	0.240	84.407	96	achicar vacas	0.004	0.092	91.743
47	cavar	0.011	0.227	84.634	97	quemar árboles	0.004	0.092	91.834
48	achicar	0.011	0.216	84.850	98	echar día	0.004	0.091	91.926
49	recoger cosecha	0.010	0.210	85.060	99	coger café	0.004	0.088	92.013
50	recoger frutas	0.010	0.209	85.270	100	regar las flores	0.004	0.083	92.096

Apéndice 2

Léxico disponible de Puerto Rico (López Morales 1999a).

10. LA CIUDAD

1	tienda	0.4733	5.2428	5.2428
2	edificio	0.3988	4.4173	9.6601
3	carro	0.3535	3.9162	13.5764
4	casa	0.3337	3.6967	17.2731
5	escuela	0.2526	2.7975	20.0706
6	calle	0.2406	2.6647	22.7353
7	plaza	0.2256	2.4993	25.2346
8	gente	0.2197	2.4332	27.6678
9	iglesia	0.1895	2.0991	29.7668
10	parque	0.1885	2.0883	31.8551
11	hospital	0.1779	1.9704	33.8256
12	banco	0.1532	1.6967	35.5223
13	alcaldía	0.1377	1.5249	37.0472
14	supermercado	0.1320	1.4618	38.5090
15	restaurante	0.1241	1.3744	39.8834
16	semáforo	0.1199	1.3285	41.2119
17	cine	0.1155	1.2789	42.4908
18	carretera	0.1104	1.2233	43.7141
19	hotel	0.1030	1.1411	44.8552
20	universidad	0.0983	1.0892	45.9445
21	urbanización	0.0979	1.0845	47.0289
22	teatro	0.0950	1.0518	48.0808
23	árbol	0.0930	1.0302	49.1110
24	oficina	0.0896	0.9928	50.1038
25	avenida	0.0895	0.9913	51.0952
26	contaminación	0.0851	0.9427	52.0378
27	farmacia	0.0761	0.8431	52.8810
28	discoteca	0.0729	0.8071	53.6880
29	policía	0.0717	0.7941	54.4821
30	ruido	0.0717	0.7940	55.2761
31	guagua	0.0690	0.7639	56.0400
32	playa	0.0647	0.7171	56.7571
33	acera	0.0624	0.6908	57.4479
34	fábrica	0.0604	0.6689	58.1168
35	cafetería	0.0583	0.6455	58.7623
36	automóvil	0.0578	0.6404	59.4027
37	condominio	0.0558	0.6181	60.0208
38	luz	0.0535	0.5931	60.6139
39	poste	0.0528	0.5854	61.1992
40	auto	0.0519	0.5754	61.7746
41	apartamento	0.0509	0.5641	62.3387
42	persona	0.0509	0.5633	62.9020
43	autopista	0.0470	0.5204	63.4224
44	caserío	0.0444	0.4916	63.9140
45	bombero	0.0428	0.4740	64.3879
46	aeropuerto	0.0376	0.4165	64.8045
47	tapón	0.0374	0.4142	65.2187
48	cuartel	0.0361	0.3997	65.6184
49	colmado	0.0324	0.3584	65.9768
50	centro comercial	0.0323	0.3574	66.3342
51	negocio	0.0308	0.3409	66.6751
52	camión	0.0301	0.3336	67.0087
53	cancha	0.0285	0.3162	67.3249
54	tienda de ropa	0.0284	0.3146	67.6394
55	correo	0.0281	0.3118	67.9512
56	barrio	0.0281	0.3117	68.2629
57	perro	0.0281	0.3109	68.5738
58	panadería	0.0279	0.3087	68.8824
59	piscina	0.0277	0.3064	69.1888
60	comercio	0.0273	0.3027	69.4916
61	pueblo	0.0273	0.3026	69.7941
62	bar	0.0271	0.3002	70.0943
63	animal	0.0271	0.3001	70.3944
64	puente	0.0268	0.2964	70.6908
65	bicicleta	0.0262	0.2899	70.9807
66	plaza de mercado	0.0261	0.2891	71.2698
67	tránsito	0.0247	0.2732	71.5430
68	estacionamiento	0.0245	0.2712	71.8142
69	teléfono	0.0243	0.2694	72.0836
70	tráfico	0.0233	0.2580	72.3416
71	gasolinera	0.0230	0.2544	72.5960
72	cuartel de policía	0.0223	0.2471	72.8430
73	colegio	0.0215	0.2379	73.0809
74	alcalde	0.0211	0.2334	73.3143
75	motora	0.0205	0.2266	73.5409
76	autobús	0.0203	0.2243	73.7652
77	biblioteca	0.0200	0.2215	73.9867
78	calor	0.0198	0.2196	74.2064
79	librería	0.0196	0.2176	74.4239
80	joyería	0.0189	0.2099	74.6338
81	trabajo	0.0189	0.2097	74.8435
82	bonita	0.0189	0.2094	75.0530
83	mueblería	0.0189	0.2092	75.2622
84	doctor	0.0188	0.2084	75.4706
85	vendedor	0.0188	0.2080	75.6786
86	letrero	0.0188	0.2078	75.8864
87	gato	0.0184	0.2037	76.0901
88	humo	0.0183	0.2026	76.2928
89	grande	0.0173	0.1919	76.4847
90	plaza de recreo	0.0171	0.1892	76.6739
91	industria	0.0158	0.1753	76.8492
92	niño	0.0158	0.1748	77.0240
93	bullicio	0.0158	0.1748	77.1988
94	almacén	0.0157	0.1740	77.3728
95	garage	0.0153	0.1691	77.5418
96	*troly*	0.0152	0.1679	77.7097
97	barbería	0.0150	0.1667	77.8764
98	club	0.0150	0.1662	78.0426
99	río	0.0143	0.1586	78.2012

Apéndice 2

Léxico disponible de Puerto Rico, orden alfabético (López Morales 1999a).

02. LA ROPA

abridor	0.0012	calcetín	0.0182	despintada	0.0012
abrigadora	0.0003	calzado	0.0016	diseño	0.0010
abrigo	0.0989	calzón	0.0079	distinta	0.0014
abuelito	0.0025	calzoncillo	0.2130	elástico	0.0028
accesorio	0.0070	camisa	0.6962	elegancia	0.0004
aguja	0.0016	camisa corta	0.0011	elegante	0.0003
ajustador	0.0021	camisa de dormir	0.0038	enaguas	0.1545
alforza	0.0003	camisa de manga	0.0016	enagüitas	0.0007
algodón	0.0053	camisa de manga corta	0.0041	encaje	0.0041
amarilla	0.0030	camisa de manga larga	0.0058	escote	0.0010
americana	0.0004	camisa *sport*	0.0005	estilo	0.0014
ancho	0.0022	camiseta	0.1965	estola	0.0048
angosta	0.0013	camiseta de dormir	0.0008	estraples	0.0008
apropiada	0.0004	camisilla	0.0771	estrambótica	0.0006
azul	0.0013	camisón	0.0150	faja	0.0523
baby doll	0.0008	capa	0.0046	falda	0.4516
bagger	0.0003	cara	0.0007	falda corta	0.0023
baggies	0.0010	cartera	0.0099	falda larga	0.0014
banda	0.0035	cartera de hombre	0.0007	falda-pantalón	0.0142
barata	0.0007	cartera de mujer	0.0007	fea	0.0051
bata	0.0504	chaleco	0.0487	frac	0.0005
bata de baño	0.0007	chalina	0.0173	fruncido	0.0013
bata de casa	0.0033	chancla	0.0094	gabán	0.0970
bata de dormir	0.0051	chancleta	0.0195	gafa	0.0010
batola	0.0013	chaqueta	0.1235	gorra	0.0350
batón	0.0013	chaquetón	0.0070	gorro	0.0027
bermuda	0.0072	chinela	0.0007	grande	0.0019
bikini	0.0212	cinta	0.0138	gris	0.0009
blanca	0.0014	cinta de cabello	0.0006	guante	0.0231
blazer	0.0183	cinto	0.0014	guayabera	0.0151
blumer	0.0022	cinturón	0.0345	gusto	0.0005
blusa	0.4293	*coat*	0.0017	hábito	0.0028
blusa de manguillas	0.0009	cocola	0.0006	hebilla	0.0016
blusón	0.0092	collar	0.0008	hilo	0.0192
bocamanga	0.0014	combinación	0.0037	inapropiada	0.0004
boina	0.0021	conjunto	0.0006	jacket	0.0450
bolsa	0.0014	copa	0.0003	jockey	0.0014
bolsillo	0.0113	corbata	0.1864	jogging	0.0009
bonita	0.0027	cordel	0.0011	jogging pants	0.0006
bordado	0.0004	correa	0.1650	jump suit	0.0085
bota	0.0205	*corsé*	0.0005	jumper	0.0119
botín	0.0004	costura	0.0087	justillo	0.0120
botón	0.0348	cotita	0.0004	kimono	0.0016
braga	0.0003	cotito	0.0006	lacillo	0.0006
brassiere	0.2666	cremallera	0.0027	lana	0.0009
brazalete	0.0012	cubridora	0.0004	large	0.0016
broche	0.0018	cubrirse	0.0004	lazo	0.0344
brown	0.0010	cuello	0.0099	lengüeta	0.0003
buena	0.0009	culero	0.0004	leotardo	0.0006
bufanda	0.0378	dacrón	0.0006	liga	0.0015
bustillo	0.0062	delantal	0.0009	limpia	0.0004
		deshuso	0.0006	linda	0.0019

VARILEX, Variación léxica del español en el mundo Proyecto internacional de investigación léxica

Hiroto Ueda
Universidad de Tokio

Antonio Ruiz Tinoco
Universidad Sofía, Tokio

Introducción

Nuestra época se caracteriza por la abundancia de información lingüística. Naturalmente no es difícil imaginar que en los períodos clásico o medieval, la gente también vivía rodeada de cierta cantidad de información, pero, en comparación con nuestra época, la diferencia cuantitativa y cualitativa resulta apabullante. A este aumento de información ciertamente han contribuido los cambios de la actual cultura material, que poseen las cuatro características siguientes: internacionalidad, ahistoricidad, inclinación hacia la moda y dinamismo.

El mundo actual está altamente internacionalizado y la circulación de objetos (cosas referidas) y palabras (signos lingüísticos) ha llegado a un desarrollo mucho más notable que en épocas pasadas. Ahora bien, al observar comparativamente las relaciones cosas-palabras en varias ciudades del mundo, nos sorprende su homogeneidad, que es el resultado de procesos de nivelación. Así, por ejemplo, en ciudades del mundo alejadas unas de otras, nos encontramos con tiendas de 24 horas o con hamburgueserías o pizzerías, donde se realiza exactamente el mismo tipo de negocio que en Estados Unidos o en Japón. Y esto no se limita solo a algunos países occidentales, sino que ocurre en casi todas las grandes ciudades del planeta.

Este cambio no es el resultado de transiciones paulatinas de la cultura tradicional, sino de la implantación de elementos extranjeros que arraigan rápidamente en tierras forasteras. Y al mismo tiempo se acuñan palabras nuevas a partir de las existentes o recurriendo a extranjerismos. Por ejemplo, al nuevo sistema de ventas que se realiza no a través de tiendas, sino por correo, se le llama *venta-catálogos*. El ejercicio de correr por el parque no se denomina *carrera*, sino *futing*. Se ha hecho muy popular el uso de *boutique* en las tiendas madrileñas, tanto es así que se encuentran *boutique de la prensa*, *boutique del pan* e incluso *boutique del juguete*. En San Juan (Puerto Rico), al restaurante en el que sirven comida rápida lo llaman *comeivete*.

Las nuevas palabras, inventadas o trasplantadas, no son solo unos signos convencionales. Aquí entra en juego la idea de que un objeto nuevo exige una palabra nueva que debe ser más atractiva que explicativa y prosaica. Para el 'maíz tostado', algo tan simple, barato y cotidiano, hemos encontrado gran variedad de denominaciones: *palomitas, cabritas, popcorn, cotufas, pop, pororó, copos de maíz, pochocle, canguil, cancha, canchita, rosita de maíz*. Todas estas palabras se prefieren a un nombre tan descriptivo como *maíz tostado*. Se trata de buscar una expresión que apele de manera más efectiva a nuestros sentidos, lo cual se puede comprobar en la publicidad radiofónica, la televisión y la prensa, o en los carteles publicitarios callejeros. A este fenómeno podríamos llamarlo la "moda de las palabras".

Si se trata de modas, no deben ser nunca repeticiones amaneradas. Cada día se producen y se inventan nuevos objetos y, siguiendo exactamente su ritmo, nuevas palabras. Uno de los materiales de la pantalla (o la consola) de la computadora es el *cuarzo líquido*, cosa impensable en los siglos pasados. El timbre que se lleva en el bolsillo para que uno pueda ser localizado en cualquier sitio se denomina *busca*. El *fax* y el *correo electrónico* han solucionado el problema del tiempo en la comunicación. La vertiginosidad es otro rasgo de la época moderna. Estos movimientos activos —"dinamismo"— son la cuarta característica del léxico moderno.

El estudio del léxico moderno del español, a diferencia de los estudios de la lingüística histórica, la románica, la dialectología y la geografía lingüística, debe adoptar unos métodos diferentes y complementarios. Entre unos y otros, se presentan aspectos contrastivos: modernidad frente a historicidad, informantes cultos frente a informantes autóctonos, núcleos urbanos frente a pueblos rurales y cartografía de puntos frente a la de zonas. El objetivo de nuestro estudio es describir con precisión la cultura lingüística de las zonas urbanas del español, aplicar nuevos métodos de análisis y contribuir a la comprensión del mundo hispanohablante.

Desde 1992 hemos venido investigando la variación léxica del español contemporáneo observándola en distintas ciudades del mundo hispanohablante. En las secciones siguientes reflexionaremos sobre los métodos de recolección de los datos y presentaremos nuestra conclusión así como algunos resultados de las encuestas realizadas hasta el momento.

I. MÉTODOS[1]

En las secciones siguientes, expondremos los métodos adoptados para recoger los materiales primarios con algunas modificaciones con el objetivo de que sean factibles dentro de lo posible en nuestro estudio del léxico español urbano.

1.1. Observaciones directas

Los datos se obtendrán por el método de observación directa en la forma más natural, en el contexto y situación más reales[2]. Este método consiste en no preguntar nada en el campo sino en limitarse a observar la vida lingüística de la localidad y anotar las formas y significados diferentes respecto a otras localidades. Estamos totalmente de acuerdo con los tres autores franceses de *El arte de la encuesta*, cuando nos hablan de este método[3]:

> La observación permite al encuestador familiarizarse con los fenómenos de cuyo estudio está encargado. Hará que surjan impresiones e informaciones que ayuden al encuestador a conocer el problema y, en consecuencia, a formular las preguntas que tenga que plantear. Puede permitir, asimismo, efectuar una descripción del fenómeno que se vaya a estudiar, y constituir de esta manera una etapa importante del estudio.

[1] La versión del capítulo I está basada en H. Ueda (1996b).

[2] Este método ha sido comentado por varios sociólogos en sus libros de orientación para estudiantes. Por ejemplo, R. Sierra Bravo (1992: 256) lo explica de la manera siguiente: "La observación global se puede considerar ya como una técnica sociológica, aunque solo sea previa y preparatoria de una encuesta posterior. (...) Se puede decir que consiste en un primer contacto general con el área, urbana o rural, donde se piensa desarrollar una investigación para obtener un conocimiento básico de la misma en sus aspectos fundamentales, que sirva posteriormente de guía en la preparación y ejecución de la encuesta o estudio proyectado. Una forma de observación global es la preencuesta".

[3] Y. Harvatopoulos, Y. Livan y Ph. Sarnin (1993: 21).

Este método, aun desde el punto de vista comparativo, adolecerá de esporadicidad. Se recoge lo que se ha observado, sin más. Si indagáramos utilizando otros métodos más sistemáticos, encontraríamos muchos más datos relevantes. Si comparamos los dos métodos de investigación en el campo, es decir, el de observación directa y el de la encuesta[4], advertimos que cada uno tiene sus ventajas e inconvenientes. Refiriéndose precisamente a esta diferencia, el sociólogo norteamericano D. Katz (1953: 68-69) explica lo siguiente:

> Aunque no es fácil establecer una exacta distinción lógica entre una encuesta y un estudio de campo [por el método de la observación directa], existen diferencias prácticas que requieren técnicas y habilidades algo distintas. En términos generales, la diferencia se encuentra entre el mayor alcance de la encuesta y la mayor profundidad del estudio de campo. Más precisamente, pueden establecerse dos distinciones fundamentales. En primer lugar, la encuesta siempre trata de representar algún universo conocido, y de esta manera intenta, tanto en la cantidad de casos incluidos como en la manera de su selección, ser adecuada y fielmente representativa de una población más numerosa. Un estudio de campo puede poner o no el acento sobre el muestreo, ya que se interesa más por una descripción completa de los procesos investigados que por su representatividad respecto de un universo mayor. (...) Una segunda y más importante diferencia reside en que en la investigación de campo se trata de estudiar una única comunidad o un único grupo en términos de su estructura social; (...). En la encuesta, los procesos psicológicos y sociales en desarrollo se infieren de sus resultados estadísticos. En cambio, en el estudio de campo se intenta observar y medir los procesos sociales en desarrollo de manera más directa.

Dada esta situación, lo ideal sería combinar los dos métodos para sacar el mayor provecho, en vez de escoger uno de los dos como único método posible. El estudio del habla coloquial espontánea parece ser un campo adecuado para aplicar el método intensivo, ya que así es cómo se recolectan con más facilidad las palabras y expresiones más usuales. Los trabajos de Werner Beinhauer (1978) o de A. Vigara Tauste (1980) serían buenos ejemplos de trabajo de observación global. J. Medina López (1991) combina los dos métodos en su estudio sobre rótulos publicitarios: la observación directa por el

---

[4] En realidad éstas no son las encuestas dialectales que hacen los geolingüistas en el campo. Son las que en general se realizan por correspondencia o por entrega de cuestionarios enviados a numerosos sujetos para ser rellenados. De los dos tipos de encuesta hablaremos en las secciones siguientes.

propio investigador en la que se anotan los mensajes y rótulos publicitarios; y la información contenida en las llamadas "Páginas Amarillas" que edita Telefónica de España S.A.

Si el estudio de campo nos proporciona una imagen más detallada y más natural de la vida lingüística, sería bueno dedicarnos a observarla para detectar el léxico diferencial, objeto de futuras encuestas. Por las "calas léxicas", podríamos preparar un inventario de este tipo de léxico, lo mismo que se realizan investigaciones por perforación para estudios geológicos[5]. El fruto de esta investigación se somete a varios exámenes y reexámenes para ser inventariado en forma de base de datos léxicos.

Además de las encuestas interpersonales, nos hemos dedicado a observaciones globales con documentaciones textuales, fónicas y visuales. Son recolecciones de palabras y expresiones que hemos oído o visto en distintas ocasiones en situaciones reales.

Ciudad de México, Quito, Lima, Santiago de Chile

Como primera tentativa de la observación directa, hemos visitado la Ciudad de México y hemos recorrido las grandes calles, parques, instalaciones de transporte (aeropuerto, estaciones de ferrocarril y de autobuses), mercados y supermercados, universidades, medios de transporte (metro, autobús, taxi), hoteles, bancos, correos, etc., de la ciudad. De esta forma hemos podido documentar parte del léxico marcado de alguna forma: regional, estilístico, cronológico (nuevo-viejo), etc.

Respecto a la diferenciación diatópica, hemos podido observar el uso de *arribo*, que sería un ejemplo de marinerismo característico del español de América. Esta palabra solo se usa para designar una llegada desde un lugar lejano por avión o por barco: por ej.: "arribo del equipo chileno a México". También existe naturalmente la palabra *llegada*, por lo cual, para la descripción de esta situación, sería necesario hacer una debida matización, lo que suele escaparse en los inventarios en forma de matriz cuantitativa. Se usan tanto *mamila*, característica de México, como *biberón* que es menos frecuente. Los siguientes son algunos ejemplos de la correspondencia léxica entre

---

[5] Utilizamos el término "cala léxica" en el sentido que propuso Humberto López Morales (1971: 72-87).

México y España observados en 1993: *altiplano - altiplanicie, aparador - escaparate, apurarse - darse prisa, arribo - llegada, audífono - auricular, balacear - tirotear, blanqueador - lejía, boleto - billete, botanas - tapas, box - boxeo*, etc. *Ángeles verdes* correspondería a RACE (Real Automóvil Club de España), que soluciona los problemas mecánicos de los automóviles en las carreteras. Por la mañana se saluda diciendo "¿Cómo amaneciste?", que es extraño en Madrid ("¿Cómo estás hoy?"). El término humorístico *bocho* corresponde al *escarabajo* madrileño (Volkswagen).

Nos llama la atención el uso de los nombres de marca como nombres comunes: *diurex* (cinta adhesiva transparente, España *celo*), *pan bimbo* ('pan de molde'), *mazola* (harina de maíz), etc. La *bandita* designa la 'tirita' que se aplica a las heridas leves. Nos interesa saber su grado de ósmosis en el uso general y su distribución geográfica. No sería conveniente excluirlos de nuestro estudio solo por ser marcas comerciales, tratándose de palabras de uso común.

Hay que prestar atención a los neologismos de significados y significantes. Nos interesa saber qué ocurre cuando se divulga un producto nuevo como el teléfono portátil. Hemos observado tanto en la calle como en las estaciones el uso frecuente de *celular*, que es un aparato totalmente nuevo en la vida moderna.

Los artículos de escritorio, por ejemplo, se encuentran en todas las ciudades del mundo, pero su denominación puede variar de un sitio a otro. Hemos encontrado dos formas de 'computer': *computador* en Santiago y *computadora* en Quito y Lima, en contraste con el *ordenador* en España. La *grapadora* de España corresponde a la *corchetera* de Chile. Para 'tira de goma elástica en forma redonda' se utiliza la palabra *elástico* tanto en Perú como en Chile. Sabemos que *sello* es forma exclusiva de España mientras que en Latinoamérica es *estampilla*.

Foto 1. Computador (Santiago)   Foto 2. Computadora (Quito)

Estos son algunos de los ejemplos de las palabras-objetos candidatas de nuestro estudio comparado. ¿Cómo se dirían éstas en otras regiones del mundo hispanohablante? ¿Qué matiz se observa en cada uso de estas palabras? ¿Y su frecuencia?

1.2. Encuesta directa

Desde la época pregillieroniana, se subrayaban las ventajas de la encuesta directa sobre la encuesta por correspondencia, "en lo que se refiere a la precisión y seguridad con que son percibidos y transcritos los sonidos de un habla"[6].

Manuel Alvar (1973: 133-155) se ha dedicado a reflexionar sobre los tres elementos fundamentales de la encuesta directa: el cuestionario, los exploradores y los informantes. Respecto al contenido del cuestionario aplicado a la modalidad del habla urbana, nos enseña lo siguiente (138):

> En Andalucía hemos explorado todas las capitales, y cuando menos, dos cabezas de partido por provincia. Como usamos cuestionario único, resulta que en las capitales es difícil, si no imposible, obtener respuestas a gran cantidad de los términos de la vida y la cultura rurales. Por eso hemos preguntado todo lo que podía dar algún fruto (fonética, fonología, morfología, sintaxis, partes del cuarto, la familia, etc.), mientras que hemos desistido de interrogar lo que de antemano pugnaba con la vida ciudadana (la agricultura, las plantas silvestres, la elaboración del pan, etc.). Es decir, establecíamos de este modo una limitación paralela en todo a la del *reduzierte Fragebuch* de Jud y Jaberg y conducente, como en Italia y Suiza, no a conocer el estado en la superficie del terreno, sino a obtener la penetración social del dialecto. Brevemente: en las capitales no solo hacemos geografía lingüística (en sentido tradicional...), sino, además, sociología lingüística.

---

[6] Iorgu Iordan (1967: 256). E inmediatamente sigue: "Fácilmente se puede comprender que un lingüista, por más que sea forastero en la región explorada, gracias a su preparación científica, puede transcribir las palabras oídas en un interrogatorio con mucha más fidelidad que un maestro de escuela o un cura, quienes, en el mejor de los casos, solo poseerán buena voluntad e interés".

Por nuestra parte, respecto a la observación de la variación léxica en las grandes ciudades, hemos limitado cautelosamente las preguntas del cuestionario al ámbito de la vida moderna urbana[7].

Ahora bien, las preguntas sobre nombres de cosas pueden ser realizadas de las distintas maneras siguientes:

- Por definición
- Por visualización (láminas, dibujos, fotos)
- Por uso pragmático
- Por deixis
- Por contexto

Lo más normal para preguntar el nombre de algo sería por definición para lo cual se puede utilizar la descripción del diccionario. Sin embargo, este método, conduce a veces al malentendido por parte del encuestado, ya que la dirección de significado a significante es opuesta a la dirección original del diccionario: de la forma (significante) a la acepción (significado). Por ejemplo, 'pan que lleva jamón, queso, etc. adentro' vale tanto para *bocadillo* como para *sandwich* para los españoles. Y la definición de la 'habitación en la que se duerme' tendrá que ser precisada si se refiere a la vivienda particular (*alcoba, aposento, cuarto, dormitorio, habitación, pieza, recámara*), puesto que la del hotel puede presentar la preferencia única de *habitación*. En general, la definición del diccionario no suele ser distintiva, sino explicativa; es decir, se presenta la explicación de una acepción sin considerar los rasgos distintivos comparados con otras voces afines.

Durante la etapa de prueba de nuestra investigación, las preguntas por definición nos presentaron otro inconveniente: el encuestado necesitaba mucho tiempo de concentración para llegar a la imagen concreta del objeto preguntado. Si se trata de preguntar más de 200 conceptos, a veces resulta casi agobiante someter a los encuestados a este tipo de ejercicio mental, y las

---

[7] Esto no quiere decir que siempre hayamos excluido las voces tradicionales de nuestra atención, puesto que en la vida de las ciudades también se hallan vivas palabras comunes con la vida rural, así como en ésta se observan usos de palabras pertenecientes a la modalidad urbana. En efecto, hemos incluido en nuestro cuestionario palabras tan antiguas como: *falda, abrigo, bolsa, cometa*. Respecto al criterio de modernidad, hemos pensado en la carencia de tradición medieval, con la salvedad de algunos conceptos tan antiguos como, por ejemplo, los cuatro casos mencionados.

respuestas pueden resultar casi incontrolables por tener voces no correspondientes.

Para los objetos visualizables, son de gran utilidad las láminas (objetos o fotos) que ayudan a los sujetos encuestados a concretizar la imagen. Son más directas y no se necesita ningún ejercicio mental de concretización a partir de una definición más o menos abstracta, caso que ocurre en las preguntas por definición. La cuestión no es elegir uno de los dos métodos —pregunta por definición o pregunta por lámina— sino usar, si es necesario, los dos para que se relacionen la descripción textual y la visual en el proceso de respuesta del informante.

Con ocasión de visitar a un profesor en su casa de Santiago de Cuba, tuvimos la oportunidad de probar la encuesta directa a manera de conversación. Su esposa, lingüista, le preguntó los nombres del cuestionario de la manera siguiente:

- ¿Cómo llamarías al objeto para llamar a la puerta? (*placa* [130])
- ¿Para cortar el alambre qué tú usarías? (*alicate* [139])[8]

Este tipo de preguntas, que llamamos método pragmático, es útil cuando es realizable la encuesta directa más o menos espontánea, pero no es recomendable en la encuesta por correspondencia, puesto que el informante puede contestar según su caso personal de uso de las cosas y no del uso de las palabras. Por ejemplo, si preguntamos qué se utiliza para llamar a la puerta, se entendería tanto la *aldaba* tradicional como el *timbre* electrónico, o incluso *telefonillo* de la entrada.

Por otra parte, se puede pensar en la utilización del objeto real para preguntar su nombre. Este método es muy eficaz si el investigador se sitúa en la realidad que comparte con el informante. En la práctica de la encuesta de las regiones, el investigador pregunta el nombre de los objetos que él mismo se lleva en el bolsillo, o de prendas puestas por él mismo. El ejemplo siguiente ha sido extraído de ALEICan para AMERICANA (M. Alvar, 1973).

ALEICan. III. (AMERICANA) Hi2 Valverde *chaqueta*; Lp20 Santa Cruz de la Palma *americana*; Go4 San Sebastián de la Gomera *chaqueta, americana*; Tf21 Santa Cruz de Tenerife *americana*; GC2 Las Palmas de Gran Canaria

---

[8] "(...) qué tú usarías" es una expresión propia de sintaxis antillana. Debemos esta información al prof. Humberto López Morales.

chaqueta, americana; Fv20 Puerto del Rosario *chaqueta*; Lz4 Arrecife *chaqueta*.

Para obtener las distintas denominaciones, el investigador señalaba la prenda en cuestión. Como esta técnica exige una situación en la que el investigador mantenga contacto directo con el informante, es factible únicamente en las encuestas directas. Nosotros la hemos utilizado en algunas ocasiones ('camiseta', 'falda', 'calcetines', 'gafas', etc.).

Madrid, Ciudad de México, Santiago de Chile

Durante 1992, realizamos unos estudios exploratorios de léxico moderno urbano con solo tres informantes nativos de España, México y Chile, con el fin de descubrir la similitud y disimilitud léxica entre los tres puntos de áreas diferentes. Se hicieron dos estudios intensivos: el primero sobre materiales recogidos en conversaciones semidirigidas; y el segundo a partir de una lista de palabras, preparadas con materiales recogidos en las conversaciones, y preguntando cuál(es) de ellas se utilizaban en sus respectivos países. He aquí algunos datos recogidos en las entrevistas con los tres colaboradores. De 219 preguntas, entresacamos ocho que nos parecen idóneas como ejemplos de variación.

A001: JACKET. {Madrid} **Chaqueta**. [¿Saco?] No. [¿Americana?] Sí, **americana**, también. {México} **Saco**. [¿Americana?] No, quizá alguien dirá **chaqueta**, también. {Santiago} **Vestón, chaqueta**. [¿Saco?] No. [¿Americana?] No.

	Madrid	México	Santiago
chaqueta	+		+
americana	+		
saco		+	
vestón			+

En la entrevista, la colaboradora mexicana hace alusión a la posibilidad de uso de *chaqueta*, lo cual, sin embargo, se rechaza en el momento de contestar a la respuesta selectiva. Dado que existen casos parecidos muy delicados, creemos necesario emplear dos métodos de investigación complementarios: para preparar el inventario léxico, es más apropiada la técnica de respuesta libre; mientras que para el procesamiento cuantitativo es aconsejable un método selectivo.

A090: EARPHONES. {Madrid} **Auriculares**. {México} **Audífonos**. [¿Auricular?] No, auricular es de teléfono. {Santiago} **Fono** o **audífono** [¿Auricular?] Decimos audífono; auricular ya es una forma antigua, usada en radio, en aviones, etc.

	Madrid	México	Santiago
auriculares	+		
audífonos		+	+

Es un caso típico de bipartición España-Hispanoamérica. No es que no se utilice la palabra *auriculares* en México y Chile, sino que designa un objeto diferente.

A101: BLANKET.{Madrid} **Manta**. {México} **Cobija, sarape**. {Santiago} **Frazada**.

	Madrid	México	Santiago
manta	+		
cobija		+	
frazada			+
sarape			+

En este ejemplo, los tres puntos difieren.

A120: GLASS {Madrid} **Cristal**. [¿Vidrio?] No. *Vidrio*, lo que se dice de vidrio: cuando se dice: "¿Cuál es tu deporte?"... se dice: "levantamiento de vidrio, ja, ja." {México} **Vidrio**. [¿Cristal?] Es muy literario, *cristal* es de copa, muy fina. Me choca mucho cuando los españoles dicen *cristal*, porque el cristal es muy fino. {Santiago} **Vidrio**, nunca decimos *cristal*. Nosotros designamos cristal al tipo fino de vidrio, por ej. copa de cristal, pero estos son vidrios de la ventana.

	Madrid	México	Santiago
cristal	+		
vidrio		+	+

México y Santiago coinciden en elegir *vidrio* (de ventana) en oposición a Madrid, donde se prefiere *cristal*.

A167: BUS. {Madrid} **Autobús**. [¿Se dice también *bus*?] Sí, lo que pasa es que *bus* se escribe por la calle, por debajo, pero normalmente se dice *autobús*. {México} **Camión** de pasajeros o **autobús**. En México es más común el camión. *Autobús* es la palabra oficial, la *parada de autobús*, la terminal de *autobuses*, pero el público dice: "Ahí viene el *camión*; ya llegó el *camión*". {Santiago} **Bus**. [¿Autobús?] Más *bus* que *autobús*, y también lo llamamos **micro**. [¿Micro es más pequeño, ¿no?] Pero en el caso nuestro, que es bastante raro, el grande se llama *micro*, y al pequeño lo llamamos *liebre*.

	Madrid	México	Santiago
autobús	+	+	+
camión		+	
micro			+
bus			+

Esto demuestra bien la diferencia de características entre el método libre y el selectivo: en el segundo se ha perdido la información de matices aparecida en el primero.

A193: STAPLER. {Madrid} **Grapadora**. {México} **Engrapadora**. [¿Grapadora?] No. {Santiago} **Corchetera**. [¿Grapadora?] No, *grapadora* es una cosa como para poner cajones, cosas grandes.

	Madrid	México	Santiago
grapadora	+		
engrapadora		+	
corchetera			+

Los puntos no coinciden. La diferencia entre Madrid y la Ciudad de México es de carácter morfológico (se trata de un prefijo), y Santiago de

Chile difiere de manera léxica. El contenido de *grapadora, engrapadora*, y *corchetera* es *grapa* para los dos primeros y *corchete* para el último.

A198: RUBBER BAND. {Madrid} **Goma**. [¿Elástica?] No, es *goma*. {México} **Liga**. [¿Goma?] No. [¿Elástico?] Tampoco. {Santiago} **Elástico**.

	Madrid	México	Santiago
goma	+		
liga		+	
elástico			+

La 'goma redonda que se usa para juntar cosas' tiene distintas denominaciones en cada uno de los puntos.

Sobre los materiales recogidos, hemos aplicado dos pruebas estadísticas: tablas de co-ocurrencias y de coeficientes de correlación. El escaso número de localidades (3), no nos permitió hacer un análisis multivariado.

	1. Madrid	2. México	3. Santiago
1. Madrid	298		
2. México	119	308	
3. Santiago	119	113	253

El total de léxico diferencial recogido fue de 578 palabras. Madrid y la Ciudad de México coinciden en el uso de 119 unidades, Madrid y Santiago de Chile, en 119, y por último, Ciudad de México y Santiago de Chile, 113. Las cifras que figuran en la diagonal, 298, 308, 253 indican los números de palabras encontradas en cada localidad. Si los tomamos como denominadores, podemos apreciar que la parte común es muy reducida en general: por ejemplo, solo el 40% del léxico investigado en Madrid coincide con el de Ciudad de México (119/298).

1. 3. Encuesta por entregas

A fines del siglo pasado, Gerog Wenker, de Alemania intentó hacer un atlas lingüístico del Norte y Centro de la nación, mucho antes que Jules Gilliéron y Edmont Edmont para el ALF (*Atlas linguistique de la France*). Su método de recolección era totalmente distinto del que se habría de usar en las investigaciones geolingüísticas posteriores: Wenker envió el cuestionario a los maestros de la localidad y otras personas instruidas del campo, quienes tenían que traducir esas frases a su habla local[9].

En las encuestas por entrega, además de la traducción de frases modelo, se puede utilizar un método totalmente distinto: preguntar cuestiones lingüísticas con listas de palabras. Este método no se ha aplicado generalmente a las investigaciones léxicas de la lengua española. En el método de encuesta directa, generalmente adoptado por los lingüistas de habla española, se trata casi siempre de consignar la primera respuesta del encuestado (informante), sin hacer comentarios por parte del encuestador. El encuestador tampoco insiste en obtener otra forma cuando el encuestado no sabe contestar. Para las cosas no conocidas por parte del encuestado se utiliza el signo de 0 (cero) con una raya (ϕ)[10].

Si contraponemos estos dos métodos, nos daremos cuenta de las diferencias siguientes. Frente al método de encuestas directas por el que toda la investigación de campo se hace de manera sucesiva, puesto que se procura mantener la unidad del encuestador (lo ideal es que se realice por un solo investigador), en el método de entrega se procesa todo casi simultáneamente repartiendo los cuestionarios a todos los encuestados, lo que, una vez reunidas las contestaciones, garantiza la absoluta sincronía de los datos. A este mérito de orden teórico, podríamos añadir las ventajas prácticas: economía de tiempo, trabajo y presupuesto.

De acuerdo con nuestra experiencia, la encuesta por entregas tiene los inconvenientes siguientes. Mientras que, en la encuesta personal directa, se consiguen casi todas las respuestas por parte del encuestado, lo normal en la encuesta por entregas es que se recobren las respuestas con un porcentaje a veces muy bajo (de 30% a 40%). Además, como no estamos en el sitio, no tenemos manera de saber cómo se han contestado a las preguntas, ni sabemos

---

[9] Para el atlas de G. Wenker, hemos dependido de la historia que describe Iorgu Iordan (1967: 254-255), según la cual, solo apareció un fascículo en 1881: *Sprachatlas von Nord und Mitteldeutschland, auf Grund von systematisch mit Hülfe der Volksschullehrer gesammeltem Material aus circa 30.000 Orten, bearbeitet, entworfen und gezeichet von Dr. G. Wenker.* Strassbourg. Se preocupó exclusivamente del aspecto fonético de la lengua con la intención de probar la existencia de los límites dialectales, lo cual a nosotros, que vivimos un siglo después, nos sorprende por el método de traducción. Se trata de una época en la que no se había desarrollado la ciencia fonética descriptiva.

[10] F. Salvador Salvador. (1991:13).

si realmente han sido respondidas por el encuestado mismo. Y si él tiene alguna duda respecto a la pregunta, no hay manera de aclarársela, lo que le desmoraliza considerablemente.

Tres métodos para la recogida de información, postal, telefónico y entrevista personal, son comparados por Y. Harvatopoulos, Y. Livan y P. Sarnin de la manera siguiente (1993:20; suprimimos la parte correspondiente al método telefónico, que de momento no nos interesa)[11]:

	Postal	Entrevista personal
Complejidad de la información buscada	Media	Elevada
Disponibilidad inmediata de la información	No disponible	Disponible
Tiempo disponible	Mucho	Mediano
Recursos (financieros; físicos)	Escasos	Muchos
Tasa de respuestas	Escasa	Alta

Desde el punto de vista práctico, Gordon R. Wood (1990: 2) explica la utilidad del método por entregas para las investigaciones lingüísticas, enumerando, por lo menos, cuatro ventajas, todas relacionadas con el uso del ordenador: 1) puede ser procesado fácilmente por el ordenador; 2) el texto mismo se convierte en una base de datos almacenados; 3) los datos de respuestas personales pueden ser comparados rápidamente con los sinónimos de la base de datos anteriormente preparados; y 4) se pueden ordenar los datos almacenados y ofrecer el dato requerido para el estudio inmediato y para comparar con los vocabularios regionales. Para el concepto 'un cerco hecho de barras de madera' (ingl. 'a fence made of wooden rails'), por ejemplo, se ofrece una lista de 4 palabras: *rail fence, snake fence, worm fence, zigzag fence*. Ayudado por esta facilidad de manejo, toda la encuesta fue llevada a

---

[11] "El tiempo disponible mediano", puesto en la casilla de "Entrevista personal", parece tratarse de una comunidad relativamente pequeña. Si consideramos la envergadura de la investigación de la geografía lingüística, el intervalo de tiempo es incomparablemente más largo que cualquier tipo de entrevista.

cabo en corto plazo y por gran número de sujetos[12]. Efectivamente, se ha realizado la encuesta con 150 conceptos dirigidos a mil personas de ocho estados sureños de Estados Unidos[13].

En nuestro ámbito español, Marius Sala (1983: 86) para su estudio de distribución de sinónimos en distintas localidades del mundo adopta el mismo método de ofrecer a los encuestados respuestas candidatas para que las marquen en el sitio correspondiente[14].

Por otra parte, para conseguir los datos puros con rigor científico, se recomienda no sugerir ninguna respuesta en las encuestas. Precisamente, H. López Morales (1986: 11) en el prólogo de su *Léxico del habla culta de San Juan de Puerto Rico*, dice que "no hubo respuestas sugeridas ni inducidas ni provocadas". El buscar las respuestas espontáneas y no "arrancadas" es el principio fundamental de la geografía lingüística. El realizador de ALF, Edmont Edmont dejaba en completa libertad a los interrogados y solo si no se llegaba a ningún resultado positivo intervenía con preguntas auxiliares[15]. Naturalmente, los dos métodos no son excluyentes uno del otro. F. Moreno Fernández (1990: 102), en su análisis de mensajes coloquiales en Quintanar de la Orden (Toledo), utilizó dos cuestionarios: uno de finales abiertos, para el estudio exploratorio, y otro de alternativas fijas, el definitivo.

---

[12] "La ventaja de trabajar con alternativas fijas está en que es más fácil dar a los materiales un tratamiento cuantitativo". F. Moreno Fernández (1990: 102).

[13] Además, Wood habla de la facilidad relativa en la búsqueda de la palabra por parte de la ortografía normal respecto a la transcripción fonética: "Any researcher can enter into a computer the conventionally spelled responses, using existing, unmodified keyboards such as may be found for simple personal computers. If, however, the text had been spelled in the symbols of the International Phonetic Alphabet in order to represent pronunciation, researchers would need to add symbols to their keyboard or go around its limitations." (*Ibíd.* p. 2).

[14] Veamos las indicaciones que dirige a los informantes: a) Subraye las palabras de las series dadas de uso corriente en su localidad (región). Añada y subraye los eventuales sinónimos empleados también corrientemente en su localidad (región). Numere los miembros de la serie por orden de frecuencia. b) No subraye los sinónimos cuyo sentido entiende, pero que no se emplean en su localidad (región). Añada, sin subrayar, otras palabras que se hallan en la misma situación. ¿Dónde sabe Ud. que se emplean? c) Tache los sinónimos desconocidos en su localidad (región). Las tres siguientes preguntas tienen el fin de establecer la distribución de los sinónimos. a) Indique si dos o más sinónimos de los subrayados son substituibles en todos los contextos y estilos. b) Indique los sinónimos subrayados que pueden substituirse solo en ciertos contextos y estilos. Precise cuáles son estos contextos y estilos. c) Haga otras observaciones concernientes a estos sinónimos (si hay palabras que son sinónimos solamente en ciertas combinaciones, otras que se emplearon en el pasado, etc.).

[15] Iorgu Iordan, *op. cit.* p. 260.

Respuestas alternativas

Como hemos visto, hay varias maneras de reunir los datos léxicos de variación. Todas son válidas pero no únicas ni perfectas. Por lo tanto lo ideal sería escoger una de ellas a la medida del propósito y de su posibilidad práctica; o combinarlas para sacar el mayor provecho. Nosotros hemos decidido recurrir en la primera etapa al uso de los materiales secundarios y al método de observación directa para realizar 'calas léxicas' de la variación. En esta etapa nos dedicamos a buscar la variación léxica registrada en los documentos o recogida en el campo. Si existe variación entre dos localidades cualesquiera, su concepto-objeto será candidato a la pregunta que hemos de formular para el estudio comparativo general. Por ejemplo, si entre España y México encontramos una diferencia léxica sobre el concepto de PISCINA (*piscina* y *alberca*, respectivamente), intentamos un estudio general de su variación entre todas las ciudades posibles.

Una vez reunida cierta cantidad de preguntas[16], redactamos un cuestionario exploratorio con el fin de reunir el mayor número posible de variantes. Estas se ordenan alfabéticamente dentro del mismo concepto y elaboramos de nuevo un cuestionario (definitivo) con los nombres alternativos que se elijan.

A la hora de realizar la encuesta, ofrecemos un cuestionario acompañado de formas obtenidas en los estudios anteriores, basándonos tanto en la bibliografía existente como en nuestras propias investigaciones. No se excluyen respuestas múltiples, es decir, el encuestado puede marcar todas las formas correspondientes. Este método, digamos 'inductivo', podrá causar dudas si se compara con los métodos utilizados en los estudios dialectológicos.

A024: SOCKS. Prenda de punto que recubre el pie.
(1) calcetas; (2) calcetines; (3) calcetines cortos; (4) medias; (5) soquetes.
Otro(s) _____ ; No sé.
Comentario:

Nuestro método contrasta con el método 'intensivo' adoptado por los dialectólogos, en el que un investigador se limita a preguntar la forma sin

---

[16] Para ser realizable en menos de una hora, que consideramos como tiempo límite para una encuesta por correspondencia, nos limitamos a unas 200 preguntas, aproximadamente.

ofrecer las respuestas alternativas. Ante un cuestionario sin respuestas alternativas, los encuestados no podrían contestar fácilmente lo que el investigador pregunta, sin saber lo que se intenta. Si ofrecemos, en cambio, con ante-
rioridad la lista de las formas, el sujeto se sentirá más seguro al elegir la
forma utilizada por él, e incluso se pondrá a pensar en más formas posibles
con la ayuda del paradigma presentado.

Ámbito conceptual

Nuestro sentido de 'concepto encuestado' puede ser más amplio, por no decir
'más vago'. En este punto diferimos también de los estudios lexicográficos,
en los que se precisan los semas y se aprecia el principio de no existencia de
sinónimos absolutos. Naturalmente, dos formas coexistentes no pueden ser
sinónimos absolutos. En nuestro ejemplo anterior, se observa la distribución
minoritaria de 'calcetas' y 'soquetes'. Ya que algunos encuestados han precisado su extensión semántica, no podemos considerar el primer término como
geosinónimo de 'calcetines' o de 'medias'[17].

Cada forma correspondiente al concepto objeto, constituye una unidad
independiente. La llamamos con el término de 'geolexon', compuesto de
concepto, lugar y forma. La relativizamos situándola en un campo semántico
extensivo para ver su relación con otras formas que se presentan como
correspondientes al mismo concepto.

La relación encuestador-encuestado no será nunca la de significado-
significante, a pesar de que el primero pregunta la forma que se le ocurre al
segundo con algunos estímulos semánticos. Es una especie de simulación de
la vida lingüística de la comunidad, pero no podemos esperar más que reacciones momentáneas de parte del encuestado. Por esta razón se observa tanta
variación en nuestros cuadros bidimensionales.

---

[17] Los comentarios de los encuestados: ES-MUR "*Calcetas*, si son largas hasta la rodi-
lla"; MX-MEX "*Calcetas*, si son para practicar ejercicios o deportes"; PE-ARE "*Calcetines*,
para hombres y 'medias' para mujeres"; AR-SJN "*Soquetes* son cortitos al tobillo".

Colaboración

El intento de formar una red internacional no es nuevo. Para las labores lexicográficas, los redactores cuentan con la colaboración de los lectores, de los dialectólogos, y de los usuarios mismos para las ediciones subsiguientes. Para el *OED* (*Oxford English Dictionary*), se reunieron cinco millones de fichas de citas enviadas por dos mil lectores de Inglaterra[18]. En el caso del español, la lengua multinacional por excelencia, en el año 1970, la misma Real Academia formó la Comisión Permanente de la Asociación de Academias de la Lengua Española para contar con la aportación de las Academias americanas para la elaboración del *Diccionario de la Lengua Española*[19].

Para las investigaciones científicas del léxico urbano, las primeras que merecen mención especial son, sin duda, las actividades del PILEI (Programa Interamericano de Lingüística y Enseñanza de Idioma). Es preciso recordar su importancia tanto en la recolección de materiales como en los estudios posteriores basados en ellos[20].

La geografía lingüística discrepa de este tipo de colaboración, puesto que, desde el principio, debe mantenerse la unicidad de los investigadores para garantizar la uniformidad de su descripción[21]. A pesar de todo, hubo un intento de pedir colaboración a los investigadores locales de toda Hispanoamérica para elaborar después un atlas lingüístico del vasto ámbito del español. Nos referimos al proyecto iniciado por T. Navarro Tomás, pero parece que el intento se quedó allí sin que se publicaran sus resultados.

En Hispanoamérica José Pedro Rona (de Uruguay) se dedicó a reflexionar sobre el método de estudio de la diferenciación geográfica del continente. Para evitar los defectos del cuestionario de Navarro Tomás, es decir "su

---

[18] De estos cinco millones de fichas, se incorporaron dos millones en el cuerpo del *Diccionario* de 411,825 entradas. T. McArthur (1986: cap. 15).

[19] Véase M. Alvar (1992).

[20] Véanse J. M. Lope Blanch (1977 y 1986).

[21] Al respecto, M. Alvar (1973: 149) dice: "Mi opinión, hoy, es favorable a la pluralidad, siempre y cuando no se llegue a la atomización del trabajo. Sin embargo, queda un importante motivo a considerar. La diversidad de exploradores no quiere decir que, dentro de una localidad, los dos o tres investigadores que puedan ir a ella se repartan el trabajo. Creo anticientífico y con resultado de valor muy dudoso el interrogar a sujetos distintos distintas partes del cuestionario. Entonces los yerros se multiplican demasiado: dualidad de sujetos, dualidad de transcriptores, preguntas diferentes...".

gran extensión y su gran complicación", que no permite la "idiosincrasia lati-
noamericana" que "no se presta fácilmente a largos interrogatorios", pensó en
la formulación de cuestionarios parciales, "que abarcaran un solo fenómeno,
o un grupo de pocos fenómenos, y también aquellos fenómenos secundarios o
colaterales que pueden considerarse como determinantes o explicativos del
primero, o concordantes con el mismo"[22]. Estamos convencidos de la factibi-
lidad de este método parcial, siempre y cuando se garantice la continuidad del
proyecto. Por otra parte, tendríamos que abandonar el deseo de mantener la
homogeneidad absoluta de los datos, puesto que las investigaciones se realizan en momentos distintos y, con mucha frecuencia, con sujetos diferentes.

1. 5. Proyecto Varilex

El proyecto más nuevo en esta línea será, actualmente, nuestro estudio de
Varilex (*Variación Léxica del Español en el Mundo*). En el mes de abril de
1993, nos atrevimos a lanzar un llamamiento para formar una red internacional de investigadores con el objetivo de estudiar la variación léxica del español urbano. En el *X Congreso de la Asociación de Lingüística y Filología de
América Latina* (ALFAL), el comité organizador nos ofreció la oportunidad
de manifestar nuestro proyecto de investigación. Allí explicamos nuestra
intención y el resultado de un estudio piloto.

Este proyecto nace del anhelo por conocer la situación actual del léxico español de todo el mundo. Como todos sabemos, el español es una lengua
multinacional, distribuida en una gran área del mundo y que se está desarro-
llando con todo dinamismo. Los problemas de espacio, —más de veinte países con sus capitales y grandes ciudades importantes— y tiempo —el constante cambio lingüístico y nacimientos de nuevos términos—, no podrían ser
solucionados por un solo investigador sin una buena comunicación exterior, y
en esta época, sin informatización. Dado que no existe un estudio exhaustivo
e informatizado del léxico urbano actual de las distintas regiones hispanohablantes, proponemos formar una red internacional de investigación, que tenga
los siguientes objetivos:

---

[22] José Pedro Rona (1958: 20). Y sigue: "El principio consiste en trabajar con un solo
aspecto dialectal, o unos pocos aspectos dialectales, a través de todo el Continente, en lugar de
considerar un hablar local en todos sus aspectos." (p. 21).

- Formar una red internacional de investigación sobre léxico español moderno-urbano. Los miembros *in situ* se comunican por correo o por fax. No se trata solo de elaborar un estudio sobre algún tema específico, sino buscar una forma de cooperación internacional de investigación lingüística.
- Reunir datos del español moderno (con especial atención a las variantes urbanas) para analizarlos con métodos multivariados y cartografiarlos en múltiples mapas de grandes ciudades hispanohablantes.
- Distribuir los datos obtenidos a todos los participantes de este proyecto. Los datos podrán ser usados por los participantes, sea individualmente, sea en equipo, en sus estudios y en sus publicaciones.
- Establecer el Centro del banco de datos en la Universidad de Tokio. Las cuestiones léxicas, al ser recibidas en el Centro y reunidas en cierta cantidad, serán distribuidas a todos los participantes. Una vez recogidos los materiales, el Centro se encargará de imprimirlos en forma de libretos y enviárselos a todos los miembros.

El deseo de los coordinadores del proyecto es crear un banco de datos léxicos que reúna materiales actualizados en todo momento. No se trata de hacer una obra lingüística con datos más o menos estables, sino formar un archivo de léxico distintivo del que podamos sacar informaciones útiles para cada investigador y ofrecer a los estudiosos interesados los datos que necesiten para realizar sus trabajos dialectológicos lexicográficos, lexicológicos, taxonómicos, históricos, etc., etc.

Colaboradores

Este proyecto tiene una característica muy peculiar: el mismo colaborador puede ser informante, observador, investigador, revisor de los datos y planificador de futuros estudios. Como informante tiene que rellenar cuestionarios enviados por el centro de investigación (Tokio). Debe contestar las preguntas léxicas en un corto plazo de acuerdo con las indicaciones expresadas en el formulario mismo. Para no cargar con mucho trabajo a los participantes, se trata de responder cada año a unas doscientas preguntas de contestación libre y a otras tantas de respuesta selectiva.

Si el colaborador tiene algún comentario sobre el uso de las palabras, se convierte momentáneamente en un observador y pone al margen sus apreciaciones sobre el uso de la palabra en cuestión. Todas ellas son muy útiles y se archivan en el inventario léxico central.

Cada año, los colaboradores reciben los resultados de la recolección de datos de los lugares investigados y los pueden usar individualmente o en colaboración con otros. Sería interesante que los colaboradores compararan nuestros materiales con los reunidos en otras investigaciones. Los aspectos de interés que surjan de esa comparación pueden ser compartidos y discutidos con otros colaboradores del proyecto.

Por último, el colaborador puede convertirse también en un planificador de futuros estudios, aportando nuevas palabras diferenciales, nuevos métodos e informes sobre el nacimiento de nuevos términos referentes a nuevas cosas o conceptos.

Todas estas informaciones se concentran en el Centro de Investigación Léxica de Tokio y desde allí se reparten a todos los colaboradores.

Encuestas

La investigación que estamos proponiendo tiene dos dimensiones básicas: la lingüística (unidades léxicas) y la geográfica (localidades). Ninguna de ellas es de carácter cerrado. Así, en nuestra primera aproximación hemos trabajado con 25 puntos de encuesta (Parcela A de nuestro gráfico), pero este número puede ampliarse de forma ilimitada (Parcela -B):

Localidades

	L-1 L-2 L-3 ... L-25	L-26 ... L-n
Palabras		
p-1		
p-2	Parcela -A	Parcela -B
p-3		
...		
p-219		

Del mismo modo, por el momento contamos con el análisis de 219 unidades léxicas, que serán recogidas también en aquellas ciudades que se vayan incorporando al proyecto. Pero esto no quiere decir que no se pueda ampliar el número de formas. De hecho nuestro modelo de investigación prevé la incorporación progresiva de nuevas unidades (Parcelas C y D):

Localidades

	L-1 L-2 L-3 ... L-25	L-26 ... L-n
Palabras		
p-1		
p-2	Parcela -A	Parcela -B
p-3		
...		
p-219		
p-220		
p-221	Parcela -C	Parcela -D
p-222		
...		
p-n		

La intención de este proyecto es dar el máximo de facilidades para aumentar tanto el número de puntos de encuesta como el número de unidades analizadas. Por ello puede haber investigadores que trabajen para recoger datos pertenecientes a la Parcela A y otros que centren su atención en las Parcelas B, C o D. Cada colaborador determina con el Centro de Investigación Léxica de Tokio cuáles son sus intereses, qué tipo de trabajo está dispuesto a asumir, qué clase de información puede aportar (Parcelas A, B, C, D del gráfico), etc. Las relaciones entre el Centro de Investigación Léxica y los colaboradores del proyecto quedan fijadas en forma de acuerdo de investigación.

Base de datos léxicos

Sabemos muy bien que ya disponemos de muchos estudios sobre el léxico español, procedentes en mayor parte de la dialectología y de la geografía lingüística. Esta realidad podría llevar a preguntarnos: ¿Para qué realizarlo de nuevo? ¿No va a ser un trabajo repetitivo? ¿Vale la pena de verdad? A estas preguntas, que nos parecen lógicas, contestaríamos que sí vale la pena, porque nuestro proyecto tiene unos valores científicos propios que podríamos resumir en dos puntos:

Primero. Hasta el presente, no se ha realizado ninguna investigación exhaustiva de las grandes ciudades, tanto capitales como provinciales del mundo hispanohablante. En esta época, en casi todas las grandes ciudades de todo el mundo se encuentra algún centro de investigación, en su mayoría, universidades, y la comunicación entre ellos es cada vez más fácil (por correo, por fax, y últimamente por correo electrónico). Como el BANCO no es propiedad de nadie en particular, sino que pertenece a todos los usuarios, siempre estará abierto para recibir las informaciones que aporten los colaboradores. Es cierto que nunca llegaremos a cubrir la totalidad del mundo hispánico, pero siempre tendremos unos datos, en forma provisional, sobre los que se pueden preparar investigaciones interesantes. Cuantas más ciudades queden incluidas en el proyecto, sobre todo si entre ellas hay cierta distancia geográfica, tanto mejor.

Segundo. Nuestro BANCO está siempre abierto para recibir de los colaboradores nuevos datos y para ofrecer a los interesados los datos reunidos hasta el momento. De esta manera, con una renovación continua, nuestros datos nunca quedarán anticuados, e incluso se podrán realizar estudios sobre los cambios del léxico a lo largo del tiempo.

Utilización de Internet

Varilex cuenta con las siguientes páginas WEB:

http://gamp.c.u-tokyo.ac.jp/~ueda/varilex
http://133.12.37.60
http://www.lenguaje.com/herramientas/Varilex/Varilex.asp

Prescindiendo de las explicaciones de las ventajas en la utilización general de la red Internet, que aparecen en los libros de informática[23], ahora enumeraremos el amplio abanico de posibilidades que nos ofrece su uso en la investigación dialectológica en equipos internacionales:

---

[23] Véanse por ejemplo: Carlos Esebbag Benchimol y Julián Martínez Valero, *Guía práctica para usuarios de Internet,* Madrid: Anaya, 1996 y Beatriz Parra Pérez, *Internet en España,* Madrid: Anaya, 1996. El primero es útil para conocer el manejo de Internet y el segundo nos ofrece gran número de recursos "actuales" de Internet en español.

- Se prepararán fácilmente los sucesivos cuestionarios. Pensando en lo voluminosa que resulta la cantidad de preguntas, sería ideal dividirlas en varias etapas de investigación. Creemos conveniente que en cada cuestionario no aparezcan más de veinte preguntas.

- Se enviarán los resultados de encuestas casi instantáneamente por la red, lo que garantiza no solamente el ahorro de gasto y tiempo, sino también la seguridad misma de la llegada.

- Se efectuarán rápidamente los análisis de los datos reunidos. Nos enviarán los datos locales por medio de encuestas electrónicas, lo cual nos facilitará mucho el trabajo de codificación a la hora de preparar la base de datos.

- Se presentarán continuamente los resultados de análisis renovados y ampliados. Los resultados serán siempre provisionales, ya que en cada momento se irán modificando con aportaciones de datos nuevos. Cada mes, o, si es posible cada semana, realizaremos los microanálisis y macroanálisis dialectales para ofrecer una imagen global del mundo lingüístico hispánico.

- Se corregirán inmediatamente los posibles errores. Errores que pueden darse tanto por parte de los encuestadores (en su forma de preguntar) como por parte de los encuestados (en su forma de contestar). La cuestión no es evitarlos sino corregirlos. Con la ayuda de nuestros colaboradores, iremos corrigiendo cada vez que recibamos sus opiniones en el Forum Lingüístico que abriremos en alguna página de nuestro hipertexto.

- Se ofrecerán adecuadamente los datos dialectales. Los datos originales, los datos tridimensionales, los resultados de análisis e incluso los artículos y bibliografías se almacenarán en ficheros transferibles. Por medio de FTP anónimo[24], los usuarios conseguirán fácilmente nuestros datos almacenados.

- Se abrirán nuevas visiones de investigación. Aquí, una vez abiertos todos los datos de nuestra investigación, pueden participar los teóricos de la lingüística o de otras disciplinas. Ellos nos aportarán sus observaciones, críticas, referencias, resultados comparables y nuevas técnicas de investigación. Gracias a esto, nuestra investigación será corroborada adecuadamente.

- Se formará un nuevo equipo de investigadores en un ambiente de amistad y compañerismo, ya que todos nos movemos con el mismo interés: el deseo de saber más. La red recorre todos los países sin tener en cuenta fronteras ni distinciones de ninguna índole, de modo que está abierta a todos los interesados. Este hecho contribuirá a cambiar en gran medida la visión del mundo académico que se abrirá cada vez más sin prejuicios ni secretismos. Internet es de todos, por todos y para todos nosotros.

---

[24] Véase Esebbag Benchimol *et al.* (*op. cit.*), pág. 101.

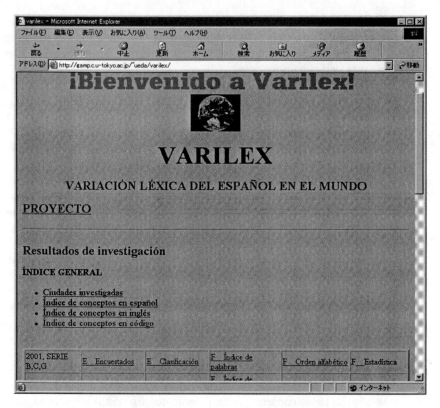

http://gamp.c.u-tokyo.ac.jp/~ueda/varilex

Estado actual y prospectivas

En esta sección, presentaremos el estado actual de nuestro proyecto de investigación Varilex (Variación Léxica del Español en el Mundo). Lo consideramos oportuno, ya que han transcurrido nueve años desde su nacimiento en Veracruz (México, 1993). Al mismo tiempo aprovecharemos la ocasión para contestar a algunas dudas respecto a las ideas del Proyecto.

Hasta el presente hemos realizado siete encuestas (A, B, C, D, E, F y G) referentes a 749 conceptos, en 61 ciudades hispanohablantes. En la actualidad, 2001, estamos realizando la encuesta H, correspondiente a la variación morfosintáctica (176 conceptos):

Encuestas anuales

Año	Encuesta	Ciudades	Conceptos	Publicación
1994	A	44	152	Varilex 3
1995	B	39	163	Varilex 4
1996	C	38	193	Varilex 5
1997	D	45	199	Varilex 6
1998	E	44	41	Varilex 7
1999	F	61	187	Varilex 8
2000	G	35	13	Varilex 9

El proyecto marcha continuamente, avanzando tanto en el número de ciudades investigadas como en el de conceptos de léxico variable. Nuestros objetivos inmediatos son los siguientes:

- Establecer más contactos con las ciudades importantes del continente americano y Filipinas. Los países representados hasta el momento solo por una ciudad los deberíamos estudiar por lo menos con un punto más de investigación. Son El Salvador, Costa Rica, Panamá, Bolivia, Paraguay y Uruguay. En Filipinas todavía no nos hemos contactado con ningún investigador.
- Estudiar más conceptos para llegar a la cantidad de 2.000.
- Elaborar páginas interactivas en internet de modo que el investigador pueda ir acumulando y corrigiendo los datos. Esto nos ayudará a establecer más contactos y, al mismo tiempo, publicar simultáneamente los resultados de investigación en tiempo real.

Con todo lo expuesto hasta aquí, creemos haber presentado unos conceptos nuevos de investigación lingüística: crear un archivo libre, abierto, relacional, flexible con renovación continua. El proyecto nace de la necesidad de seguir el ritmo acelerado de los cambios lingüísticos, tanto diacrónicos como diatópicos, y hacer una aportación para el desarrollo de la metodología lingüística en alguna de sus ramas.

Proponemos poner en marcha un método de investigación flexible y eficaz. La investigación lingüística actual necesita proyectos de alcance nacional e internacional y mucho más cuando se trata de estudiar una lengua con la proyección que tiene el español. Sin una colaboración internacional poco se podrá avanzar. Por otro lado, un proyecto como el que ahora presentamos nace con la finalidad de ser útil a todos los que tienen algún interés por los hechos lingüísticos. El proyecto y los materiales que genere serán obra de todos los que colaboren y todos han de beneficiarse de las ventajas que el trabajo en equipo puede ofrecer. Hacemos una invitación a todos los lingüistas para que colaboren en esta empresa. Las puertas del proyecto están abiertas.

II. MICROANÁLISIS - CONCEPTOS

En este capítulo, presentamos algunos resultados obtenidos durante los últimos años en nuestro Proyecto Varilex. Primero explicamos la manera de analizar un concepto determinado, concretamente JACKET basándonos en los estudios anteriores y en los datos recogidos por nosotros. La sección 2.2 se dedica a extender un ámbito de concepto más amplio, concretamente el de transporte y viaje. Finalmente en la sección 2.3, reflexionaremos sobre el problema de la norma para ofrecer nuestra solución basada en criterios demolingüísticos.

2.1. Análisis por países: JACKET[25]

En la descripción geográfica de la distribución de las voces, utilizaremos los nombres de los países, en vez de los de las ciudades para ofrecer una imagen general de los hechos, con lo cual no pretendemos generalizar las peculiaridades de cada ciudad ni de cada individuo. Por ejemplo, "México" no debe ser interpretado como todo el territorio nacional, sino simplemente las respuestas dadas por nuestros encuestados y otras fuentes bibliográficas concernientes al país.

Los principios en que nos basamos para comprobar las voces tienen las características siguientes:

- Siempre partiremos de los resultados de nuestra encuesta, llevada a cabo por el equipo Varilex. Consideraremos los datos de Varilex como la base principal. Esto no quiere decir que no estimemos los resultados de estudios anteriores. Los tomaremos en cuenta si se confirma la identidad de los objetos investigados, y las respuestas concretas serán sacadas a colación con un examen lo más cuidadoso posible.
- Para admitir la existencia segura de la voz en cuestión, debe haber más de dos registros en la tabla de distribución. Una sola palabra aislada (la llamaremos *hápax*[26]) puede ser un registro de uso personal o excepcional sin importancia,

---

[25] La versión de esta sección está basada en H. Ueda (1996a).

[26] *Hapax legomenon* (griego. 'lo dicho una vez') o sea 'palabra o frase que se ha registrado solo una vez en un documento'. Según el *Diccionario* de la Real Academia, significa "tecnicismo empleado en lexicografía o en trabajos de crítica textual para indicar que una voz

o puede tratarse de un simple error. En realidad, tanto en nuestra encuesta como en otras investigaciones, se encuentran numerosos registros incontrolables, la mayoría de los cuales son *hápax*. Dos registros en boca de dos personas distintas ya son considerables, puesto que es difícil suponer la pura coincidencia en dos casos de forma y significado, teóricamente en relación arbitraria. Desde luego, cuantos más registros hallemos, más confianza nos dará para admitir la forma en cuestión en una determinada localidad.

• Un *hápax*, comprobado por otras fuentes bibliográficas (diccionarios con documentación, atlas lingüísticos, monografías dialectales, etc.), puede aparecer como voz segura para figurar en la descripción definitiva.

• Si existe una fuente de información considerable y fidedigna, pondremos una marca especial, la cual puede figurar excepcionalmente como dato en nuestro inventario final de distribución.

Ya que nuestra encuesta es de tipo de selección, es decir, se basa en una lista ofrecida de antemano, puede haber respuestas inducidas. Y es posible que no figuren las palabras importantes, a pesar de que hemos ofrecido una casilla libre para "otras palabras". Si varias fuentes de información coinciden y hay razones para admitir las formas en nuestro cuadro de conclusión, no negaremos su entrada por la sencilla razón de que no hayan aparecido en nuestra encuesta. De todos modos, nos conviene examinarlas con mucha cautela.

Para este fin sacamos a colación los últimos resultados de las investigaciones de campo y de los trabajos de documentación. Como puede haber cierta discrepancia entre los estudios anteriores, lo cual es causa de problemas a la hora de registrar las formas como auténticas, seguiremos principalmente a nuestros datos ya que, obviamente, son los que mejor conocemos. En cuanto a los registros más importantes que no han aparecido en nuestra encuesta, los trataremos aparte con la etiqueta de 'otras voces documentadas', para que nos sirvan de referencia en futuras investigaciones.

En estos tres principios se fundamenta el registro definitivo de las formas, desde el punto de vista distribucional[27]. Por otra parte, creemos oportuno tomar en cuenta dos criterios de carácter lingüístico: uno concerniente a la

---

se ha registrado una sola vez en una lengua, en un autor o en un texto". Lo aplicaremos en este estudio a los casos de encuestas dialectales.

[27] Hemos considerado otro principio, pero finalmente no lo hemos adoptado: Un *hápax*, apoyado por otros registros de la misma palabra en localidades contiguas, podría figurar también como voz segura. Esto sería justificable por suponer que, si un indicio de una palabra está corroborado por varios registros en localidades cercanas, la falta de otros registros de

forma (criterio morfológico-formal) y el otro, al contenido (criterio semánti-co-referencial). Nuestro interés en este estudio es la variación léxica. Por lo tanto, no entramos en las distintas realizaciones fonéticas como *chompa* y *chumpa*, *vincha* y *huincha*, etc.[28] Lo mismo puede decirse de los cambios ortográficos, sobre todo en los casos de extranjerismos: *pulóver* y *pullover*, *suéter* y *sweater*, *chandal* y *chandail*, etc. Todas estas variantes se agrupan en una forma representativa.

Por otra parte, los cambios de género (*la radio* y *el radio*; *la sartén* y *el sartén*), de sufijo (*computador* y *computadora*; *mesita* y *mesilla*), de abre-viación (*televisión* y *tele*), etc. son considerados como constituyentes de variación léxica.

En cuanto al criterio semántico, pensamos aplicarlo a los casos en que la información documental niegue la correspondencia semántica de determi-nadas lexías. Por ejemplo, en nuestro dato núm. 135, tenemos un *hápax*, *buzo*, en Uruguay como correspondiente a *chándal* de España. Tenemos, por otra parte, un registro de la misma palabra en Ursula Kühl de Mones (1993), lo que acreditaría su registro definitivo en nuestro inventario, si coincidiera la acepción. En realidad, *buzo* en Uruguay es "prenda de vestir, generalmen-te de lana, cerrada y de mangas largas, que cubre la parte superior del cuer-po", o sea, correspondiente a *jersey* en España. Por lo tanto, a pesar de la existencia de un *hápax* en nuestra encuesta, y de la correspondencia formal con el otro dato, no figurará como registro definitivo de nuestro inventario final[29].

El resultado de nuestra encuesta se presenta en cuadros de distribución. Está representada en dos dimensiones: en el eje horizontal se colocan los

la misma voz podría ser suplida por unas encuestas más intensivas. Sin embargo, aunque la misma suposición sea válida en la geografía lingüística que investiga una región como una totalidad, no es aplicable a nuestras localidades (ciudades), que no forman un área, sino que se relacionan entre sí por líneas. De modo que desde el principio respetamos más su indepen-dencia que su contigüidad y, por lo tanto, decidimos abandonar el principio mencionado arri-ba, salvo cuando haya otras razones considerables.

[28] Sin embargo, algún cambio fonético que consideramos importante, como por ejem-plo, *pijama*, *piyama* y *payama*, lo vamos a considerar tema de variación.

[29] La expresión 'inventario final' no quiere decir que no se admita ninguna modifica-ción posterior. Todos los datos, tanto brutos como elaborados, relativizados, e incluso confir-mados, son provisionales y deben ser tratados con flexibilidad. Cada vez que recibamos infor-mes de alguna localidad o documentos de otros investigadores, tendremos que cotejarlos con nuestros datos provisionalmente 'confirmados'.

códigos de las ciudades investigadas; y, en la columna vertical están las formas de denominación geosinonímicas aparecidas en la encuesta. El concepto utilizado para preguntar a los encuestados es 'prenda de vestir masculina, que forma con el chaleco y los pantalones el traje completo' (No es de paño con botones dorados).

Como se advierte fácilmente en nuestra tabla de distribución, la elección de la forma en una localidad determinada no es uniforme sino que representa una pluralidad de formas coexistentes. Este aspecto se observa también en los resultados de encuestas de las hablas cultas de diez ciudades investigadas hasta la fecha[30].

- Madrid: *chaqueta* [14]; *americana* [10]; *saco* [1].
- Granada: *americana* [10]; *chaquetón* [10]; *chaqueta* [2]; *blusón* [2]; *"cardigan"* [1].
- Las palmas de Gran Canaria: *chaqueta* [12]; *americana* [5]; *saco* [2]; *blazer* [2].
- México: *saco* [20]; *saco "sport"* [2]; *chaqueta* [2]; *chamarra* [1]; *"blazer"* [1].
- San Juan: *gabán* [11].
- Bogotá: *saco* [18]; *chaqueta* [4]; *suéter* [4]; *saco de lana* [2]; *blazer* [1]; *buzo* [1]; *pullover* [1].
- Caracas: *paltó* [11]; *saco* [8].
- La Paz: *saco* [7]; *paletón* [6]; *chaqueta* [3]; *combinado* [2]; *americana* [1], *bleizer* [1], *traje combinado* [1]; *vestón* [1].
- Santiago de Chile: *chaqueta* [12]; *vestón* [9]; *paletó* [2]; *saco* [2]; *paltó* [1].
- Buenos Aires: *saco* [12].

Apoyados en la geografía lingüística, contamos con los datos siguientes, que afirman la alternancia de *americana* y *chaqueta* en España, y el uso de *saco* en Colombia:

- ALEANR (M. Alvar, 1979-80), VIII. Lámina 1257. La *americana* recibe el nombre de *chaqueta* en todo el dominio. Con *chaqueta* alternan *americana* (Lo500, Na205, 206; Z305, 400) y *mericana* (Na502; Hu302). Antiguamente se usó la *chupa* (Hu200; Te205).

---

[30] Nos referimos al artículo 695. *Cf.* J. C. Torres y A. Quilis (1981), F. Salvador Salvador (1991), J. M. Lope Blanch (1978), H. López Morales (1986), H. Otáola de Fernández (dir.) (1997), M. Sedano y Z. Pérez (1998), J. Samper Padilla (1998), J. Mendoza (1996), A. Rabanales y L. Contreras (1987) y Academia Argentina de Letras (1998).

- ALEICan (M. Alvar 1975-78). III. (AMERICANA: Señalaba a la prenda.) Hi2 Valverde *chaqueta*; Lp20 Santa Cruz de la Palma *americana*; Go4 San Sebastián de la Gomera *chaqueta, americana*; Tf21 Santa Cruz de Tenerife *americana*; GC2 Las Palmas de Gran Canaria *chaqueta, americana*; Fv20 Puerto del Rosario *chaqueta*; Lz4 Arrecife *chaqueta*.
- ALEC (Florez, 1981-83). IV.6 (CHAQUETA: fr. 'veste', ingl. 'coat'.) NS41 Cúcuta *saco*; Cu34 Bogotá *saco, chaqueta*; V3 Buenaventura *saco*.

Como entre los 43 objetos investigados por N. Marrone (1974) figura uno cuyo nombre inglés es '(man's) jacket' (Núm. 34), lo compararemos con nuestro resultado:

- AR. *saco*; BO. *saco, chamarra, saco sport, paletó*; CO. *chaqueta*; CR. *jacket*; CU. *saco, chaqueta*; CH. *vestón, chaqueta*; EC. *chaqueta, saco, chompa con cierre*; EL. *saco, chaqueta*; ES. *chaqueta, americana*; GU. *chumpa, saco*; HO. *chumpa*; MX. *saco*; NI. *chaqueta*; PN. *saco*; PA. *saco, chaqueta*; PE. *saco, saco esport*; PR. *jacket, gabán de salir*; RD. *gabán de salir*; UR. *saco*; VE. *paltó*.

Se observan básicamente dos tipos de variantes: las mayoritarias con más de 17 apariciones (*americana, chaqueta, saco*) y las minoritarias (menos de 9: *blazer, capa, chaleco, gabán, vestón*). Suele afirmarse que *saco* es un americanismo frente a *chaqueta* de España[31]. Los diccionarios de ámbito nacional, como de Colombia (Haensch y Werner, 1993; Di Filippo, 1983), de Uruguay (Kühl de Mones, *op. cit.*, s.v.) o de Argentina (Chuchuy y Hlavacka de Bouzo, 1993) documentan la misma palabra contrastándola con *chaqueta* (y, en el primer autor, con *americana*) de España. Los datos bibliográficos de Hediger (1977, s.v. *saco*) confirman el uso de *saco* en las obras literarias de los autores de México, Guatemala, Cuba, Colombia, Uruguay y Argentina.

De *chaqueta*, considerada como forma de España, Moreno de Alba (1992) agrega nuevos datos observados en algunas capitales hispanoamericanas[32]: "En Madrid (y en San Juan, Caracas, Quito, Santiago) se prefiere

---

[31] El *Diccionario* de la Real Academia (21a ed.) expone "saco: *Can.* y *Amér.* Chaqueta, americana." (s. v. *saco*). Charles E. Kany (1962: 6) coloca *saco* en la columna de "preferencia hispanoamericana en varios países" frente a *americana* de España. Según J. Corominas y J. A. Pascual (1980-91: s. v. *saco*), *saco*, como nombre de 'prenda de vestir', ya es antiguo, puesto que la primera documentación es de 1351. El autor, por otra parte, rechaza una etimología diferente de la de *saco* 'recipiente', como lat. SAGUS (>*sayo*).

[32] *Chaqueta* se usa también en Nuevo México, según R. Cobos (1983, s. v.).

chaqueta. En la mayor parte de las capitales americanas se emplea la voz *saco.*"[33]

De nuestra parte, proponemos añadir la peculiaridad de las dos voces de Puerto Rico y de Chile: *gabán* y *vestón,* respectivamente, también comprobadas en los datos de Marrone citados arriba. Malaret (1967) incluye *gabán* en su *Vocabulario de Puerto Rico* con la acepción de "saco, americana o chaqueta"[34]. Efectivamente en la isla hemos registrado cuatro respuestas (tres en San Juan y una en Mayagüez) en coexistencia con *chaqueta* y *saco.* La existencia de *vestón* en Chile como geosinónimo de *saco* o *chaqueta* está asegurada tanto en los documentos publicados[35] como en las encuestas de habla culta (9 veces). Otras voces como *blazer, capa* y *chaleco* deberían ser tratadas con cuidado, puesto que las dos primeras pueden ser de otra referencia diferente ('traje de paño con botones dorados'[36] y 'prenda de vestir larga, por lo común sin mangas', respectivamente) y la última, *capa,* por ser de distribución geográfica muy limitada (dos personas de Tetuán, Marruecos).

La variante *americana* se registra principalmente en el área de la Península, siempre coexistente con *chaqueta.* La forma *paltó* registrado en Venezuela por Marrone y en Santiago de Chile por Rabanales (*Léxico de habla culta*) es un galicismo (<'paletot') difundido en Hispanoamérica. Según Kany (*op. cit.*, 149) significa 'abrigo' pero no aparece en nuestros datos.

Basándonos en los materiales anteriormente expuestos, podríamos concluir, de modo provisional, que el término general es *chaqueta*, al que se añade *americana* como variante alternativa en España; y *saco* como una voz predominantemente americana (excepto Chile). Por otra parte, *gabán* y *vestón* son peculiares de dos países, Puerto Rico[37] y Chile, respectivamente. En

---

[33] En su nota expone las respuestas aisladas: *buzo* (San José), *gabán* (San Juan), *paltó* (Caracas), *blázer* (La Paz). (p. 111).

[34] También lo documenta Charles E. Kany (1962: 23).

[35] B. Steel (1990), desde la perspectiva panamericana, explica lo siguiente: "vestón FR [procedente del francés], Ch [Chile] = *chaqueta, americana* ('jacket; coat')". F. Morales Pettorino (1984-87, s. v. *vestón*) lo registra junto con su derivado *vestonero.*

[36] *Blazer* es "anglicismo poco usado" en Ciudad de México, según Juan M. Lope Blanch (1972: 197). M. Alvar Ezquerra (1994, s. v.) registra *blazer* en la prensa de España.

[37] *Cf.* Augusto Malaret (1967, s. v. *gabán).*

el cuadro siguiente exponemos la distribución por países de las variantes estudiadas:

Cuadro 2.1.a. JACKET

	ES	MX	GU	EL	CR	PN	CU	RD	PR	EC	CO	VE	PE	BO	PA	UR	CH	AR
1 *americana*	#X	?	-	-	-	-	-	-	-	-	-	-	?	-	-	-	-	-
=2 *blazer*	-	-	-	-	-	X	?	-	X	-	-	-	-	-	X	-	?	?
4 *chaqueta*	#X	+-	-	+?	?	-	+X	?	+X	#?	+X	+X	-	-	+?	-	#X	?
5 *chaleco*	-	-	-	-	-	X	-	-	-	-	-	-	-	-	-	-	-	-
6 *gabán*	-	-	-	-	-	-	-	+-	#X	-	-	-	-	-	-	-	-	-
7 *saco*	-	#X	#X	+?	X	+X	#X	X	X	+-	+?	X	X	+X	+X	#X	-	#X
8 *vestón*	-	-	-	-	-	-	-	-	-	-	-	-	-	-	-	-	#X	-

Los signos utilizados en la tabla de distribución son los siguientes:

- X ... Más de dos registros en nuestra encuesta (equipo Varilex).
- ? ... *Hápax.*
- + ... Existencia de documentos anteriores.
- # ... Documento anterior, fuertemente considerable.
- -... Vacío (significa que no existe la voz en la localidad correspondiente, con muy pocas excepciones.)
- = ... Exclusión.

A partir de este cuadro, elaboraremos la distribución definitiva siguiendo los criterios mencionados al principio de este capítulo, por los cuales todas las casillas con siglas del país son consideradas como registros seguros y la combinación de la interrogación (?) y más (+) se convierte también en registro definitivo, mientras que la interrogación (?) aislada se borra, de momento, por no ser más que un *hápax* sin importancia. El signo "#" por sí solo se convierte en un registro final por respetar los estudios anteriores. Conforme al criterio semántico, se deja de lado la palabra *blazer*, por tratarse de un objeto distinto:

Cuadro 2.1.b. JACKET

```
1 americana   ES - - - - - - - - - - - - - - -
2 chaqueta    ES - - EL - - CU - PR EC CO VE - - PA - CH -
3 chaleco     - - - - - - CU - - - - - - - - - -
4 gabán       - - - - - - - - PR - - - - - - - -
5 saco        - MX GU EL CR PN CU RD PR - CO VE PE BO PA UR - AR
6 vestón      - - - - - - - - - - - - - - - - CH -
```

Los *hápax* de El Salvador (*chaqueta* y *saco*), Ecuador (*chaqueta*) y Paraguay (*chaqueta*) han sido corroborados por los datos ofrecidos por Marrone (art. cit.). El ALEC, por otro lado, ha salvado *saco* para Colombia.

Otras voces documentadas: *chaquetón* (Granada), *blusón* (id.), *chamarra* (Ciudad de México, Bolivia), *paletó* (Bolivia, Santiago de Chile), *saco "sport"* (Ciudad de México, Perú, Bolivia), *jacket* (Costa Rica, Puerto Rico), *cho[u]mpa* (Guatemala, Honduras).

2.2. Léxico de transporte[38]

A continuación, ofrecemos una parte de los resultados de las últimas investigaciones. Para los objetos tratados en esta sección, contamos con una amplia investigación realizada por Antonio Quilis (1982), complementada posteriormente en la parte argentina por Ofelia Kovacci (1988). El identificador A seguido del número de concepto es de nuestro proyecto Varilex. En cada localidad, hemos preguntado a cuatro informantes. Las reacciones positivas han sido consideradas como seguras cuando han coincidido más de dos personas, excluyéndose el caso de *hápax* (un solo dato)[39].

---

[38] La versión de esta sección está basada en H. Ueda (2000).

[39] Las abreviaturas de las ciudades: ES-COR: La Coruña, ESPAÑA; ES-SCO Santiago de Compostela, ESPAÑA; ES-OVI Oviedo, ESPAÑA; ES-STD Santander, ESPAÑA; ES-ZAR Zaragoza, ESPAÑA; ES-BAR Barcelona, ESPAÑA; ES-GDL Guadalajara, ESPAÑA; ES-MAD Madrid, ESPAÑA; ES-VAL Valencia, ESPAÑA; ES-GRA Granada, ESPAÑA; ES-MLG Málaga, ESPAÑA; ES-ALM Almería, ESPAÑA; ES-MUR Murcia, ESPAÑA; ES-TEN

A142. STEERING WHEEL: Pieza redonda manejada para orientar el movimiento de las ruedas.

dirección CR-SJO EC-QUI.

guía RD-STI RD-SDO PR-SJU PR-DOR PR-MAY MX-MRD.

manivela CR-SJO.

manubrio CH-ARI CH-SCH CH-CON.

timón CU-HAB CU-SCU EU-NVO GU-GUA EL-SSV HO-TEG HO-NAC NI-LEO NI-MAN PN-PAN CO-BOG PE-LIM PE-ARE.

volante ES-COR ES-SCO ES-OVI ES-STD ES-ZAR ES-BAR ES-GDL ES-MAD ES-VAL ES-GRA ES-MLG ES-ALM ES-MUR ES-TEN ES-PAL ES-SLM GE-MAL CU-HAB RD-STI PR-SJU MX-MON MX-AGS MX-MEX MX-MRD EL-SSV HO-TEG NI-LEO NI-MAN CR-SJO PN-PAN CO-MED VE-CAR VE-MER EC-QUI BO-PAZ CH-ARI CH-CON CH-TEM PA-ASU UR-MTV AR-SAL AR-SJN AR-BUE.

A143. NUMBER PLATE: Placa visible con el número de registro oficial.

chapa CU-HAB CU-SCU PA-ASU AR-SJN AR-BUE.

matrícula ES-COR ES-SCO ES-OVI ES-STD ES-ZAR ES-BAR ES-GDL ES-MAD ES-VAL ES-GRA ES-MLG ES-ALM ES-MUR ES-TEN ES-PAL ES-SLM GE-MAL EL-SSV HO-NAC PN-PAN.

patente CH-ARI CH-SCH CH-CON CH-TEM AR-SAL AR-SJN AR-BUE.

Santa Cruz de Tenerife, ESPAÑA; ES-PAL Las Palmas de Gran Canaria, ESPAÑA; ES-SLM Salamanca, ESPAÑA; GE-MAL Malabo, GUINEA ECUATORIAL; CU-HAB La Habana, CUBA; CU-SCU Santiago de Cuba, CUBA; RD-STI Santiago, REPÚBLICA DOMINICANA; RD-SDO Santo Domingo, REPÚBLICA. DOMINICANA; PR-SJU San Juan, PUERTO RICO; PR-DOR Dorado, PUERTO RICO; PR-MAY Mayagüez, PUERTO RICO; EU-NVO Nuevo Orleans, ESTADOS UNIDOS; MX-MON Monterrey, MÉXICO; MX-AGS Aguas Calientes, MÉXICO; MX-MEX Ciudad de México, MÉXICO; MX-MRD Mérida, MÉXICO; GU-GUA Guatemala, GUATEMALA; EL-SSV San Salvador, EL SALVADOR; HO-TEG Tegucigalpa, HONDURAS; HO-NAC Nacaome, HONDURAS; NI-LEO León, NICARAGUA; NI-MAN Managua, NICARAGUA; CR-LMN Puerto Limón, COSTA RICA; CR-SJO San José, COSTA RICA; PN-PAN Panamá, PANAMÁ; CO-MED Medellín, COLOMBIA; CO-BOG Santafé de Bogotá, COLOMBIA; VE-CAR Caracas, VENEZUELA; VE-MER Mérida, VENEZUELA; EC-QUI Quito, ECUADOR; PE-LIM Lima, PERÚ; PE-ARE Arequipa, PERÚ; BO-PAZ La Paz, BOLIVIA; CH-ARI Arica, CHILE; CH-SCH Santiago, CHILE; CH-CON Concepción, CHILE; CH-TEM Temuco, CHILE; PA-ASU Asunción, PARAGUAY; UR-MTV Montevideo, URUGUAY; AR-SAL Salta, ARGENTINA; AR-SJN San Juan, ARGENTINA; AR-BUE Buenos Aires, ARGENTINA.

placa GE-MAL RD-STI RD-SDO EU-NVO MX-MON MX-AGS MX-MEX MX-MRD GU-GUA EL-SSV HO-TEG HO-NAC NI-LEO NI-MAN CR-LMN CR-SJO PN-PAN CO-MED CO-BOG VE-CAR VE-MER EC-QUI PE-LIM PE-ARE BO-PAZ.
tablilla PR-SJU PR-DOR PR-MAY.

A145. HEADLIGHT: Luces delanteras de un automóvil.
farolas CO-MED CO-BOG.
faros ES-COR ES-SCO ES-STD ES-ZAR ES-BAR ES-GDL ES-MAD ES-VAL ES-GRA ES-MLG ES-ALM ES-MUR ES-TEN ES-PAL ES-SLM GE-MAL PR-MAY MX-MON MX-MEX MX-MRD VE-CAR VE-MER EC-QUI PE-LIM PA-ASU UR-MTV AR-SAL AR-SJN AR-BUE.
faros delanteros ES-COR ES-OVI ES-STD ES-GRA ES-MLG ES-ALM GE-MAL CU-HAB MX-AGS MX-MRD EL-SSV PE-LIM PE-ARE PA-ASU.
focos CU-HAB CU-SCU RD-SDO PR-SJU PR-DOR MX-MON GU-GUA HO-TEG HO-NAC NI-LEO NI-MAN CR-SJO PN-PAN CH-ARI CH-SCH CH-CON CH-TEM.
luces ES-VAL ES-PAL CU-HAB CU-SCU RD-STI PR-DOR MX-MON MX-MRD GU-GUA HO-TEG NI-MAN CR-SJO PN-PAN AR-SAL AR-BUE.

A146. WINDSREEN: Cristal de la parte anterior del automóvil que defiende del viento a los pasajeros.
cristal ES-TEN.
cristal delantero ES-VAL ES-ALM ES-PAL CU-SCU PR-SJU PR-DOR PR-MAY HO-TEG.
luna delantera ES-OVI ES-GRA ES-ALM ES-SLM.
panorámico MX-MRD CO-BOG.
parabrisa ES-MAD GE-MAL CU-HAB EU-NVO NI-MAN PN-PAN VE-MER BO-PAZ CH-TEM PA-ASU UR-MTV AR-SJN.
parabrisas ES-COR ES-SCO ES-OVI ES-STD ES-ZAR ES-BAR ES-GDL ES-MAD ES-VAL ES-GRA ES-MLG ES-ALM ES-MUR ES-PAL ES-SLM CU-SCU EU-NVO MX-MON MX-AGS MX-MEX MX-MRD EL-SSV CR-LMN CR-SJO PN-PAN CO-MED VE-CAR EC-QUI PE-LIM PE-ARE BO-PAZ CH-ARI CH-SCH CH-CON CH-TEM PA-ASU UR-MTV AR-SAL AR-SJN AR-BUE.

vidrio RD-STI RD-SDO NI-LEO.
vidrio delantero RD-STI MX-MON HO-NAC NI-LEO NI-MAN CO-BOG.
windshield PN-PAN.

A147. BONNET: Tapa que cubre el mecanismo de un automóvil.
bonete RD-STI RD-SDO PR-SJU PR-DOR PR-MAY.
capó ES-COR ES-SCO ES-OVI ES-STD ES-ZAR ES-BAR ES-GDL ES-MAD ES-VAL ES-GRA ES-MLG ES-ALM ES-MUR ES-TEN ES-PAL ES-SLM GE-MAL CU-HAB CU-SCU GU-GUA EL-SSV CO-MED CO-BOG VE-CAR VE-MER EC-QUI PE-LIM CH-ARI CH-SCH CH-CON CH-TEM PA-ASU UR-MTV AR-SAL AR-SJN AR-BUE.
capota RD-STI PR-MAY EL-SSV BO-PAZ.
cofre MX-MON MX-AGS MX-MEX MX-MRD.
tapa NI-LEO NI-MAN PN-PAN CO-MED.
tapa del motor EU-NVO HO-NAC NI-LEO NI-MAN CR-LMN CR-SJO PN-PAN PE-ARE PA-ASU.

A152. TRUNK: Lugar en el coche destinado a colocar el equipaje.
baúl CU-HAB RD-STI RD-SDO PR-SJU PR-DOR PR-MAY EU-NVO GU-GUA EL-SSV HO-TEG PN-PAN CO-MED CO-BOG EC-QUI UR-MTV AR-SAL AR-SJN AR-BUE.
cajuela MX-MON MX-AGS MX-MEX MX-MRD HO-NAC NI-MAN CR-SJO EC-QUI.
joroba CR-SJO.
maleta CO-MED VE-CAR VE-MER CH-SCH.
maletera PE-LIM PE-ARE BO-PAZ CH-ARI.
maletero ES-COR ES-SCO ES-OVI ES-STD ES-ZAR ES-BAR ES-GDL ES-MAD ES-VAL ES-GRA ES-MLG ES-ALM ES-MUR ES-TEN ES-PAL ES-SLM GE-MAL CU-HAB CU-SCU CR-LMN CR-SJO PN-PAN CH-TEM.
portaequipajes GE-MAL CH-CON AR-BUE.
valija HO-TEG HO-NAC.
portamaletas CH-CON.
portabultos ES-PAL.

A154. FENDER: Pieza que lleva un automóvil para evitar las salpicaduras de agua o barro de las ruedas.

guardabarro ES-MAD GE-MAL PR-MAY CR-SJO CO-MED CO-BOG BO-PAZ PA-ASU AR-SAL AR-SJN AR-BUE.

guardabarros ES-COR ES-SCO ES-OVI ES-STD ES-ZAR ES-BAR ES-GDL ES-MAD ES-VAL ES-GRA ES-MLG ES-ALM ES-MUR ES-PAL ES-SLM GE-MAL CR-SJO PA-ASU UR-MTV.

guardafango ES-TEN CU-HAB CU-SCU RD-SDO EU-NVO EL-SSV HO-TEG HO-NAC NI-LEO NI-MAN PN-PAN VE-MER EC-QUI PE-LIM PE-ARE BO-PAZ.

guardalodo RD-STI PR-SJU PR-DOR MX-MRD.

guardapolvo MX-AGS.

polvera MX-MON MX-AGS.

salpicadera MX-MON MX-MEX MX-MRD UR-MTV.

tapabarro CH-ARI CH-SCH CH-CON CH-TEM.

A155. TIRE: Cerco de goma en las ruedas de un automóvil.

caucho VE-CAR VE-MER.

cubierta ES-COR ES-SCO ES-OVI ES-STD ES-ZAR ES-GDL ES-MAD ES-VAL ES-ALM ES-MUR ES-SLM GE-MAL PA-ASU UR-MTV AR-SAL AR-SJN AR-BUE.

goma CU-HAB CU-SCU RD-STI PR-SJU PR-DOR PR-MAY.

llanta ES-GRA ES-TEN EU-NVO MX-MON MX-AGS MX-MEX MX-MRD GU-GUA EL-SSV HO-TEG NI-LEO NI-MAN CR-LMN CR-SJO PN-PAN CO-MED CO-BOG EC-QUI PE-LIM PE-ARE BO-PAZ.

neumático ES-COR ES-OVI ES-STD ES-VAL ES-GRA ES-MLG ES-ALM ES-PAL CU-HAB CU-SCU RD-STI HO-NAC PN-PAN CH-ARI CH-SCH CH-CON CH-TEM AR-SAL.

rueda ES-BAR ES-PAL RD-STI RD-SDO HO-TEG UR-MTV.

A157. VAN: Automóvil con puertas detrás para poder ser utilizado en el transporte.

camioncito HO-NAC.

camioneta ES-STD ES-PAL CU-HAB CU-SCU RD-STI EU-NVO MX-MON MX-MEX MX-MRD HO-TEG NI-LEO CR-LMN CO-MED CO-BOG EC-QUI PE-LIM PE-ARE BO-PAZ CH-CON CH-TEM PA-ASU AR-SAL.

camionetita MX-MRD EL-SSV.

furgón ES-TEN ES-PAL AR-SJN.

furgoneta ES-COR ES-SCO ES-OVI ES-STD ES-ZAR ES-BAR ES-GDL ES-MAD ES-VAL ES-GRA ES-MLG ES-ALM ES-MUR ES-PAL ES-SLM GE-MAL PR-MAY NI-MAN PN-PAN CH-ARI CH-SCH UR-MTV AR-SAL AR-BUE.

guagua PR-DOR PR-MAY.

panel MX-AGS CR-SJO PN-PAN.

pickup /pikáp/ PR-SJU CR-SJO PN-PAN AR-BUE.

A164: TANK TRUCK: Camión que lleva encima cisterna.

camión bencinero CH-SCH.

camión cisterna ES-COR ES-SCO ES-OVI ES-STD ES-ZAR ES-BAR ES-GDL ES-MAD ES-VAL ES-GRA ES-MLG ES-ALM ES-MUR ES-TEN ES-PAL ES-SLM GE-MAL CU-HAB RD-STI RD-SDO PR-MAY EU-NVO GU-GUA HO-TEG HO-NAC NI-MAN PN-PAN CO-BOG VE-CAR VE-MER PE-LIM BO-PAZ CH-ARI CH-SCH CH-CON CH-TEM PA-ASU UR-MTV AR-SAL AR-BUE.

camión de agua RD-STI.

camión de tanque PR-SJU.

camión pipa NI-MAN.

camión tanque PR-DOR UR-MTV AR-SJN.

carro tanque CO-MED CO-BOG.

cisterna CR-LMN CR-SJO PN-PAN BO-PAZ AR-SAL.

pipa CU-HAB CU-SCU MX-MON MX-AGS MX-MEX MX-MRD NI-LEO NI-MAN.

tanque HO-NAC PE-ARE.

tanquero EC-QUI.

A165. DUMP TRUCK: Camión con un cajón que se puede levantar para vaciar la carga.

camión ES-TEN GU-GUA CH-ARI CH-SCH CH-CON.

camión arenero PN-PAN.

camión basculante ES-SCO ES-OVI ES-ZAR ES-GDL ES-MAD ES-SLM.

camión con volcadora AR-BUE.

camión de carga CU-HAB PR-DOR PR-MAY AR-SJN.

camión de tumba PR-DOR PA-ASU.

camión de volqueta CU-SCU.

camión de volquete ES-SCO ES-MLG ES-MUR ES-TEN GE-MAL PN-PAN.

camión de volteo CU-HAB CU-SCU RD-SDO MX-MON MX-AGS MX-MEX CR-SJO VE-CAR VE-MER.

camión tolva CH-CON CH-TEM.

camión volcador AR-BUE.

camión volquete ES-OVI GE-MAL PN-PAN AR-SAL.

vagoneta CR-LMN CR-SJO.

volqueta EU-NVO HO-NAC CO-MED CO-BOG EC-QUI BO-PAZ.

volquete ES-COR ES-SCO ES-STD ES-VAL ES-MLG ES-ALM MX-MRD NI-LEO PN-PAN PE-LIM PE-ARE.

volteo RD-STI.

A169. PETROL TANK: Sitio donde se guarda el combustible de la moto.

bomba de gasolina PR-MAY.

depósito de gasolina ES-COR ES-SCO ES-OVI ES-STD ES-ZAR ES-BAR ES-GDL ES-MAD ES-VAL ES-GRA ES-MLG ES-ALM ES-MUR ES-TEN ES-PAL ES-SLM GE-MAL CU-HAB RD-SDO PN-PAN.

estanque CH-SCH CH-CON.

estanque de bencina CH-ARI CH-TEM.

tanque ES-MLG ES-PAL PR-MAY MX-AGS MX-MRD HO-TEG HO-NAC NI-LEO CR-LMN CR-SJO CO-MED CO-BOG EC-QUI BO-PAZ AR-SAL AR-SJN.

tanque de bencina CH-ARI.

tanque de combustible NI-MAN PN-PAN PA-ASU.

tanque de gasolina ES-STD ES-ALM CU-HAB CU-SCU RD-STI RD-SDO PR-SJU PR-DOR EU-NVO MX-MON MX-AGS MX-MEX MX-MRD GU-GUA NI-LEO NI-MAN CR-SJO PN-PAN CO-MED CO-BOG VE-CAR VE-MER EC-QUI PE-LIM PE-ARE CH-ARI PA-ASU.

tanque de nafta PA-ASU AR-SAL AR-BUE.

A170. HANDLEBAR: Pieza de la moto para controlar la dirección.

dirección ES-PAL.

guía ES-MAD RD-STI PR-MAY.

manillar ES-COR ES-SCO ES-OVI ES-STD ES-ZAR ES-BAR ES-GDL ES-MAD ES-VAL ES-GRA ES-MLG ES-ALM ES-MUR ES-TEN ES-PAL ES-SLM GE-MAL UR-MTV.

manivela CR-SJO.

manubrio PR-SJU PR-DOR EU-NVO MX-MON MX-AGS MX-MEX MX-MRD HO-TEG HO-NAC NI-LEO NI-MAN PN-PAN CO-MED

CO-BOG VE-MER EC-QUI BO-PAZ CH-ARI CH-SCH CH-CON CH-TEM PA-ASU UR-MTV AR-SAL AR-SJN AR-BUE.

timón CU-HAB CU-SCU RD-STI RD-SDO EL-SSV PN-PAN PE-LIM PE-ARE.

timones GU-GUA.

volante GE-MAL VE-MER AR-SAL.

A174. PLATFORM: Plataforma a los lados de las vías en las estaciones del tren.

andén ES-COR ES-SCO ES-OVI ES-STD ES-ZAR ES-BAR ES-GDL ES-MAD ES-VAL ES-GRA ES-MLG ES-ALM ES-MUR ES-TEN ES-PAL ES-SLM GE-MAL CU-HAB CU-SCU PR-SJU PR-MAY MX-MON MX-AGS MX-MEX MX-MRD EL-SSV HO-TEG NI-MAN CR-SJO CO-BOG VE-MER EC-QUI PE-LIM PE-ARE BO-PAZ CH-ARI CH-SCH CH-CON CH-TEM PA-ASU UR-MTV AR-SAL AR-SJN AR-BUE.

pasillo PR-SJU PN-PAN.

plataforma RD-SDO EU-NVO GU-GUA HO-NAC CO-MED AR-SJN.

A175. RAILS: Carriles de una vía del ferrocarril.

carriles PR-MAY EL-SSV NI-MAN.

líneas CU-SCU HO-TEG PN-PAN.

raíles ES-COR ES-SCO ES-OVI ES-STD ES-ZAR ES-BAR ES-GDL ES-MAD ES-VAL ES-GRA ES-MLG ES-ALM ES-MUR ES-TEN ES-PAL ES-SLM GE-MAL CU-HAB.

rieles ES-MAD CU-HAB CU-SCU RD-STI RD-SDO PR-SJU PR-DOR EU-NVO MX-MON MX-AGS MX-MEX MX-MRD GU-GUA EL-SSV HO-TEG HO-NAC NI-LEO NI-MAN CR-LMN CR-SJO PN-PAN CO-MED CO-BOG VE-CAR VE-MER EC-QUI PE-LIM PE-ARE BO-PAZ CH-ARI CH-SCH CH-CON CH-TEM UR-MTV AR-SAL AR-BUE.

vías ES-SCO ES-OVI ES-STD ES-GDL ES-MAD ES-VAL ES-MLG ES-SLM CU-HAB PR-SJU MX-MON MX-AGS MX-MEX MX-MRD PA-ASU UR-MTV AR-SAL AR-SJN AR-BUE.

A176. SLEEPER: Maderos sobre los que se asientan los rieles.

durmientes MX-MON MX-AGS MX-MEX MX-MRD GU-GUA EL-SSV HO-TEG HO-NAC NI-LEO NI-MAN CR-LMN CR-SJO PN-PAN

VE-MER EC-QUI PE-LIM PE-ARE BO-PAZ CH-ARI CH-SCH CH-CON CH-TEM PA-ASU UR-MTV AR-SAL AR-SJN AR-BUE.

travesaños ES-ZAR ES-BAR ES-GRA ES-ALM ES-MUR ES-TEN ES-PAL CU-HAB HO-NAC CO-MED.

traviesas ES-COR ES-SCO ES-OVI ES-STD ES-GDL ES-MAD ES-VAL ES-MLG ES-MUR ES-SLM CU-HAB CU-SCU RD-SDO CO-BOG.

A177. BOOKING OFFICE: Despacho en que se expenden billetes del tren.

boletería RD-SDO CR-LMN CR-SJO EC-QUI PE-LIM PE-ARE BO-PAZ CH-ARI CH-SCH CH-CON CH-TEM PA-ASU UR-MTV AR-SAL AR-SJN AR-BUE.

taquilla ES-COR ES-SCO ES-OVI ES-STD ES-ZAR ES-MAD ES-VAL ES-MLG ES-ALM ES-MUR ES-TEN ES-SLM GE-MAL CU-HAB CU-SCU RD-SDO PR-MAY MX-MON MX-AGS MX-MEX MX-MRD GU-GUA EL-SSV NI-LEO NI-MAN PN-PAN CO-MED CO-BOG VE-CAR VE-MER.

taquillera PR-SJU.

ventanilla ES-SCO ES-STD ES-ZAR ES-BAR ES-GDL ES-MAD ES-VAL ES-GRA ES-ALM ES-MUR ES-TEN ES-PAL ES-SLM CU-HAB PR-DOR MX-MON MX-AGS MX-MEX MX-MRD EL-SSV HO-TEG HO-NAC NI-LEO CR-SJO PN-PAN CO-MED CO-BOG PE-ARE AR-SAL AR-SJN.

A181. RECEPTION: Lugar del hotel donde se reciben los clientes.

carpeta CU-HAB CU-SCU.

recepción ES-COR ES-SCO ES-OVI ES-STD ES-ZAR ES-BAR ES-GDL ES-MAD ES-VAL ES-GRA ES-MLG ES-ALM ES-MUR ES-TEN ES-PAL ES-SLM GE-MAL CU-HAB RD-STI RD-SDO PR-SJU PR-DOR PR-MAY EU-NVO MX-MON MX-AGS MX-MEX MX-MRD GU-GUA EL-SSV HO-TEG HO-NAC NI-LEO NI-MAN CR-LMN CR-SJO PN-PAN CO-MED CO-BOG VE-CAR VE-MER EC-QUI PE-LIM PE-ARE BO-PAZ CH-ARI CH-SCH CH-CON CH-TEM PA-ASU UR-MTV AR-SAL AR-SJN AR-BUE.

A181b. LOBBY: Sala del hotel de amplia dimensión próxima a la entrada del edificio.

hall /hól/ ES-COR ES-SCO ES-OVI ES-STD ES-ZAR ES-GDL ES-MAD ES-VAL ES-GRA ES-MLG ES-ALM ES-MUR ES-TEN ES-PAL ES-

SLM EC-QUI PE-ARE BO-PAZ CH-ARI CH-CON CH-TEM PA-ASU AR-SAL AR-SJN AR-BUE.

lobby /lóbi/ CU-HAB CU-SCU RD-STI PR-SJU PR-DOR PR-MAY EU-NVO MX-MON MX-AGS MX-MEX MX-MRD EL-SSV CR-SJO PN-PAN PE-LIM.

sala de recepción GE-MAL RD-STI HO-TEG HO-NAC NI-LEO PN-PAN CO-MED.

vestíbulo ES-SCO ES-OVI ES-STD ES-BAR ES-GDL ES-MAD ES-VAL ES-MLG ES-ALM ES-MUR ES-SLM CU-SCU MX-MRD NI-MAN CR-SJO PN-PAN CO-BOG BO-PAZ.

A182. STEWARDESS: En un avión, mujer que atiende a los pasajeros.

aeromoza CU-HAB CU-SCU EU-NVO MX-MON MX-AGS MX-MEX MX-MRD EL-SSV HO-TEG HO-NAC NI-LEO NI-MAN CR-LMN CR-SJO PN-PAN VE-CAR VE-MER PE-ARE.

azafata ES-COR ES-SCO ES-OVI ES-STD ES-ZAR ES-BAR ES-GDL ES-MAD ES-VAL ES-GRA ES-MLG ES-ALM ES-MUR ES-TEN ES-PAL ES-SLM GE-MAL RD-STI RD-SDO PR-SJU PR-DOR PR-MAY EU-NVO MX-MON MX-AGS MX-MEX MX-MRD GU-GUA EL-SSV HO-TEG NI-LEO NI-MAN CR-SJO PN-PAN CO-MED CO-BOG EC-QUI PE-LIM BO-PAZ CH-ARI CH-SCH CH-CON CH-TEM PA-ASU UR-MTV AR-SAL AR-SJN AR-BUE.

hostess /hóstes/ PE-LIM.

stewardess /stewárdes/ EU-NVO.

A184. BUS STOP: Lugar donde se detienen los autobuses para dejar y recoger viajeros.

parada ES-COR ES-SCO ES-OVI ES-STD ES-ZAR ES-BAR ES-GDL ES-MAD ES-VAL ES-GRA ES-MLG ES-ALM ES-MUR ES-TEN ES-PAL ES-SLM GE-MAL CU-HAB CU-SCU RD-STI RD-SDO PR-SJU PR-DOR PR-MAY EU-NVO MX-MON MX-AGS MX-MRD GU-GUA EL-SSV HO-TEG HO-NAC NI-LEO NI-MAN CR-LMN CR-SJO PN-PAN VE-CAR VE-MER EC-QUI BO-PAZ PA-ASU UR-MTV AR-SAL AR-SJN AR-BUE.

paradero CU-HAB MX-MEX MX-MRD CO-MED CO-BOG PE-LIM PE-ARE CH-ARI CH-SCH CH-CON CH-TEM.

A185. TICKET: Papel de tamaño pequeño que sirve de pasaje de un tren.

billete ES-COR ES-SCO ES-OVI ES-STD ES-ZAR ES-BAR ES-GDL ES-MAD ES-VAL ES-GRA ES-MLG ES-ALM ES-MUR ES-PAL ES-SLM GE-MAL.

boletín CU-HAB CU-SCU.

boleto CU-HAB RD-STI RD-SDO PR-DOR MX-MON MX-AGS MX-MEX MX-MRD GU-GUA EL-SSV HO-TEG HO-NAC NI-LEO NI-MAN PN-PAN VE-MER EC-QUI PE-LIM PE-ARE BO-PAZ CH-ARI CH-SCH CH-CON CH-TEM PA-ASU UR-MTV AR-SAL AR-SJN AR-BUE.

pasaje CU-SCU RD-SDO MX-MRD NI-LEO PN-PAN CO-BOG CH-ARI AR-SAL.

ticket /tíket/ ES-MLG ES-TEN ES-PAL GE-MAL CU-HAB RD-STI PR-SJU PR-DOR PR-MAY MX-MON MX-MRD NI-LEO NI-MAN CR-SJO PN-PAN VE-CAR PE-LIM CH-ARI PA-ASU.

tiquete CR-LMN CR-SJO PN-PAN CO-MED CO-BOG.

A186. ELEVATOR: Aparato en forma de cajón para llevar gente de un piso a otro.

ascensor ES-COR ES-SCO ES-OVI ES-STD ES-ZAR ES-BAR ES-GDL ES-MAD ES-VAL ES-GRA ES-MLG ES-ALM ES-MUR ES-TEN ES-PAL ES-SLM GE-MAL CU-SCU RD-STI RD-SDO PR-SJU PR-DOR EU-NVO MX-AGS MX-MRD GU-GUA EL-SSV HO-TEG HO-NAC NI-LEO NI-MAN CR-LMN CR-SJO PN-PAN CO-MED CO-BOG VE-CAR VE-MER EC-QUI PE-LIM PE-ARE BO-PAZ CH-ARI CH-SCH CH-CON CH-TEM PA-ASU UR-MTV AR-SAL AR-SJN AR-BUE.

elevador CU-HAB CU-SCU PR-DOR PR-MAY EU-NVO MX-MON MX-AGS MX-MEX MX-MRD NI-MAN CR-SJO PN-PAN.

Mapas

La mejor manera de observar la distribución geográfica del léxico variable no sería en forma de listas como en los casos anteriores sino por medio de mapas lingüísticos. A continuación presentamos, a modo de ejemplos, tres mapas que explican las distribuciones del léxico urbano variable de los conceptos correspondientes a CAR, BUS y DRIVE.

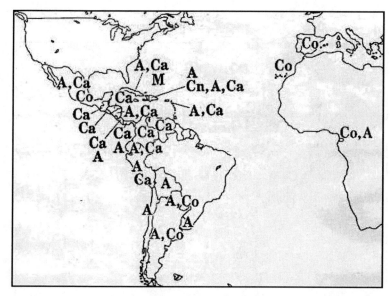

Mapa-2.2.a. CAR
(**A**-*auto*, **Ca**- *carro*, **Cn**-*concho*, **Co**-*concho*, **M**-*máquina*)

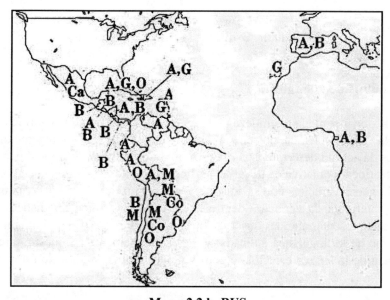

Mapa-2.2.b. BUS
(**A**-*autobús*, **B**-*bus*, **Ca**-*camión*, **Co**-*colectivo*, **G**-*guagua*, **M**-*micro*, **O**-*ómnibus*)

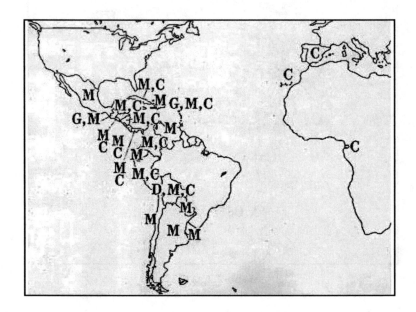

Mapa-2.2.c. DRIVE
(**C**-conducir, **D**-dirigir, **G**-guiar, **M**-manejar)

2.3. Análisis demolingüístico[40]

Al reflexionar sobre la naturaleza de la norma lingüística ante la enorme riqueza de la variación léxica, nos encontramos con dos actitudes netamente distin-
guibles: la actitud descriptivista y la posición normativista. Si nos limitáramos
a la descripción objetiva de la variación lingüística, nos bastaría con elaborar la
lista de voces variantes con su identificación geográfica. Y si nos aventuráramos
a interpretar la variación dentro del marco del sistema lingüístico, sería
suficiente presentar algunas observaciones pertinentes. Pero si nos situamos en
el campo de la lingüística aplicada, y más concretamente en nuestra tarea de
docencia de la lengua española como segundo idioma, la situación nos exige

---

[40] La versión de esta sección está basada en H. Ueda (1996c).

algo más. Es decir, nos obliga a pensar en el modelo lingüístico español como variedad estándar en la que concentrar más nuestra atención.

Variación y norma lingüística

Se ha indicado la pluralidad de normas lingüísticas que se presenta en *una* lengua[41]. Y, en realidad, en el nivel de hablas concretas observamos una variación sumamente amplia en la diatopía española. Ante esta manifestación de variabilidad léxica, lo usual es que se apunte el contraste entre la modalidad peninsular y la hispanoamericana. Y al enfrentarse las dos, se suele preferir la norma castellana a la americana como variedad ejemplar tanto dentro de la lingüística descriptiva como dentro del campo de la enseñanza del español. Citemos las opiniones de lingüistas de trasfondos diferentes. Veamos primero el comentario que hace R. Lapesa (1992: 281) sobre la cuestión:

> ¿Qué actitud, qué papel nos corresponde a los hispanohablantes de España en este inmenso mundo de usuarios de nuestra lengua común? A fines del siglo pasado o principios de éste un escritor peninsular se permitió decir que éramos los dueños del idioma. Lamentable error. **El español peninsular norteño y central sería pronto un dialecto arcaizante arrinconado, si las cifras globales de hablantes fuesen el único factor, el decisivo.** (Las negrillas son nuestras.)

Después de haber contrarrestado la fuerza del español peninsular y haber confirmado así la importancia del factor demográfico, hace una reflexión sobre el papel que debería jugar la R.A.E. como "moderador neutral":

> ¿Cómo explicar entonces que en América se consulte más que en España el Diccionario de la Academia de Madrid y que las Academias americanas de la Lengua sean, casi todas, correspondientes suyas, y las que no lo

---

[41] Por ejemplo, M. Sala (1981: 465) dice acertadamente: "La investigación del español de América pone de manifiesto, en realidad, la existencia de varias normas latinoamericanas que se oponen a la norma del español peninsular, lo que está conforme con la observación de Coseriu ['en realidad, hay varias normas parciales (sociales, regionales) dado que la norma, por su misma índole, es siempre menos general que el sistema'. E. Coseriu. *Teoría del lenguaje y lingüística general*, 1967, p. 77.]".

son se cuenten entre sus mejores colaboradores? La norma de cada país hispanoamericano difiere de la de otros: Méjico no aceptaría la norma de la Argentina, ni viceversa; ni uno ni otro aceptarían la de Colombia; Venezuela, Ecuador, Perú, Chile, no se sienten con títulos inferiores. Ello hace que se mantenga la autoridad de la Academia Española como **poder moderador neutral** —mucho más respetado, como digo, en América que en España— con una condición: que considere tan valedero como el uso culto español el uso culto de cada país hispanoamericano. (Las negrillas son nuestras.)

Desde la otra orilla del Atlántico, viene la opinión de J. M. Lope Blanch (1972b: 46) en la que admite el "prestigio histórico de que goza la norma castellana culta", con la reserva de prestar merecida atención al predominio numérico de los "americanismos generales":

En conclusión, la norma castellana culta (madrileña, "académica") tiene sobre cada una de las fragmentadas normas locales de Hispanoamérica la ventaja de su prestigio histórico, pero cuando la norma americana es general —común a todas las hablas prestigiosas del Nuevo Mundo—, su peso contrarresta plenamente esa prioridad de raigambre histórica. Y en tales ocasiones no existe ya una "norma hispánica" superior, un ideal de lengua común. Aunque muy reducidos en números, esos casos suponen un verdadero divorcio entre la norma castellana y la americana.

Finalmente, desde un campo neutro geográfico, E. Coseriu (1990: 73) ha hecho una distinción clara entre el concepto de 'lo correcto' y el de 'lo ejemplar' para llegar después a la conclusión siguiente:

De todos modos, en todo aquello en que no se opone a todo el español de América en su conjunto, **el español de España tiene muy buenas probabilidades de convertirse en ejemplaridad panhispánica** o, al menos, de constituir la base de tal ejemplaridad ideal. Ello, por toda una serie de razones. En primer lugar, porque, entre los mismos hispanoamericanos, tiene más prestigio que cualquier ejemplaridad regional o nacional y ostenta una motivación histórica aceptable para cualquier nación hispánica. Difícilmente un argentino aceptaría en el nivel panhispánico lo mejicano, o un mejicano, lo argentino; pero el uno y el otro están dispuestos a aceptar en este nivel lo español de España. En segundo lugar, porque las diferencias, en el nivel de lo ejemplar, son efectivamente menores entre España y cada país hispanoamericano en particular que entre dos países hispanoamericanos de regiones diferentes. Asimismo, porque el español de España se conoce, en cada país, mucho mejor que el de otro país hispanoamericano: un argentino, por ejemplo, si no tiene experiencia directa, no sabe cómo se llama tal o cual cosa en Venezuela o en Méjico, pero suele saber cómo se llama en España. Y, finalmente (o ante todo), porque la lengua ejemplar de España representa ya, de algún modo, una ejemplaridad panhispánica: el español mejicano es de los mejicanos, y el argentino, de los argentinos, mientras que **el español de España es de todos**. [Las negrillas son nuestras]

De nuestra parte, creemos oportuno señalar los tres puntos siguientes: primero, sería necesario distinguir entre madrileñismos o, también, españolismos, y la norma culta castellana. Hay voces muy peculiares de la Península, que no se conocen muy bien por varias razones. Dentro de ellas, podríamos destacar los neologismos nacidos en España que carecen de una gran influencia en otras naciones. E. Coseriu habla precisamente de este hecho cuando nos advierte sus reservas al admitir la ejemplaridad del español de España: "en todo aquello en que no se opone a todo el español de América en su conjunto".

En segundo lugar, también será conveniente hacer la distinción entre la norma prescriptiva de España y la norma lingüística peninsular que se definiría con términos descriptivos. Naturalmente, a la ciencia compete la norma lingüística descriptiva, mientras que en la enseñanza del idioma y en la industria de la lengua no se puede pasar por alto el modelo 'correcto' de la lengua.

Por último, subrayemos que es necesario llevar a cabo una descripción objetiva de la variación lingüística en todos los países hispanohablantes para conocer una realidad lo más actual posible. Por ejemplo, la afirmación siguiente de Coseriu debería ser puesta a examen con los datos concretos: "(...) las diferencias, en el nivel de lo ejemplar, son efectivamente menores entre España y cada país hispanoamericano en particular que entre dos países hispanoamericanos de regiones diferentes." (*loc. cit.*). La norma lingüística, con todo, nunca podrá ser 'fijada', puesto que la lengua es dinámica por naturaleza. Todo lo que podemos hacer en la investigación de este campo sería seguir observando las actividades y desarrollos lingüísticos, con especial atención a las partes variables de la lengua.

Ciudad y concentración urbana

Antes de entrar directamente en la cuestión demográfica de la lengua española, habría que destacar una característica general de las poblaciones de todo el mundo. Nos referimos a la mayor concentración urbana de habitantes que presenta la época moderna con respecto a los siglos pasados. Según los datos proporcionados por las Naciones Unidas (1986), en el mundo hispánico apreciamos un gran número de países que poseen una concentración por encima de 80%: España con 91.4%, Venezuela con 82.3%, Chile 82.2%, Uruguay con 84.3% y Argentina con 84.7%. Es decir, la mayoría de los habitantes de estas naciones vive en los sectores urbanos del país. El resto de los países de nuestro interés muestra también cifras notablemente elevadas[42].

Cuadro-2.3.a. Población total y población urbana

País	año	Total	Zona urbana	%
España	(1981)	37.746.260	34.500.251	91.4%
Guinea Ecuatorial	(-)	341.000	-	-
México	(1980)	66.846.833	44.299.729	66.3%
Guatemala	(1981)	6.054.227	1.980.571	32.7%
Honduras	(1985)	4.372.487	1.737.275	30.7%
El Salvador	(1990)	5.252.000	-	-
Nicaragua	(1980)	2.732.520	1.459.292	53.4%
Costa Rica	(1985)	2.488.749	1.107.261	44.5%
Panamá	(1980)	3.196.520	2.134.365	66.8%
Cuba	(1983)	9.896.971	6.957.571	70.3%
R. Dominicana	(1982)	5.743.604	2.985.571	52.0%
Puerto Rico	(1980)	3.196.520	2.134.365	66.8%
Colombia	(1983)	27.502.000	17.980.000	65.4%
Venezuela	(1986)	17.791.412	14.642.207	82.3%
Ecuador	(1986)	9.647.107	5.030.083	52.1%

[42] United Nations, 1986, *Demographic Yearbook*, p. 184-189. Faltan los datos correspondientes a Guinea Ecuatorial y El Salvador, los cuales suplimos por los del *Almanaque Mundial,* Florida: Editorial América,1993.

/... *continuación Cuadro-2.3.a*/

Perú	(1984)	19.198.000	13.224.310	68.9%
Bolivia	(1986)	6.547.426	3.197.870	48.8%
Chile	(1982)	11.329.736	9.316.120	82.2%
Paraguay	(1982)	3.029.830	1.295.345	42.8%
Uruguay	(1983)	2.967.708	2.502.887	84.3%
Argentina	(1985)	30.563.833	25.874.899	84.7%

Se aducen varias razones para explicar esta tendencia. Pero dejando a un lado las cuestiones socioeconómicas, que no nos competen en este estudio, observaremos con más detalle los hechos mismos de esta tendencia. Si nos fijamos en la cronología de los datos, confirmamos la misma tendencia de manera más intensificada. Efectivamente, como se observa en el cuadro siguiente, esta tendencia está en plena progresión continua (Cuadro 2.3b)[43].

---

[43] Naciones Unidas, *Anuario Estadístico de América Latina y El Caribe*, 1993, p. 8. Las cifras son porcentajes de la población total. La definición del término "urbano" viene de la utilizada en cada país. Efectivamente todas estas cifras se vuelven relativas si pensamos en qué se basa la distinción entre zona urbana y rural. Los países que han utilizado exclusivamente criterios cuantitativos (número de habitantes) para definir las zonas urbanas son: España: Municipios de más de 2.000 habitantes; México: Localidades de más de 2.500 habitantes; Honduras: Localidades de más de 2.000 habitantes; Cuba: Población en un núcleo de más de 2.000 habitantes; Puerto Rico: Lugares de más de 2.500 y entornos densamente habitados de áreas urbanas; Venezuela: Centros de más de 2.500 habitantes; Bolivia: Localidades de más de 2.000 habitantes; Perú: Centros poblados de más de 100 casas; Argentina: Centros de más de 2.000 habitantes. A nuestro parecer, para admitir que es zona urbana, es algo generosa la cifra de 2.000 o 2.500 o cien casas (Perú), sobre todo para distinguir la variedad lingüística urbana de la rural. Nuestro dato, aparte del caso como el de Uruguay, donde se define la zona urbana simplemente con la expresión tautológica 'ciudades' o bien con unas determinaciones *a priori* como 'Capitales de provincias y cantones' (Ecuador), o bien con una explicación más detallada (pero también por definición *a priori*) de Paraguay ('Ciudades, pueblos y centros administrativos de departamentos y distritos'), nos ofrece una serie de características propias de la zona urbana en las partes correspondientes a algunos países. En Chile, la 'zona urbana' se define como "Centro de población dotado de definidas características urbanas tales como ciertos servicios públicos y municipales". La definición que da Panamá es la más aclaratoria dentro de nuestro ámbito hispánico: "Localidades de más de 1.500 habitantes que poseen tales características urbanas como calles, sistema de suministro de agua, desagüe y luz eléctrica".

De los dos cuadros anteriores se deduce que en esta época el sector urbano cada vez más representa demográficamente el resto del territorio de cada nación. Y, a la hora de analizar los hechos lingüísticos, y más concretamente en nuestro caso, el léxico moderno variable, se debería tener en cuenta la importancia que cobra la variabilidad urbana dentro del ámbito nacional. Y si nos limitáramos al análisis del léxico de modalidad *urbana*, no sería muy arriesgado suponer que el resultado de la investigación de algunas ciudades puede representar *grosso modo* la totalidad de la variedad nacional. Esto se debe a la premisa de que la transmisión del léxico moderno urbano sería por lo general de carácter unidireccional: del sector urbano al rural.

Cuadro-2.3.b. Población urbana (%). Concentración progresiva

*	1970	1980	1985	1990
México	59.0	66.4	69.6	72.6
Guatemala	35.7	38.5	40.0	42.0
Honduras	28.9	35.9	39.7	43.6
El Salvador	39.4	41.5	42.7	44.4
Nicaragua	47.0	53.4	56.6	59.8
Costa Rica	39.7	40.0	49.8	53.6
Panamá	47.6	50.6	52.5	54.8
Cuba	60.2	68.1	71.7	74.9
Rep. Dominicana	40.3	50.5	55.7	60.4
Colombia	57.2	64.2	67.4	70.3
Venezuela	72.4	83.3	87.6	90.5
Ecuador	40.0	47.3	52.3	56.9
Perú	57.4	64.5	67.4	70.2
Bolivia	40.7	44.3	47.8	51.4
Chile	75.2	81.1	83.6	85.6
Paraguay	37.1	41.7	44.4	47.5
Uruguay	82.1	83.3	87.6	90.5
Argentina	78.4	82.7	84.6	86.2

Análisis demolingüístico

A continuación intentamos realizar un análisis demolingüístico de la variación léxica con el fin de determinar el grado de representatividad de cada variante. Se trata de comprobar la amplitud de uso de cada voz dentro de la comunidad total de la lengua española. Este análisis se basa en la distribución de las voces por una parte, y los datos demográficos, por otra. El grado de uso de una voz determinada puede ser concebido como el porcentaje de sus usuarios dentro de toda la comunidad de la lengua. La fórmula matemática que proponemos para expresar el *grado de representabilidad* (g.r.) es tan sencilla como la siguiente:

$$\text{g.r.} = \frac{\sum\limits_{i=1}^{n} a\mathrm{P}_i}{\sum\limits_{i=1}^{n} \mathrm{P}_i}$$

donde n = número de países; $a = 1$ (cuando se presenta la voz en el país en cuestión), $a = 0$ (cuando no se presenta la voz); P_i = población de cada país.

Por ejemplo, la primera voz de nuestra lista, *americana*, tiene una distribución exclusiva en España, de modo que su población (38 millones) será su cifra absoluta de usuarios, que ocupa el 14% dentro de todo el ámbito investigado de la lengua española. La segunda voz *chaqueta*, en cambio, tiene una distribución mayor, es decir, en nueve países (España, El Salvador, Cuba, Puerto Rico, Ecuador, Colombia, Venezuela, Paraguay y Chile), que llega a 125 millones de hablantes en total. Un ejemplo minoritario será el caso de *gabán*, que se usa solo en Puerto Rico con 3 millones, que apenas llega al 1%. Y así sucesivamente; analizando las voces junto con los datos demográficos, podremos elaborar una tabla de los datos estadísticos como la siguiente:

Cuadro-2.3.c. Datos demolingüísticos: JACKET

Palabra variante	Número de países	Suma de los habitantes	Porcentaje	Países
americana	1	37,746,260	14%	ES
chaqueta	9	125,391,840	47%	ES, EL, CU, PR, EC, CO, VE, PA, CH
chaleco	1	9,896,971	4%	CU
gabán	1	3,196,520	1%	PR
saco 1	5	210,275,616	78%	MX, GU, EL, CR, PN, CU, RD, PR, CO, VE, PE, BO, PA, UR, AR
vestón	1	11,329,736	4%	CH

Naturalmente debemos admitir que el valor de este análisis es relativo, puesto que los datos demográficos no son interpretables como el verdadero número de hablantes de la lengua española por cuestión de la diglosia (o multiglosia) nacional. Por otra parte, sería demasiado arriesgado determinar el grado de uso de las palabras basándonos solo en el resultado de una encuesta realizada con un grupo extremadamente reducido de personas. Cuatro colombianos o nueve argentinos no podrán representar a 27 millones o 30 millones de habitantes de toda la nación, respectivamente. Ni 32 españoles son suficientes para conocer el uso lingüístico real de todo el país de 38 millones.

Aun dentro de las limitaciones de este análisis, nos atrevemos a seguir calculando la suma de los habitantes, para conocer un valor, insistimos, "relativo" del grado de uso de cada voz. Una voz de más del 50% será concebida como una voz más generalizada que otra voz de menos del 10%. Pero no entramos en detalles de diferencias de menos del 5%. Naturalmente nos interesa también el número de países correspondientes, puesto que una palabra usada en cinco países, por ejemplo, será admitida como voz más general que otra de, digamos, dos países. Ofrecemos al final de este capítulo más datos del léxico variable estudiado en la primera etapa de la investigación.

Descripción lexicográfica

Basándonos en los resultados del aquí propuesto análisis demolingüístico, naturalmente con las reservas mencionadas anteriormente, podemos observar que no existe prácticamente ningún caso de distinción tajante entre el "iberismo" y el "americanismo" singular. Lo que hay dentro del amplio panorama es iberismo frente a la pluralidad de americanismos:

chándal (ES) ferente a **buzo** (CR, PN, RD, PE, BO, PA, CH, AR), **hot-pants** (MX), **jogging** (UR), **mono** (CU, RD, VE), **pants** (MX, GU), **sudadera** (MX, EL, RD, PR, CO), **sudador** (RD) y **traje deportivo** (CU, RD). [Varilex.A14]

braga(s) (ES) frente a **bombacha(s)** (PA, UR, AR), **blumer(s)** (EL, CR, CU, RD, VE), **calzón(es)** (MX, GU, EL, CR, RD, EC, PE, BO, CH), **calzoncillos** (EL, RD, CH, AR), **calzonario(s)** (EC), **interior(es)** (CO), **pantaloncillo(s)** (RD, PR), **panti(s)** (PN, RD, PR, CH), **pantaleta(s)** (MX, RD, PR, VE) y **trusa(s)** (PE, AR) [Varilex.A29]

o también, otro caso de voz española compartida con algunos países americanos frente al resto del continente americano:

gafas (ES, MX, PN, RD, EC, CO, AR) frente a **anteojos** (MX, GU, EL, CR, PN, PR, CO, VE, PE, PA, CH, AR) y **espejuelos** (PN, CU, RD, PR) [Varilex.A35]

barra de pan (ES, CU) frente a **baguete** (MX, GU, PE, CH, AR), **flauta** (PN, CU, RD, UR, CH), **pan francés** (RD, PR, VE, PA, UR) y **pan largo** (CU, RD, CO, BO, CH). [Varilex.A63]

bombona (ES, VE) frente a **balón de gas** (CU, PE, CH, AR), **bidón** (CH), **cilindro** (CR, RD, PR, CO), **garrafa** (BO, PA, UR, AR), **pipa de gas** (CO), **tambo de gas** (GU) y **tanque** (MX, EL, PN, RD, PR, EC, PE, UR). [Varilex.A75]

Insistimos en que la situación del léxico variable no es tan simple como para poder formular ni el iberismo a secas, no compartido por ningún país americano, ni un americanismo homogéneo frente al único iberismo.

Lo que complica más la situación es la coexistencia de un "iberismo" con otra voz más general compartida con algunos países americanos:

americana (ES), **chaqueta** (ES, EL, CU, PR, EC, CO, VE, PA, CH), **pantalón tejano** (ES) y **pantalón vaquero** (ES, MX, CU, PA, UR, CH, AR)

Dentro de nuestros datos de léxico variable se presentan muy escasos ejemplos de "iberismo perfecto", es decir una voz única en España frente a otras voces exclusivas de toda América:

mando (a distancia) (ES) frente a **control (remoto)** (MX, GU, EL, CR, PN, CU RD, PR, EC, CO, VE, PE, BO, PA, UR, CH, AR) [Varilex.A087]

Veamos a título de referencia obligada la descripción que ofrece la R.A.E en su *Diccionario de la lengua española* (21 ed. 1992):

americana. (...) f. **chaqueta**
chaqueta. (...) Prenda exterior de vestir, con mangas y sin faldones, que se ajusta al cuerpo y pasa poco de la cintura. (...)
gabán. (...)
saco. (...) **11.** *Can. y Amér.* Chaqueta, americana. (...)
vestón. [No hay entrada correspondiente.]

No podemos menos de advertir la deficiencia descriptiva referente a la información sobre la distribución geográfica, dejando de lado la negligencia total sobre la voz importante chilena *vestón*.

Ante una situación tan complicada, sería más práctico y realista pensar en prescindir de los "ismos" (españolismos, americanismos, mexicanismos, andinismos, etc.), para describir la distribución de las voces en cuestión. En su lugar, podrían usarse expresiones descriptivas consistentes en el número de naciones junto con el de hablantes sumados; por ejemplo, *americana* es voz uninacional de España con 38 millones de hablantes (correspondiente al 14% dentro de la totalidad hispanohablante). *Chaqueta* es voz de nueve naciones (ES, EL, CU, PR, EC, CO, VE, PA, CH), con 125 millones (47%), así sucesivamente. Aquí se toman en cuenta tanto el valor absoluto de hablantes como su difusión en términos de número de países. En la futura lexicografía española, las primeras seis voces investigadas se precisarían en su parte correspondiente a la distribución geodemográfica de la manera siguiente:

americana. Dist. dial.: ES (*g.r.*1)[44] *Sign.*: *Véanse chaqueta, saco.*

chaqueta. Dist. dial.: ES, EL, CU, PR, EC, CO, VE, PA, CH (*g.r.*3). *Sign.*: Prenda de vestir masculina, que forma con el chaleco y los pantalones el traje completo. *Véase saco.*

gabán. Dist. dial.: PR (*g.r.*1). *Sign.*: *Véanse chaqueta, saco.*

saco. Dist. dial.: MX, GU, EL, CR, PN, CU, RD, PR, CO, VE, PE, BO, PA, UR, AR (*g.r.*4). *Sign.*: (...) Prenda de vestir masculina, que forma con el chaleco y los pantalones el traje completo. *Véase chaqueta.*

vestón. Dist. dial.: CH (*g.r.*1). *Sign.*: *Véanse chaqueta, saco.*

Lo ideal sería investigar el mayor número posible de conceptos comunes para averiguar su variabilidad léxica y renovar los datos en cada ocasión para aproximarnos a la realidad léxica del mundo actual hispanohablante. A este respecto el DRAE (vigésima primera edición), que goza de la máxima autoridad, no llega a incluir en su descripción las más sencillas indicaciones geosinonímicas. Una vez más recordemos las palabras de R. Menéndez Pidal (1953: 125) que nos enseñaba ya hace cuarenta años:

> Para instruir al hablante sobre el empleo de una palabra de uso no general, el léxico [*sic*] debe esmerarse en declarar dónde esa voz es usada, esto es, a qué área geográfica se extiende su comprensibilidad. Es éste otro punto muy poco estudiado; los léxicos particulares de las provincias escasean, y los que hay suelen ser pobres en su información.

Pero, ¿es que la voz de un país de relativamente escasa población es menos importante que otra voz de una nación poblada en gran escala? ¿Un "mexicanismo" es treinta y cuatro veces más importante que un "paraguayismo"? La cuestión no sería decidir a ciegas el grado de importancia solo de acuerdo con la potencia demográfica. Pongamos por ejemplo un estudiante que desea aprender el español de Chile; naturalmente él debería prestar más atención a las voces chilenas que las voces ajenas a este país, a pesar de que la misma voz es minoritaria dentro de la totalidad de la lengua española.

---

[44] El grado de representatividad (*g.r.*) se calculará de modo relativo en lugar de presentar el porcentaje exacto. De 1 a 20 por ciento corresponderá al grado 1; de 21 a 40, al grado 2; de 41 a 60, al grado 3; de 61 a 80, al grado 4; y 81 a 100, al grado 5.

Para que nuestro diccionario sea de utilidad para tal estudiante, se necesitaría no solo el conocimiento positivo de las voces más usuales ('En este país se usa tal palabra.'), sino el negativo de las voces importantes de otras regiones ('No se dicen tal y cual.'). Aquí estamos ante las dos visiones de la lengua española: la lengua como medio de comunicación transnacional (de los países hispanófonos) o internacional (no solo de los países hispanos sino de los países del mundo en general) por una parte; y la lengua como medio de comunicación intranacional (dentro de un solo país hispanohablante). Si adoptamos la primera visión, nos vemos obligados a fijar la norma desde el punto de vista demolingüístico distribucional (combinación de población total y difusión en varios países), en el que el aspecto cuantitativo cobraría más peso. Para la segunda visión —individual—, en cambio, sería preciso conocer de manera cualitativa los hechos léxicos del país en cuestión.

Por otra parte, habría que considerar el aspecto de la "comprensibilidad" al determinar la norma léxica española. Algunos nativos "comprenden" pero no usan algunas expresiones. Por ejemplo, gracias a los nuevos medios de comunicación, el español de España conoce *carro* (correspondiente a su 'coche'), *saco* (*chaqueta* o *americana*), etc., pero no las usa. Lo normal en la práctica de la investigación dialectal es pedir al encuestado que conteste los nombres que él mismo usa y no los nombres que han oído decir. En futuras encuestas, deberíamos realizar el estudio sobre el grado de comprensibilidad, puesto que la voz no usada pero realmente conocida se considera más potente que la rara o la totalmente desconocida en la región del hablante.

Para todo ello, estamos todavía en la etapa de recolección de datos léxicos. No se nos permite el lujo de intentar ninguna teorización. Una vez realizado el trabajo de reunir los datos suficientes y describir los hechos, entonces sería posible vislumbrar soluciones de las cuestiones aquí planteadas. En este sentido, debemos admitir que los resultados que presentamos son necesariamente de carácter provisional.

Apéndice. Algunos datos demolingüísticos

Agregamos algunas listas de léxico variable junto con los datos demolingüísticos.

Cuadro-2.3.d.

Palabra variante	Número de países	Suma de los habitantes	%	Países
A006	**OVERALLS**			
braga	1	17,791,412	6.61%	VE
jardinera	3	44,923,400	16.70%	PA, CH, AR
mameluco	9	81,714,496	30.38%	CR, PN, RD, PR, PE, PA, UR, CH,AR
mono	3	53,386,836	19.85%	ES, CU, RD
overol	16	228,222,624	84.84%	MX, GU, EL, CR, PN, CU, RD, PR, EC, CO, VE, PE, BO, UR, CH, AR
peto	1	37,746,260	14.03%	ES
A007	**PONCHO**			
jorongo	1	66,846,832	24.85%	MX
poncho	15	255,203,744	94.87%	ES, MX, PN, CU, RD, PR, EC, CO, VE, PE, BO, PA, UR, CH, AR
ruana	3	48,261,120	17.94%	CO, VE, UR
A008	**JEANS**			
"blu yins"	14	152,269,776	56.61%	GU, EL, PN, CU, RD, PR, CO, VE, PE, BO, PA, UR, CH, AR
pantalón de mezclilla	1	66,846,832	24.85%	MX

/... continuación apéndice/

Palabra variante	Número de países	Suma de los habitantes	%	Países
mahónes	1	3,196,520	1.19%	PR
pitusa	1	9,896,971	3.68%	CU
p .tejano	1	37,746,260	14.03%	ES
p .vaquero	7	162,381,168	60.37%	ES, MX, CU, PA, UR, CH, AR
A009	**OVERCOAT**			
abrigo	16	263,001,184	97.77%	ES, MX, GU, EL, CR, PN, CU, RD, PR, EC, CO, VE, PE, BO, CH, AR
saco de piel	1	3,029,830	1.13%	PA
tapado	5	67,089,104	24.94%	PE, PA, UR, CH, AR
A012	**SKIRT**			
enagua	1	2,488,749	0.93%	CR
falda	15	260,512,448	96.85%	ES, MX, GU, EL, PN, CU, RD, PR, EC, CO, VE, PE, BO, CH, AR
pollera	4	47,891,104	17.80%	PA, UR, CH, AR
saya	1	9,896,971	3.68%	CU
A013	**RIBBON**			
banda	1	5,743,604	2.14%	RD
cinta	6	111,177,792	41.33%	ES, RD, PR, CO, VE, PE
cintillo	4	44,761,724	16.64%	CU, RD, VE, CH
diadema	7	149,578,176	55.61%	ES, MX, GU, CR, RD, PR, CO
vincha	6	65,503,316	24.35%	PN, PE, BO, PA, UR, AR
A014	**TRACK SUIT**			
buzo	8	82,097,696	30.52%	CR, PN, RD, PE,

/... *continuación apéndice*/

				BO, PA, CH, AR
chándal	1	37,746,260	14.03%	ES
"hot-pants"	1	66,846,832	24.85%	MX
"jogging"	1	2,967,708	1.10%	UR
mono	3	33,431,988	12.43%	CU, RD, VE
"pants"	2	72,901,056	27.10%	MX, GU
sudadera	5	108,540,952	40.35%	MX, EL, RD, PR, CO
sudador	1	5,743,604	2.14%	RD
traje deportivo	2	15,640,575	5.81%	CU, RD

III. MACROANÁLISIS - ZONIFICACIÓN[45]

3.1. Áreas dialectales del español

Podemos afirmar que hasta el presente no se ha intentado una división dialectal de la lengua española en conjunto. Lo que se ha venido realizando en distintas investigaciones son consideraciones dialectales de la Península Ibérica en general, o de sus regiones particulares, por una parte, y el español de América, por otra. Naturalmente, se deben añadir otros ámbitos de la lengua española, como distintas regiones del judeoespañol, la conservación del español en Filipinas con su prolongación al Pacífico, el español residual de la región norteña de África, el español como lengua oficial en Guinea Ecuatorial y la retención del antiguo español mexicano o el español de los inmigrantes en los Estados Unidos.

En los estudios de las áreas dialectales, con la perspectiva taxonómica, se advierten, *grosso modo*, las tendencias generales siguientes: en los estudios del español en España, donde existe una larga tradición histórica cuyo origen es el latín vulgar de la época romana, su división dialectal se conceptúa en el plano diacrónico. Se da más importancia a los hechos históricos, y los fenómenos lingüísticos actuales se interpretan desde el punto de vista histórico y más concretamente, en relación con el proceso de la Reconquista[46]. En esta tendencia, el punto de interés suele estar en las voces tradicionales, exceptuándose gran cantidad de denominaciones de los últimos inventos del siglo XIX o XX.

Al otro lado del Atlántico, la situación presenta un aspecto totalmente distinto. Allí, como no entran en cuestión la tradición clásica ni la medieval,

---

[45] La versión del cap. III está basada en Ueda (1995b).

[46] A. Zamora Vicente (1967: 12) dice en la Introducción de *Dialectología española*: "La repartición dialectal de la Península Ibérica no es, como en otros lugares de la Romania, consecuencia de la evolución natural de las hablas en sus respectivos territorios. La invasión árabe condiciona la ulterior evolución. En cada uno de los lugares donde, en el norte de la Península, se comenzó la lucha de la reconquista, nació un dialecto. El lento avance de los años primeros fue matizando la diversidad de las hablas nórdicas. Es precisamente en esas comarcas donde todavía hoy deben buscarse las máximas variedades habladas, cada vez más en retirada ante la pujanza de la lengua literaria". Véase el mapa de 'Español Dialectal' insertado en R. Menéndez Pidal (1968). Para la dialectología diacrónica peninsular véase, sobre todo, R. Lapesa (1984: cap. 15).

la visión de los investigadores es más sincrónica que histórica, lo mismo que observamos en la diferencia entre la lingüística moderna norteamericana y la filología tradicional europea[47]. Los elementos históricos que se consideran son, por ejemplo, lugares oriundos de los primeros colonizadores (P. Boyd-Bowman, 1956, 1964, 1972), el contacto con las lenguas indígenas[48], o encuentros posteriores con otras lenguas europeas[49]. Pero, para el léxico en general, las peculiaridades de las realidades locales juegan un papel primordial, puesto que el vocabulario es el reflejo de la vida misma. Se advierte que el mismo concepto 'historia', ahí se concibe en el origen común (la lengua latina), mientras que aquí se piensa más en los distintos avatares lingüísticos posteriores, y no en la lengua común que es el español trasplantado.

Por último, las descripciones del español de otras regiones suelen ser estudios independientes. A pesar de que los investigadores del español de Oriente, de África, del Pacífico o de Norteamérica mantienen una visión comparada con otras variedades de la lengua, como el español de España o el de alguna región contigua, generalmente lo hacen sin adentrarse en el mismo plano de comparación de las distintas variedades del español en conjunto.

Naturalmente, todos los resultados de clasificación son válidos con tal que se mantengan los mismos criterios, pero dentro de sus limitaciones materiales. Si se toman en consideración los rasgos fonéticos, el resultado es la división dialectal de la fonética española. Si se investiga la distribución de la morfología pronominal, la conclusión será, evidentemente, la de las formas

---

[47] B. Malmberg (1967: 175) dice: "(...) la lingüística ha sido un instrumento al servicio de la antropología estadounidense, más o menos como sirvió al principio a la filología europea. (...) En los Estados Unidos ha sido muy extenso el estudio de los lenguajes indios nativos; gracias a esto se han descrito las estructuras de casi todos ellos y (cuando es posible) sus relaciones mutuas. Sin embargo, la carencia de material lingüístico más antiguo hace difícil o imposible determinar hasta dónde las correspondencias entre lenguajes implican relación genética, o si hay que explicarlas de alguna otra manera".

[48] Henríquez Ureña (1921, 1930, 1931) propuso una división basada en las lenguas de sustrato y de contacto: 1) Nuevo México, México y América Central, producto de la mezcla del español con lenguas de la familia nahua; 2) Antillas, Venezuela y costa del Caribe de Colombia, determinada por la mezcla de español con caribe y arahuaco; 3) Región del Pacífico de Colombia, Ecuador, Perú, Bolivia y norte de Chile, mezcla con quechua; 4) Centro y sur de Chile, mezcla con araucano; y 5) Argentina y Paraguay, mezcla e influencia del guaraní.

[49] Respecto al léxico, D. Alonso (1956: 237-260) apuntaba una escisión americana en dos grandes zonas: la del Norte (México, Centroamérica y Norte de Sudamérica) con influencia inglesa, y la del Sur (Centro y Sur de Sudamérica) con influencia francesa.

de los pronombres sin más. Del léxico se puede decir lo mismo. Todo depende de las características de los materiales escogidos. Por lo tanto, antes de que contemos con un número suficiente de datos sincrónicos, comparables y fiables, será más adecuado hablar de la 'zonificación' (de los fenómenos particulares) que de la 'división dialectal' general que han venido persiguiendo los autores de la dialectología española.

3.2. Estudios diatópicos del léxico

Comparados con los estudios realizados en la fonología para establecer una división geográfica del español[50], son relativamente escasos los estudios diatópicos del léxico actual[51]. Esto se debe a las dificultades metodológicas que se presentan a la hora de efectuar una taxonomía lingüística del vocabulario dialectal[52]. El léxico, repertorio abierto, es muy difícil de tratar en su análisis cuantitativo, o bien porque es inmensa la cantidad de sus miembros, o bien porque son variables no solo en el eje diatópico, sino en otros planos lin-

---

[50] Sobre el español de América, P. Henríquez Ureña (1921) ha advertido que los rasgos fonéticos definen las zonas dialectales discontinuas. Entre las distintas características fonéticas (/d/ intervocálica, /g/ delante de /i/, oposición /y/-/ʎ/, realizaciones de /y/, articulación de /x/, aspiración de /h/ inicial derivada de /f/ romance, velarización de /n/ final, pronunciación de /r/ y /l/ finales y aspiración de /s/ final) ha destacado la correlación de la /s/ final con la distribución geográfica para distinguir la variedad de tierras altas y tierras bajas. L. Canfield (1962, 1976) ha desarrollado el estudio con mapas muy bien definidos de las consonantes. V. Honsa (1975) ha propuesto una clasificación básica de los dialectos americanos a raíz de criterios fonéticos más reducidos. Y por último, no debemos pasar por alto el trabajo monumental de M. C. Resnick (1975) de la fonética hispanoamericana basada en documentación bibliográfica.

[51] Un ejemplo de estudios léxicos para la división dialectal será Ph. Cahuzac (1980). Se trata de un análisis de las voces referentes al concepto 'campesino' en distintas zonas del español americano. Sus datos provienen de documentos anteriormente publicados, lo que nos obligaría a reflexionar sobre su validez sincrónica. Sobre su premisa, a nuestro juicio, problemática, de que "toda la población americana es rural" deberíamos mantener reservas.

[52] La razón que dan J. C. Zamora Munné y J. M. Guitart (1982: 181-182) es que "las isoglosas léxicas son demasiado locales y tienen además carácter asistemático". Y añaden: "(...) El léxico es útil, sin embargo, para la subclasificación dentro de zonas mayores". El léxico moderno que tratamos, sin embargo, no es 'demasiado local' sino que posee una difusión más o menos amplia según el caso. Y no es 'para la subclasificación dentro de zonas mayores', puesto que algunas palabras traspasan las divisiones propuestas. Lo que sí nos parece difí-

güísticos: diafásico, diacrónico, diastrático, etc. Naturalmente en todos los niveles de la lengua se presentan cambios en distintos vectores, pero la dimensión de la variabilidad del léxico es considerablemente mayor que en los casos de fonología y morfosintaxis.

A la hora de intentar la zonificación dialectal del español urbano, nos encontramos con múltiples problemas, entre los cuales destacaremos los tres más importantes a nuestro juicio: voces, localidades y materiales

En cuanto a las voces, objeto de nuestro análisis taxonómico, es muy difícil determinar los conceptos candidatos como criterio para establecer algunas divisiones. Las conclusiones a que lleguen los analistas serán siempre relativas, nunca absolutas, puesto que su división dependerá necesariamente de la elección de las voces en que basen su estudio. Todas las afirmaciones a las que se lleguen serán del tipo 'si nos restringimos a los datos disponibles...'. Y estos datos son los que ofrecen los atlas lingüísticos de la región.

En nuestro caso del léxico urbano, es sumamente difícil escoger los conceptos que nos sirvan como base de comparación. Aun limitándonos al léxico variable, todavía es sorprendentemente grande su cantidad. Hay muchos estudios sobre este tema y se ha registrado un número considerable de datos recogidos tanto en el ámbito regional como en las zonas transnacionales o incluso en el mundo panhispánico. Existen, por otra parte, diccionarios de regionalismos en los que podemos apreciar un rico acervo de las voces peculiares de la región.

En contraste con el vocabulario de tipo regional, que pertenece al patrimonio lingüístico tradicional y posee, lógicamente, un carácter conservador, el léxico urbano es muy fácil que cambie, se sustituya y desaparezca de un año a otro. Existe una relación tensa entre el vocabulario vernáculo y los préstamos de las lenguas extranjeras, entre las palabras oficiales y las usuales, entre las denominaciones humorísticas y las neutras, entre los términos comerciales —incluso los nombres de marca— y los comunes, etc., etc. A veces se muestran tan efímeros que dudamos si podemos proceder a elaborar materiales válidos por un período de unas décadas. Todo cambia y se nos escapa como arena entre los dedos.

cil es trazar unas isoglosas, porque la distribución léxica presenta aspectos muy complicados. A pesar de todo, creemos que estos problemas se pueden tratar con los nuevos métodos que explicaremos más adelante.

Respecto a las localidades, no tenemos todavía un dato de carácter general de la variación léxica entre distintas ciudades con una base común para poder realizar una comparación metódica[53]. Y aun si lo obtuviéramos, sería, teóricamente, imposible comparar los léxicos de cada localidad, puesto que el léxico es una estructura autosuficiente en cada sitio (sintopía). Carecería de sentido, si entresacáramos unas pocas palabras de su inmenso microcosmos lingüístico para intentar llegar a una visión general de la lengua.

Cada localidad, cada región o cada país tiene su propio modo de ser lingüístico y extralingüístico. Como nuestro objetivo es un estudio del léxico, debemos tener presente que en sus características se reflejan distintas realidades de las localidades en cuestión: condiciones históricas, actividades socioeconómicas, costumbres tradicionales, relaciones interétnicas, naturaleza y medio ambiente, etc. Todo puede afectar al léxico. ¿Qué significado tendría la comparación del léxico, si no tuviéramos en cuenta las condiciones particulares de cada sitio?

¿Y los materiales? Para analizar algo, el primer paso sería reunir los datos, con unos planteamientos debidamente definidos. Aquí vemos también una serie de dificultades teóricas y prácticas. Teóricamente, los datos de la encuesta no son datos realmente lingüísticos, sino unos indicios que se nos presentan a la hora de preguntar con un cuestionario, situación bastante artificial, lo que deformaría las respuestas, que de otro modo serían más naturales. Tenemos muchos ejemplos de confusiones de este tipo, y todavía tendríamos más si la realizáramos por correspondencia. Lo más que podemos afirmar sería que son reacciones de parte del individuo encuestado en unas situaciones determinadas y se supone que son, en su mayoría, reflejos de su vida lingüística.

Por último, nos permitimos exponer un tipo de dilema intrínseco a la labor de clasificación[54]. Se trata de la determinación de criterios internos y externos. Nadie podría dar su determinación, si no fuera por su juicio *a prio-*

---

[53] F. Moreno Fernández (1993a:36), después de revisar los trabajos dialectales de zonificación americana, señala en su conclusión: "Todos los estudios realizados hasta el momento, sin excepción, denuncian la falta de datos fiables, rigurosos, coherentes y comparables. Muchos autores aluden específicamente a la necesidad de un atlas lingüístico que elimine esas carencias".

[54] Hemos tratado de este problema en el intento de hacer una división dialectal de Andalucía (H. Ueda, 1993).

ri. Lo explicaremos con un ejemplo de dialectología. Supongamos que ante nosotros hay unos datos del dialecto X. Lo que intentamos sería determinar la zona de este dialecto, para lo cual, buscamos unos rasgos lingüísticos (a, b, c, etc.) que nos puedan servir de criterio. Ahora bien, nos preguntamos a qué zona corresponde el dialecto X. La respuesta de los dialectólogos sería: la zona del dialecto X se define como la zona donde se encuentran los rasgos lingüísticos, a, b, c, etc. Hasta aquí, no hay duda y nos convencemos con esta descripción. Pero, si nuevamente formuláramos la pregunta de otra manera: ¿Cuáles son los rasgos lingüísticos del dialecto X?, recibiríamos la respuesta: los rasgos lingüísticos del dialecto X, son los que se encuentran en la zona X. Estamos en un círculo vicioso.

Se advertirá que este dilema no se da solo en las cuestiones de división dialectal, sino en todo tipo de clasificación. Por lo tanto, quienes intentan algún trabajo de taxonomía, tienen que resolverlo de alguna manera: encontrar el criterio externo más importante y significativo, o que parezca más importante de todos, el criterio que nos presente la menor contradicción posible, o el criterio con que podamos llegar a una conclusión más convincente.

Después de reflexionar someramente sobre las dificultades a las que nos enfrentamos a la hora de intentar una zonificación comparada del español del mundo, a continuación, intentaremos, en lo posible, presentar nuestra respuesta a estas dudas y, al mismo tiempo, ofrecer una conclusión a la que hemos llegado por medio de nuevos métodos de analizar y sintetizar los datos reunidos por nosotros durante los últimos años.

3. 3. Dialectometría

Recientemente, se han introducido nuevos métodos de clasificación de variedades lingüísticas para aplicar a los datos dialectales. Se trata de la nueva ciencia denominada 'dialectometría'. Hans Goebl, uno de los pioneros de este método, dice que la dialectometría se concibe como una fórmula de adición: geografía lingüística más taxonomía numérica igual a dialectometría[55]. Por esta razón, los investigadores europeos han trabajado con los datos publi-

---

[55] H. Goebl (1982: 69) afirma: 'La *dialectométrie* (...) constitue un ensemble bidisciplinaire basé sur la *geographie linguistique* d'une part et la *taxonomie numérique* de l'autre'. Y, posteriormente (1993: 38): '(...) die Dialektometrie eine auf geolinguistische Daten angewendete numerisch-klassifikatorische Methode ist'.

cados en los atlas lingüísticos. Allí, lo que se persigue es zonificar cuantitativamente áreas dialectales dentro del dominio tratado en los atlas, en vez del método tradicional de buscar las 'isoglosas' o 'haz' de isoglosas léxicas sin depender de la estadística.

A manera de las directrices de trabajo que ha propuesto H. Goebl[56], existen las etapas siguientes en el proceso de la elaboración dialectométrica:

1) Recolección de los datos dialectales.
2) Codificación de los datos en forma de base de datos.
3) Elaboración de las tablas de distribución.
4) Elaboración de las matrices de similitud.
5) Patronización (microanálisis).
6) Taxonomía lingüística (macroanálisis).

Según F. Moreno Fernández (1993a: 290), el análisis cuantitativo de los hechos dialectales ha conocido dos etapas claramente diferenciadas. En la primera fase, denominada de 'pre-cuantificación', se utiliza una estadística simple como recuentos y elaboración de frecuencias relativas[57]. La dialectometría propiamente dicha empieza en la fase que denomina el mismo autor 'la etapa de cuantificación compleja'[58]. Una de las características más destacables será la utilización de la matriz de similitud para aproximarse a la imagen global del área investigada[59].

Dentro de la matriz, en cada casilla de intersección de dos localidades, lo normal es que se calcule el número de coincidencias (elementos comunes). Pero si se cuentan también otros tres números no menos importantes —dos

---

[56] Véase el art.cit. (1993:38), donde habla de su "Dialektometrische Verfahrenskette".

[57] En España, los trabajos representativos son M. Alvar (1955, 1978) y J. Fernández-Sevilla (1981). En los atlas lingüísticos, se calculan las frecuencias de determinados fenómenos lingüísticos. El ejemplo más destacable, en el ámbito hispanoamericano, es J. M. Lope Blanch (1990).

[58] Moreno Fernández (*loc.cit.*): "La segunda fase en el desarrollo de la geolingüística cuantitativa puede denominarse etapa de *cuantificación compleja* y consiste en el uso de procedimientos estadísticos más sofisticados. Esas técnicas se emplean para hacer descripciones e inferencias sobre hechos de los que no se tiene una información directa. También permiten la comparación de más de dos factores y suelen ir acompañadas de índices de significación y fiabilidad".

[59] Sirvan de ejemplos, dentro de la geolingüística española, los trabajos siguientes: F. Moreno Fernández (1991) y P. García Mouton (1991).

de no coincidencias y otro de coincidencias negativas—, se obtiene un índice normalizado con oscilación entre +1 y -1. Nos referimos a la fórmula de Kroeber y Chrétien de la que habla M. Alvar (1973: 33) como uno de los posibles métodos estadísticos[60]:

> También los métodos estadísticos se han aplicado desde un punto de vista estructural para llegar al conocimiento de las relaciones interdialectales. Así, por ejemplo, D. W. Reed y J. L. Spicer lo han aplicado para estudiar diversas áreas de transición en el inglés hablado en los Estados Unidos, siguiendo la fórmula de Kroeber y Chrétien, basada en (a) el número de elementos comunes en dos grupos de variantes, (b) el número que se da en el primero y no en el segundo, (c) el número del segundo que falta en el primero y (d) el número que no aparece en ninguno de ellos. La fórmula para calcular el valor (phi) de las variantes dialectales (+1 representaría la identidad perfecta; -1, la total diferenciación) sería:

$$\text{phi} = \frac{ad-bc}{\sqrt{(a+b)(c+d)(a+c)(b+d)}}$$

Ahora bien, esta fórmula es una variante del famoso coeficiente de correlación de Pearson. Por su aplicabilidad sumamente amplia, como veremos más adelante (sección 3.7.), nos abre un horizonte nuevo: los métodos multivariados. De las técnicas de los análisis multivariados, las hay como la de los análisis factoriales (V. García Hoz, 1953), análisis de componentes principales[61], técnica de escalonamiento multidimensional (S. M. Embleton, 1987) o método de cuantificación tipo III (método de Chikio Hayashi)[62]. Dentro del amplio abanico de los métodos multivariados, se sitúan los pro-

---

[60] Véanse A. L. Kroeber y C. D. Chrétien (1960), y D. W. Reed y J. L. Spicer (1952). Aplicaremos este método a nuestros datos en la sección 3.7.

[61] Según algunos autores de estadística general, el análisis de componentes principales se considera como una variante del análisis factorial. Sin embargo, A. Woods et al. (1986: 291), por ejemplo, pretenden hacer una distinción clara entre las dos técnicas: 'there is often confusion about the difference between PCA [Principal Component Analysis] and FA [Factor Analysis] —indeed some researchers imply that they are the same thing— and it therefore seems worthwhile to make some attempt to discuss the essential differences between the two'.

[62] Ch. Hayashi (1954). 'El análisis multivariable [Cuantificación-III] pretende trabajar con las relaciones internas que establecen estos datos [lingüísticos] entre sí sin que deje de valorarse conjuntamente ninguno de ellos.' F. Moreno Fernández (1990: 153).

cesamientos de cluster (conglomerado), también con gran variedad. El último se caracteriza por su fácil manejo estadístico y también por ofrecernos unos resultados muy comprensibles.

Por último, volviendo a la tabla de distribución, que representa el estado descriptivo de la variación geográfica, podemos hablar de una nueva técnica de patronización. Como veremos en la sección siguiente, se trata de intentar conseguir la imagen de distribución más compacta según la similitud de las reacciones.

3. 4. Patronización

Al echar de menos intentos de taxonomía global de la lengua española, hemos pensado reunir los especímenes del léxico urbano moderno en 206 conceptos comunes (2.382 voces diferentes) con 47 ciudades (245 personas en total: véase el **Cuadro-3.4.a**)[63]. Nuestra idea es que, estudiando los datos reunidos del amplio ámbito del español, con la base común de la comparación, intentemos dibujar un mapa lingüístico dentro del cual cada voz y cada localidad se sitúen en el sitio más idóneo en relación con otras voces y localidades. Es decir, conseguir una imagen global de la variación lingüística del español urbano.

---

[63] A continuación, ofrecemos los nombres de las ciudades encuestadas junto con sus siglas utilizadas en los cuadros siguientes (país-ciudad): La Coruña (ES-COR), Santiago de Compostela (ES-SCO), Vigo (ES-VIG), Zaragoza (ES-ZAR), Barcelona (ES-BAR), Guadalajara (ES-GDL), Madrid (ES-MAD), Murcia (ES-MUR), Granada (ES-GRA), Málaga (ES-MLG), Tenerife (ES-TEN), Nador (Ma-NAD), Tetuán (MA-TET), Malabo (GE-MAL), La Habana (CU-HAB), Santiago de Cuba (CU-SCU), Santiago de los Caballeros (RD-STI), Santo Domingo (RD-SDO), San Pedro de Macorís (RD-SPM), San Juan (PR-SJU), Dorado (PR-DOR), Mayagüez (PR-MAY), Monterrey (MX-MON), Aguascalientes (MX-AGS), Ciudad de México (MX-MEX), Ciudad de Guatemala (GU-GUA), San Salvador (EL-SSV), Puerto Limón (CR-LMN), Panamá (PN-PAN), Santafé de Bogotá (CO-BOG), Caracas (VE-CAR), Mérida (VE-MER), Quito (EC-QUI), Lima (PE-LIM), Arequipa (PE-ARE), La Paz (BO-PAZ), Arica (CH-ARI), Santiago de Chile (CH-SCH), Concepción (CH-CON), Temuco (CH-TEM), Asunción (PA-ASU), Montevideo (UR-MTV), Salta (AR-SAL), Tucumán (AR-TUC), Buenos Aires (AR-BUE).

Cuadro-3.4.a. Encuestados (Clasificación por edad)

Edad:	Total
1 10-19	8
2 20-29	89
3 30-39	48
4 40-49	46
5 50-59	37
6 60-69	16
7 70-79	1
Total	245

Empecemos con el análisis de solo un concepto común independiente (**Cuadro-3.4.b**). El resultado se obtiene por medio de un programa computacional (PATRONIZACIÓN) que clasifica la distribución en dos dimensiones: formas léxicas y ciudades. El primer cuadro presenta la distribución de las formas en distintas ciudades. Por ejemplo *americana* se encuentra en ES-COR, 2 veces, en ES-SCO, 7 veces, y así sucesivamente. Las formas completas son: (1) *americana*; (2) *capa*; (3) *chaleco*; (4) *chaqueta*; (5) *gabán*; (6) *saco*; (7) *saco de traje*; (8) *vestón* y (9) *traje*.

Por medio del este cuadro, podemos proceder a analizar la distribución geográfica de las formas lingüísticas. Por ejemplo, la similitud distribucional entre *americana* y *chaqueta* hace posible agrupar las ciudades españolas con excepción de las hispanoamericanas. La cercanía entre *chaqueta* y *saco*, por otra parte, será característica de las últimas, lo cual se representará de manera sinóptica en la forma siguiente:

	Ciudades españolas	Ciudades americanas
americana	+	
chaqueta	+	+
saco		+

Los datos minoritarios (*chaleco, gabán, blazer, vestón, capa*) presentan una distribución dispersa.

Hasta aquí, nos hemos limitado a describir la distribución, sin más. No sabemos todavía qué patrón nos puede ofrecer el cuadro anterior para que podamos ver la imagen general de los hechos geolingüísticos. Ahora bien, si reordenamos tanto el eje horizontal de localidades como el vertical de unidades léxicas del cuadro distribucional, para que haya una mayor concentración posible de reacciones (registros), se prepara un cuadro patronizado (**Cuadro-3.4.c**).

Cuadro-3.4.b. Chaqueta (saco) Distribución original

Ciudad:

Forma:

Forma	...	Total
1 americana		40
2 capa		3
3 chaleco		2
4 chaqueta		102
5 gabán		13
6 saco		106
7 saco de t		10
8 vestón		7
9 traje		4
Total		287

Cuadro-3.4.c. Chaqueta (saco) Distribución patronizada

Forma:	Total
1 americana	40
9 traje	4
5 gab n	13
4 chaqueta	102
3 chaleco	2
7 saco de t	10
6 saco	106
8 vest n	7
2 capa	3
Total	287

Comparado con el cuadro anterior, en éste se destaca la nueva división de Hispanoamérica en dos grupos:

- *saco* y *chaqueta*... PR-MAY, PR-SJU, EL-SSV, VE-CAR, CR-LMN, RD-SDO, CU-HAB, PA-ASU, CO-BOG, CU-SCU, RD-STI.
- *saco* sin *chaqueta*... MX-MON, PE-ARE, PN-PAN, AR-TUC, RD-SPM, UR-MTV, MX-AGS, BO-PAZ, VE-MER, GU-GUA, AR-BUE, PE-LIM, MX-MEX.

Este es un ejemplo del análisis que se podría llamar 'micro-análisis', ya que se trata de analizar concepto por concepto para averiguar la distribución de sus significantes en distintas localidades. Nuestra finalidad en el presente estudio, sin embargo, no es un análisis pormenorizado, sino la búsqueda de una manera de zonificar el mundo hispanohablante. De momento, será suficiente indicar dos puntos que creemos muy importantes:

- No se debe absolutizar los datos de reacción en todos los puntos de intersección de forma y localidad. Como no se trata más que de unos indicios individuales de elección de formas, no pueden representar el habla de la localidad, ni mucho menos. Hay que relativizarlo todo dentro del patrón distribucional. Por ejemplo, habrá que controlar los datos peculiares o dudosos, que suelen tener una posición bastante rara dentro del cuadro de la distribución patronizada.
- Se advertirá que en esta operación no se ha tomado ninguna de las dos dimensiones como criterio de clasificación. Sin determinar *a priori* el criterio externo, se ha podido hacer una clasificación tanto de las voces como de las localidades, lo cual ha sido nuestra finalidad en este análisis de patronización.

3. 5. Matriz de coocurrencias

Nuestro objetivo en esta ocasión no se limita a considerar un solo caso del concepto-objeto común, como acabamos de hacer con 'chaqueta saco', sino que busca un método para poder elaborar una zonificación convincente del mundo hispanohablante. Se trata de un intento de clasificación de las localidades con base en todas las variedades léxicas investigadas. Para llevar a cabo este análisis de dimensión mucho más grande que el caso anterior (hasta el presente, contamos con unas 30.000 fichas de relación palabra-localidad), nos valemos de distintos métodos de medición de la relación existente entre todas las parejas posibles de combinación de las ciudades. Para obtener la descripción taxonómica más exacta y convincente posible, tendremos que ensayar distintos métodos para después comparar y relativizar los resultados.

Empecemos con el 'método de coocurrencias'. Este método es el más sencillo. Para medir la distancia 'lingüística' de dos sujetos en cuestión, se cuentan las veces de las reacciones positivas comunes. Tomemos por ejemplo la matriz de tres sujetos (A, B, C) por 5 formas lingüísticas (de f-1 a f-5), que se representa de la manera siguiente:

	A	B	C
f-1	+	+	
f-2	+	+	+
f-3			+
f-4	+	+	
f-5	+		+

Entre el sujeto A y el sujeto B observamos tres ocasiones en las que coocurren las mismas formas (f-1, f-2 y f-4); entre el A y C, dos veces (f-2 y f-5); y finalmente entre B y C, una vez en f-2. De las tres combinaciones (A-B, A-C, B-C), se forma la matriz de coocurrencias siguiente:

	A	B	C
A	4		
B	3	3	
C	2	1	3

En la intersección de A y B se encuentra la cifra 3, en la de A y C, 2; y en la de B y C, 1. De ahí se deduce que la similitud entre A y B es más grande que la de A y C o la de B y C. En la intersección consigo mismo (A-A, B-B, C-C) se observan los valores de frecuencia de cada variable, 4, 3, 3, respectivamente.

A continuación procedamos al análisis de 47 ciudades. Para calcular los coeficientes de coocurrencias, es necesario un procesamiento previo:

reducir los datos continuos de frecuencias al tipo presencia-ausencia[64]. Concretamente, todos los datos de más de un registro se convierten en 1, frente al dato de ausencia (cero). Se calcula la similitud de todas las parejas posibles, las cuales se representan en el **Cuadro-3.5**[65].

3. 6. Otras matrices posibles

En la estadística de los datos cualitativos (de tipo presencia-ausencia), hay veces en que es más conveniente tomar en consideración no solo los números de la correspondencia positiva, sino también de la no coincidencia e incluso la correspondencia negativa (es decir, las veces que tanto en uno como en el otro no se presentan ciertos fenómenos). Utilicemos el mismo ejemplo que en el caso anterior.

Por ejemplo entre A y B hemos visto que hay 3 correspondencias de formas lingüísticas (f-1, f-2, f-4). Ahora bien, también se puede calcular el número de veces en que se presenta en A pero no en B, que resulta 1 (f-5), y el número de veces en que no se presenta en A pero sí en B resulta 0. Finalmente, el número de veces que no se presentan ni en A ni en B es 1 (f-3). De estos datos, se prepara la tabla de contingencia siguiente:

	Variable B	Sí	No	Total
Variable A	Sí	3	1	4
	No	0	1	1
	Total	3	2	5

[64] R. L. Welsch, J. T. Terrel y J. A. Nadolski (1992) han investigado la correlación entre los factores lingüísticos, geográficos y de la cultura material del Norte de Nueva Guinea, utilizando el método de conversión de los datos brutos continuos en los del tipo presencia-ausencia. Han llegado a la conclusión de que no hay correlación entre la cultura material y el parentesco lingüístico en las localidades investigadas. C. C. Moore y A. K. Romney (1994: 371), por otra parte, están en contra de tal operación y han sacado una conclusión totalmente diferente utilizando los mismos datos de los autores citados: 'Our finding that language and distance have equally strong relations to material culture invalidates their main theoretical conclusions'.

[65] Los números que llevan asterisco (*) representan valores por encima de la media. Se supone que la pareja en cuestión mantiene una estrecha relación.

Generalicemos estos datos de la manera siguiente:

Variable B	1	0	Total
Variable A 1	(a)	(b)	(a+b)
0	(c)	(d)	(c+d)
Total	(a+c)	(b+d)	n

Intuitivamente, se podría afirmar que cuanto más grandes son las cifras de (a) y (d) —coincidencia positiva y coincidencia negativa—, y cuanto menos las de (b) y (c) —discrepancias—, tanto mayor resultará la similitud entre las dos variables. Para medir el grado de similitud (o distancia), se han propuesto varias fórmulas que satisfacen la misma condición, de las que destacaremos las siguientes[66].

(1) Empecemos con el **coeficiente de Russell y Rao**. Es uno de los coeficientes de relación más simples:

$$C_1 = \frac{a}{a+b+c+d}$$

Excluye la correspondencia 0-0 (d) como irrelevante al contar las veces de correspondencia entre las dos variables, pero sí se toma en consideración al determinar el número de las posibilidades de las correspondencia (el denominador). Utilizando los datos de las tres ciudades extraídas, obtenemos una matriz con la siguiente relación[67]:

	Madrid	México	Santiago
Madrid	—		
México	.120	—	
Santiago	.112	.129*	—

El valor máximo teórico se presenta cuando b = c = d = 0, es decir, cuando la correspondencia es perfecta entre las dos variables. Al presentarse

---

[66] Para la explicación de los distintos coeficientes, seguimos a M. R. Anderberg (1973: 88-97).

[67] El asterisco (*) significa el valor máximo dentro de la matriz.

una dimensión grande de los datos, como en nuestro caso de la variación léxica, los valores de este coeficiente suelen ser muy reducidos.

(2) **Coeficiente de correspondencia simple** (ingl. 'Simple matching coefficient'). El valor de esta medida es la probabilidad de que los datos aleatoriamente escogidos adquieran las mismas reacciones en ambas variables. Se da la misma importancia tanto a la correspondencia 1-1 (a), como a la de 0-0 (d):

$$C_2 = \frac{a+d}{a+b+c+d}$$

Comparemos las tres ciudades utilizando este coeficiente:

	Madrid	México	Santiago
Madrid	—		
México	.656	—	
Santiago	.742*	.664	—

Se advierte que este coeficiente se eleva notablemente cuando el valor de (d) es grande, como nuestro caso de las tres ciudades.

(3) **Coeficiente de Jaccard.** De esta medida, se descarta el valor de la correspondencia 0-0 (d):

$$C_3 = \frac{a}{a+b+c}$$

	Madrid	México	Santiago
Madrid	—		
México	.256	—	
Santiago	.302*	.278	—

Influye mucho la potencia de las frecuencias de no correspondencias (b y c).

(4) **Coeficiente de Hamann.** El valor máximo (1.0), se obtiene cuando b = c = 0, lo que significa la similitud perfecta; mientras que el valor mínimo (-1.0), cuando a = d = 0, caso de la disimilitud perfecta:

$$C_4 = \frac{(a+d)-(b+c)}{a+b+c+d}$$

	Madrid	México	Santiago
Madrid	—		
México	.313	—	
Santiago	.484*	.329	—

Es destacable que se tomen en consideración no solamente los valores de correspondencia (tanto positiva (a), como negativa (d)), sino también los valores de no correspondencia ((b) y (c)) en el numerador de la fórmula.

(5) **Coeficiente de Yule.** El valor máximo (1.0) se obtiene cuando b = 0 ó c = 0, lo que significa la similitud perfecta; mientras que el valor mínimo, cuando a = 0 ó d = 0, (es reflejo de la disimilitud perfecta).

$$C_5 = \frac{ad-bc}{ad+bc}$$

	Madrid	México	Santiago
Madrid	—		
México	.418	—	
Santiago	.619*	.459	—

El coeficiente de Yule suele ser utilizado con más frecuencia que otros en las descripciones comparativas en distintas disciplinas de ciencias[68].

Se puede pensar en otros coeficientes más sofisticados: Sorenson, Rogers y Tanimoto, Sokal y Sneath, Baroni-Urbani y Buser, distancia de Sokal, Ochiai, etc.[69] Sin embargo, como éste no es lugar para revisar y desarrollar teo-

---

[68] G. U. Yule (1944) se valió del coeficiente de asociación para el estudio del vocabulario literario donde se planteó el problema de autoría de *De Imitatio Christi*. Se discutía si el autor era Thomas à Kempis (1380-1471) o era Jean Charlier de Gerson (1363-1329). Para atribuir la obra al primer autor, utilizó varias técnicas estadísticas, entre las cuales se hallaba el coeficiente de Yule aplicado al análisis de sustantivos usados en las obras en cuestión y en las demás obras de los dos autores citados.

[69] Véase, por ej., H. Ch. Rosemberg (1989: Cap.10).

rías de la estadística, nos hemos limitado a exponer los métodos más sencillos y fáciles de comprender por nuestra intuición. Cada uno tiene sus ventajas e inconvenientes, por lo tanto es necesario realizar varios ensayos para llegar a la comprensión de las características de los datos.

De nuestros datos de ejemplos, se observa fácilmente que los distintos coeficientes nos ofrecen valores dispares tanto en sentido absoluto como en relativo. Nuestra conclusión variaría de acuerdo con la elección de estas medidas, de modo que siempre es conveniente no absolutizar la estadística. Lo ideal sería comparar los resultados de diferentes métodos con el objeto de relativizar las cifras exactas situándolas en el plano de relación con otros elementos. El **cuadro-3.6.** es la matriz de los coeficientes de Yule respecto a las 47 ciudades investigadas:

3.7. Coeficiente de correlación

Para los datos de carácter continuo, es decir, en nuestro caso de carácter frecuencial en vez del tipo presencia-ausencia, es muy utilizado el coeficiente de correlación de Pearson en las ciencias sociales y naturales. En uno de los libros más consultados en las ciencias sociales, H. M. Blalock (1960: 393-394) lo explica de la manera siguiente:

> El coeficiente de correlación *r* (...) fue introducido por Karl Pearson y se designa a menudo como correlación momento-producto, con objeto de distinguirla de otras medidas de asociación. Este coeficiente mide la cantidad de dispersión alrededor de la ecuación lineal de los mínimos cuadrados. Obtenemos una estimación *r* de dicho parámetro midiendo las desviaciones respecto de la línea calculada por medio de los mínimos cuadrados. (...) Posee la ventaja de ser de fácil interpretación, y su recorrido va de -1.0 a 1.0, hecho que resulta atractivo para la mayoría de los investigadores. La fórmula es:

$$r = \frac{\sum(x-m_x)(y-m_y)}{\sqrt{\sum(x-m_x)^2(y-m_y)^2}}$$

Es decir, el coeficiente de correlación es la razón de la covariación a la raíz cuadrada del producto de la variación de X y la variación de Y.

La siguiente es la matriz de los coeficientes de correlación sacados entre tres ciudades de nuestro corpus lingüístico:

	Madrid	México	Santiago
Madrid	—		
México	.366	—	
Santiago	.419*	.410	—

Seguidamente, analizaremos nuestros datos en la variación léxica según los coeficientes de correlación.

Como otra posibilidad de coeficientes de correlación, presentamos el de Phi aplicable a los datos cualitativos (de tipo presencia-ausencia). Lo hemos visto anteriormente y lo reproducimos a continuación:

$$\text{phi} = \frac{ad-bc}{\sqrt{(a+b)(c+d)(a+c)(b+d)}}$$

Es curioso que las dos fórmulas, la del coeficiente de correlación y la otra de Phi son matemáticamente derivables una de la otra, de modo que se puede aplicar el coeficiente Phi para los análisis multivariados como el análisis factorial o el de componentes principales, lo mismo que el coeficiente de Pearson.

Finalmente, para resolver el problema de la ausencia, es decir, el problema causado por la frecuencia de correspondencia 0-0 —el número correspondiente a (d)—, se ha pensado una fórmula más (que denominaremos coeficiente de Phi modificado), derivada de Phi[70].

$$\text{phi'} = \frac{a}{\sqrt{(a+b)(a+c)}}$$

Ahora bien, comparemos los resultados de los dos métodos —coeficiente Phi y coeficiente Phi modificado—, aplicados a nuestros datos lingüísticos de las tres ciudades:

---

[70] Véase Welsch *et al.*, art.cit. Moore *et al.* (1994: 372) afirman que: "it was derived to overcome the problem of including joint absences". En la lingüística indoeuropea ha habido una polémica entre A. L. Kroeber y C. D. Chrétien (1937, 1939, 1960) por una parte y A. Ellegård (1959) por otra, sobre la utilización de los dos coeficientes citados.

Coeficiente Phi

	Madrid	México	Santiago
Madrid	—		
México	.188	—	
Santiago	.295*	.212	—

Coeficiente Phi modificado

	Madrid	México	Santiago
Madrid	—		
México	.419	—	
Santiago	.465*	.441	—

Se advierte que la versión modificada del coeficiente Phi presenta valores más elevados que la versión original.

3. 8. Resultado

Los análisis por matrices de coeficientes se caracterizan por su individualidad. Se compara una variable (sujeto, ciudad, país) con otra, cada vez que se elige la pareja. La ventaja de la matriz está en que nos ofrece el grado exacto de similitud de las dos variables, pero padece de un inconveniente: hace que nos perdamos en la telaraña de los números. En esta sección, presentaremos un nuevo método —llamado análisis de conglomerado (ingl. 'cluster analysis')— de aproximarse a una imagen global de todas las variables en cuestión (M. R. Anderberg [1973] y H. Ch. Rosemberg [1989]). Su ámbito de aplicación es casi infinito, puesto que siempre resulta útil para realizar una clasificación de fenómenos de cualquier disciplina de ciencias.

Creemos que una de sus más grandes ventajas es su capacidad de visualización en forma de dendrograma (**Fig. 3.8**). El gráfico nos ayuda a organizar la estructura de los datos variables. En realidad, se han pensado numerosos métodos para construir la estructura conglomerada, de los cuales los más fundamentales son: 1) el método de vecindad más próxima (ingl. 'nearest neighborhood method'), 2) el de vecindad más lejana (ingl. 'farest neighborhood method') y 3) el de valor medio (ingl. 'average linkage method'). De ellos, el primero tiene el inconveniente de producir el efecto de cadena, por lo cual no es recomendable utilizarlo con fines taxonómicos.

Descartando el método de vecindad más próxima, por producir el efecto de cadena, y sintetizando los resultados en forma de dendrogramas ofrecidos por los análisis de los métodos de vecindad más lejana y de término medio, llegamos a la conclusión de que el mundo de la lengua española se divide básicamente en seis zonas respecto al léxico urbano investigado en este estudio:

- **ZONA-1.** ESPAÑA Y ÁFRICA: La Coruña, Santiago de Compostela, Vigo, Zaragoza, Guadalajara, Barcelona, Madrid, Murcia, Granada, Málaga, Almería, Tenerife, con la añadidura de Tetuán, Nador y Malabo.
- **ZONA-2.** CARIBE: La Habana, Santiago de Cuba, Santiago de los Caballeros, Santo Domingo, San Pedro de Macorís, San Juan, Dorado, Mayagüez.
- **ZONA-3.** MÉXICO: Monterrey, Aguas Calientes y Ciudad de México.
- **ZONA-4.** CENTROAMÉRICA, COLOMBIA Y VENEZUELA: Ciudad de Guatemala, San Salvador, Puerto Limón, Panamá, Santafé de Bogotá, Mérida y Caracas.
- **ZONA-5.** ANDES: Quito, Lima, Arequipa, La Paz.
- **ZONA-6.** CONO SUR: Arica, Santiago de Chile, Concepción, Temuco, Asunción, Montevideo, Salta, Tucumán, Buenos Aires.

Es interesante observar que las ciudades pertenecientes a un mismo país tienden a formar un grupo convergente dentro de cada región multinacional, lo que nos asegura la eficacia de esta clasificación[71]. Del mismo modo, merece la pena observar en esta clasificación la coherencia geográfica de cada grupo: en ninguna de las zonas arriba mencionadas hay mezcladas ciudades geográficamente no contiguas.

---

[71] J. M. Lipski (1994: 5) es partidario de ver las naciones como unidades coherentes en la distribución del léxico español: "(...) the only variables which show a close correlation with national boundaries are vocabulary items intimately related to the idiosyncracies of national culture (...)". Además, dividir la zona lingüística por naciones es la práctica común en la dialectología hispanoamericana, como el mismo autor señala en su libro citado: "Despite the unlikelihood that models based solely on national identity will yield any theoretical insights, most descriptive studies have focused on single nations (...), or on cities or regions within a single country" (*ibíd.*).

Se advierte, por otra parte, una curiosa relación con la historia del mundo hispánico. Nos referimos a la colonización de América y África de los siglos pasados. Respecto al Nuevo Continente, las cinco zonas corresponden exactamente a las zonas colonizadas en distintas etapas. Así en un principio, la zona del Caribe fue el primer punto de contacto de los dos mundos (Zona-2. El Caribe). El virreinato de la Nueva España (fundado en 1535), con la capital en México, se extendía hasta Centroamérica, hecho que coincide perfectamente con nuestra Zona-3 y Zona-4 (México y Centroamérica). Le sigue cronológicamente el virreinato de Perú (1543), cuya capital fue Lima, y que corresponde *grosso modo* a nuestra Zona-5 (ANDES). Una parte de la Zona-4 (Colombia y Venezuela) representa la antigua Nueva Granada, fundada en 1717 (la capital fue Bogotá). La última en la fundación (1776) fue la del Río de la Plata (nuestra Zona-6. La Plata). Por otra parte, es natural que los dos países africanos mantengan una relación más estrecha con España que con los países americanos (Zona-1).

Desde luego, no hay por qué conexionar directamente la zonificación lingüística del léxico moderno urbano con la larga historia de la colonización. Sin embargo, no hay que olvidar el hecho de que la comunicación y el transporte facilitan la homogeneización lingüística dentro de una zona. Sin duda, las condiciones históricas y culturales son siempre factores tan importantes como las geográficas para determinar ciertos aspectos lingüísticos. La variación léxica del español urbano moderno no será ninguna excepción. Creemos que la coherencia dentro de cada zona y la diversificación entre las zonas son resultado de estas condiciones que vienen de la larga tradición hispana en el mundo.

Finalmente, será oportuno señalar un punto, a nuestro modo de ver, muy importante a la hora de aplicar los métodos estadísticos a los hechos culturales. Nos referimos al hecho de que las cifras absolutas no tienen mucha importancia, comparadas con las imágenes generales que no contradicen nuestra intuición, ni nuestros conocimientos previos[72]. Por esta razón, hemos venido prescindiendo de interpretar los valores absolutos de los distintos coeficientes. Hemos venido analizando las imágenes visuales de la taxonomía cualitativa para alcanzar un conocimiento en armonía con teorías convincentes.

---

[72] H. E. Driver (1970: 624), un experto en antropología cuantitativa dice: '(...) statistics were ancillary to the other ethnological methods and should not be divorced from a thorough knowledge of the cultures of the region, a careful coding of the data, and an awareness of geographical relations of the ethnic units.'

Cuadro-3.5. Coocurrencias

	1	2	3	4	5	6	7	8	9	10	11	12	13	14	15	16	17	18	19	20
1) ES-COR	474*																			
2) ES-SCO	401*	559*																		
3) ES-VIG	377*	425*	551*																	
4) ES-ZAR	299*	319*	802*	387*																
5) ES-BAR	822*	340*	894*	274*	442*															
6) ES-CDL	297*	310*	305*	272*	275*	363*														
7) ES-MAD	315*	338*	344*	268*	293*	268*	415*													
8) ES-MUR	307*	329*	319*	272*	280*	277*	268*	395*												
9) ES-GRA	341*	375*	872*	289*	330*	296*	816*	806*	517*											
10) ES-MLG	328*	353*	844*	281*	302*	287*	282*	293*	349*	416*										
11) ES-ALM	334*	366*	349*	296*	317*	294*	282*	307*	359*	327*	488*									
12) ES-PAL	341*	372*	359*	288*	312*	289*	291*	292*	342*	319*	341*	515*								
13) ES-TEN	289*	287*	291*	226*	246*	223*	262*	225*	268*	251*	266*	292*	372*							
14) MA-NAD	174	183	187	180	187	154	181	156	189	184	180	171	142	854*						
15) MA-TET	121	131	133	117	120	116	125	111	129	119	120	125	118	114	165					
16) GE-NAL	314*	354*	354*	270*	302*	287*	293*	285*	332*	294*	317*	324*	285*	195	129	574*				
17) CU-HAB	208*	250*	250*	182	206*	175	220*	179	224*	193	203*	234*	201	122	88	234*	477*			
18) CU-SCU	245*	286*	280*	188	231*	191	223*	207*	258*	221*	289*	273*	205*	189	91	275*	368*	813*		
19) RD-STI	288*	341*	840*	237*	277*	228*	270*	289*	318*	267*	286*	321*	245*	219*	119	358*	329*	428*	898*	
20) RD-SDO	196	222*	233*	159	196	151	215*	159	212*	186	182	214*	177	124	86	213*	249*	272*	402*	479*
21) RD-SPM	134	159	163	113	130	104	142	117	153	129	137	154	138	94	67	175	209*	223*	322*	243*
22) PR-SJU	264*	301*	301*	211*	250*	192	247*	208*	269*	243*	249*	288*	224*	183	106	285*	295*	350*	490*	304*
23) PR-DOR	171	195	194	143	181	130	150	148	179	159	164	198	139	118	74	192	188	234*	388*	219*
24) PR-MAY	288*	329*	826*	248*	272*	236*	271*	241*	303*	261*	282*	301*	240*	186	118	310*	293*	341*	470*	313*
25) MX-MON	127	153	156	107	136	104	145	101	143	124	123	142	118	84	63	139	167	176	238*	181
26) MX-AGS	123	143	146	94	114	103	120	102	136	113	123	130	95	96	54	139	156	178	246*	153
27) MX-MEX	232*	273*	265*	186	223*	183	212*	193	244*	210*	223*	247*	181	157	81	255*	235*	296*	398*	250*
28) GU-GUA	188	170	182	118	147	108	155	114	152	182	187	158	131	101	89	161	185	185	248*	197
29) EL-SSV	109	121	128	85	118	88	121	92	115	104	103	113	92	68	52	114	128	191	172	143
30) CR-LIM	151	177	182	122	152	114	154	114	163	131	142	165	137	111	75	172	186	200	264*	194

31) PN-PAN	328*	387*	379*	261*	312*	250*	291*	277*	339*	295*	323*	361*	263*	217*	126	378*	347*	433*	610*	360*
32) CO-BOG	248*	287*	278*	203*	287*	195	286*	214*	265*	230*	238*	263*	208*	188	104	266*	243*	288*	393*	281*
33) VE-CAR	152	178	185	127	165	123	176	185	182	149	147	163	139	101	80	165	182	193	249*	205*
34) VE-MER	150	174	188	127	156	122	163	131	163	145	140	172	152	105	76	179	204*	217*	282*	212*
35) EC-QUI	132	146	154	107	181	89	144	110	188	124	121	129	114	81	68	137	145	139	188	151
36) PE-LIM	250*	283*	282*	202*	252*	205*	248*	219*	257*	288*	242*	285*	198	169	94	269*	264*	298*	386*	264*
37) PE-ARE	154	185	193	129	163	120	166	127	166	137	143	169	144	101	71	170	194	195	255*	196
38) BO-PAZ	183	217*	230*	154	186	143	206*	152	203*	175	176	196	171	120	87	207*	213*	229*	309*	242*
39) CH-ARI	148	172	183	120	145	108	158	117	158	187	127	183	180	97	67	164	175	176	212*	166
40) CH-SCH	181	210	225	146	185	143	192	182	196	171	174	198	182	124	81	204	200	213	269*	200
41) CH-CON	163	191	184	140	157	131	153	138	165	152	155	185	133	110	68	175	176	201	235*	161
42) CH-TEM	159	191	182	137	152	129	145	141	186	148	152	175	118	117	73	183	183	203	239*	146
43) PA-ASU	235*	283*	289*	207*	284*	192	221*	210*	282*	226*	282*	269*	197	170	98	278*	246*	288*	384*	232*
44) UR-MTY	167	196	202*	148	170	135	173	150	170	156	159	168	141	120	79	173	174	170	222*	167
45) AR-SAL	213*	254*	247*	179	195	173	188	188	218*	194	204*	233*	169	150	82	241*	193	239*	317*	181
46) AR-TUC	110	118	126	82	119	88	121	97	107	107	108	107	88	74	47	108	110	115	138	113
47) AR-BUE	259*	299*	305*	224*	258*	210*	257*	236*	269*	246*	258*	265*	203*	169	101	284*	246*	282*	363*	254*

	21	22	23	24	25	26	27	28	29	30	31	32	33	34	35	36	37	38	39	40
21) RO-SPH	363*																			
22) PR-SJU	246*	699*																		
23) PR-DOR	183	364*	427*																	
24) PR-MAY	249*	450*	824*	643*																
25) MX-MON	145	200	181	199	339*															
26) MX-AGS	133	204*	145	193	215*	344*														
27) MX-MEX	195	328*	223*	317*	293*	301*	634*													
28) GU-GUA	162	210*	147	226*	187	151	222*	352*												
29) EL-SSV	102	144	105	154	119	102	151	138	218*											
30) CR-LMN	145	224*	155	227*	176	155	216*	181	125	379*										
31) PN-PAN	275*	492*	332*	473*	248*	254*	439*	274*	184	305*	932*									
32) CO-BOG	206*	323*	227*	328*	199	188	330*	229*	182	238*	438*	586*								
33) VE-CAR	154	208*	149	217*	144	118	185	165	181	146	261*	217*	317*							
34) VE-MER	178	235*	157	234*	151	136	209*	178	129	169	290*	224*	235*	351*						
35) EC-QUI	121	157	111	173	124	103	154	132	117	132	199	177	142	136	242*					
36) PE-LIM	196	327*	228*	323*	202*	206*	328*	221*	184	229*	436*	327*	208*	230*	177	594*				
37) PE-ARE	164	205*	186	225*	164	180	208*	195	186	180	277*	227*	164	178	148	304*	369*			
38) BO-PAZ	186	254*	164	263*	194	158	254*	213*	150	203*	324*	283*	202*	200	180	301*	253*	436*		
39) CH-ARI	135	182	122	198	130	108	172	152	112	151	244*	200	149	149	135	220*	193	214*	342*	
40) CH-SCH	158	197	154	241*	150	137	226*	179	135	175	301*	242*	181	179	152	273*	218*	243*	287*	432*
41) CH-CON	135	208*	149	208*	113	128	202*	147	104	146	273*	218*	144	154	120	248*	178	199	237*	267*
42) CH-TEM	199	193	151	200	104	129	198	133	114	146	272*	217*	141	151	116	237*	159	184	223*	249*
43) PA-ASU	135	318*	208*	311*	168	171	289*	189	140	193	415*	313*	191	215*	165	339*	225*	262*	210*	259*
44) UR-MTV	151	125	125	201	132	103	174	140	110	138	252*	200	164	161	133	223*	170	209*	159	200
45) AR-SAL	78	248*	166	248*	143	144	255*	148	89	161	349*	248*	153	165	181	277*	189	215*	188	210*
46) AR-TUC	104	116	75	122	90	71	119	88	89	96	143	119	111	98	86	145	120	193	105	128
47) AR-BUE	188	290*	199	309*	181	173	298*	188	158	182	402*	303*	206*	208*	167	343*	230*	276*	215*	268*

	41	42	43	44	45	46	47
41) CH-CON	384*						
42) CH-TEM	278*	405*					
43) PA-ASU	241*	238*	606*				
44) UR-MTV	160	147	276*	361*			
45) AR-SAL	206*	197	361*	238*	561*		
46) AR-TUC	104	87	158	149	141	184	
47) AR-BUE	238*	231*	380*	288*	383*	187	602*

	1	2	3	4	5	6	7	8	9	10	11	12	13	14	15	16	17	18	19	20
1) ES-COR	1.000*																			
2) ES-SCO	.968*	1.000*																		
3) ES-VIG	.950*	.954*	1.000*																	
4) ES-ZAR	.945*	.942*	.923*	1.000*																
5) ES-BAR	.999*	.926*	.822*	.827*	1.000*															
6) ES-GDL	.959*	.953*	.949*	.980*	.944*	1.000*														
7) ES-MAD	.946*	.944*	.953*	.932*	.934*	.962*	1.000*													
8) ES-MUR	.949*	.940*	.939*	.946*	.930*	.946*	.927*	1.000*												
9) ES-GRA	.924*	.920*	.820*	.980*	.930*	.948*	.881*	.933*	1.000*											
10) ES-HLG	.958*	.959*	.852*	.947*	.964*	.964*	.845*	.955*	.965*	1.000*										
11) ES-ALM	.329*	.927*	.909*	.937*	.926*	.951*	.911*	.944*	.937*	.953*	1.000*									
12) ES-PAL	.325*	.905*	.918*	.915*	.907*	.937*	.896*	.915*	.900*	.935*	.916*	1.000*								
13) ES-TEN	.917*	.911*	.920*	.893*	.895*	.905*	.933*	.886*	.886*	.917*	.908*	.934*	1.000*							
14) MA-NAD	.695*	.649	.673	.785*	.701*	.740*	.707*	.710*	.711*	.717*	.705*	.641	.679	1.000*						
15) MA-TET	.871*	.883*	.894*	.892*	.880*	.899*	.908*	.886*	.888*	.887*	.881*	.872*	.902*	.897*	1.000*					
16) GE-MAL	.851*	.853*	.859*	.855*	.859*	.879*	.870*	.877*	.846*	.871*	.844*	.833*	.863*	.684	.869*	1.000*				
17) CU-HAB	.653	.701*	.709*	.673	.686*	.682	.765*	.649	.659	.673	.616	.695*	.781*	.425	.688*	.631	1.000*			
18) CU-SCU	.634	.654	.645	.599	.634	.615	.649	.621	.618	.639	.591	.670	.656	.858	.589	.600	.916*	1.000*		
19) RD-STT	.588	.560	.572	.522	.561	.545	.597	.481	.559	.582	.495	.574	.600	.495	.587	.584	.878	.724*	1.000*	
20) RD-SDO	.603	.601	.650	.570	.647	.572	.748*	.556	.612	.644	.568	.622	.674	.435	.688	.547	.776*	.715*	.873*	1.000*
21) RD-SPM	.485	.518	.548	.484	.506	.463	.608	.497	.536	.537	.484	.543	.647	.405	.632	.581	.797*	.738*	.903*	.877*
22) PR-SJU	.619	.613	.625	.574	.624	.540	.662	.544	.567	.646	.539	.636	.660	.516	.662	.537	.715*	.688*	.759*	.738*
23) PR-DOR	.589	.572	.576	.558	.585	.527	.550	.545	.550	.593	.518	.614	.562	.471	.622	.541	.838	.889	.809*	.745*
24) PR-MAY	.745*	.746*	.747*	.750*	.742*	.761*	.779*	.721*	.726*	.749*	.708*	.725*	.757*	.828*	.786*	.677	.752*	.719*	.785*	.800*
25) MX-MON	.490	.536	.561	.487	.583	.506	.661	.432	.530	.551	.447	.526	.580	.367	.625	.439	.689*	.597	.663	.740*
26) MX-AGS	.455	.470	.496	.382	.441	.490	.519	.430	.479	.473	.462	.445	.416	.455	.527	.428	.632	.596	.684	.616
27) MX-MEX	.564	.589	.571	.523	.582	.559	.585	.540	.543	.575	.504	.558	.530	.443	.487	.501	.571	.596	.616	.624
28) GU-GUA	.535	.595	.656	.522	.616	.510	.885*	.487	.552	.573	.505	.574	.829*	.477	.661	.534	.786*	.811	.674	.775*
29) EL-SSY	.668	.668	.714*	.800	.745*	.651	.780*	.640	.666	.893*	.818*	.656	.666	.502	.704*	.611	.766*	.888*	.771*	.828*
30) CR-LIM	.550	.576	.607	.513	.596	.503	.640	.450	.557	.522	.483	.569	.619	.500	.679	.535	.700*	.622	.664	.727*

31) PN-PAN	.658	.681	.671	.606	.672	.625	.658	.653	.606	.671	.610	.683	.657	.408	.699*	.827	.715*	.719*	.768*	.751*
32) CO-BOG	.662	.675	.657	.636	.671	.648	.709*	.665	.629	.687*	.606	.655	.675	.543	.713*	.589	.640	.615	.661	.697*
33) VE-CAR	.666	.699*	.733*	.645	.750*	.656	.810*	.674	.668	.713*	.627	.675	.720*	.540	.774*	.823	.780*	.718*	.777*	.846*
34) VE-MER	.594	.615	.682	.588	.680	.596	.719*	.598	.608	.641	.524	.651	.725*	.506	.715*	.823	.799*	.740*	.807*	.819*
35) EC-QUI	.726*	.728*	.789*	.680	.748*	.662	.820*	.680*	.721*	.738*	.657	.876	.733*	.549	.771*	.671	.781*	.651	.750*	.803*
36) PE-LIM	.670	.685*	.702*	.634	.722*	.689*	.742*	.681	.635	.699*	.623	.684	.645	.519	.639	.802	.710*	.643	.644	.708*
37) PE-ARE	.582	.680	.870	.570	.662	.556	.705*	.547	.589	.571	.507	.805	.687*	.447	.653	.545	.749*	.621	.653	.747*
38) BO-PAZ	.609	.845	.889*	.801	.661	.585	.789*	.579	.638	.651	.580	.812	.697*	.470	.713*	.581	.717*	.613	.699*	.800*
39) CH-ARI	.601	.824	.878	.584	.624	.527	.704*	.584	.601	.616	.466	.827	.840	.466	.657	.571	.716*	.591	.525	.877
40) CH-SCH	.606	.825	.889*	.587	.663	.591	.722*	.881	.816	.840	.556	.828	.865	.501	.873	.585	.877	.580	.552	.875
41) CH-CON	.600	.828	.807	.805	.612	.595	.828	.588	.557	.823	.543	.849	.591	.485	.616	.540	.658	.617	.521	.584
42) CH-TEM	.546	.592	.561	.558	.555	.553	.558	.587	.525	.572	.491	.571	.472	.497	.636	.589	.582	.586	.479	.471
43) PA-ASU	.605	.883	.881	.842	.651	.626	.648	.640	.604	.661	.572	.645	.630	.542	.646	.818	.641	.603	.618	.586
44) UR-MTV	.655	.888*	.717*	.676	.702*	.649	.742*	.675	.622	.675	.603	.615	.664	.583	.726*	.576	.881	.520	.521	.650
45) AR-SAL	.570	.608	.594	.588	.545	.585	.559	.594	.519	.584	.511	.589	.549	.486	.563	.541	.478	.483	.469	.417
46) AR-TUC	.735*	.720*	.770*	.705*	.798*	.692*	.829*	.727*	.684	.764*	.701*	.686*	.743*	.615	.697*	.645	.733*	.663	.644	.748*
47) AR-BUE	.692*	.704*	.730*	.709*	.733*	.701*	.768*	.736*	.666	.735*	.663	.656	.658	.541	.687*	.642	.645	.588	.575	.669

	21	22	23	24	25	26	27	28	29	30	31	32	33	34	35	36	37	38	39	40
21) RO-SPM	1.000*																			
22) PR-SJU	.758*	1.000*																		
23) PR-DOR	.782*	.831*	1.000*																	
24) PR-MAY	.800*	.866*	.883*	1.000*																
25) MX-MON	.724*	.633	.576	.673	1.000*															
26) MX-AGS	.864	.889	.638	.637	.325*	1.000*														
27) MX-MEX	.813	.598	.608	.627	.339*	.946*	1.000*													
28) GU-GUA	.771*	.646	.635	.748*	.867*	.754*	.740*	1.000*												
29) EL-SSV	.784*	.708*	.688*	.790*	.831*	.753*	.780*	.815*	1.000*											
30) CR-LIM	.870	.848	.630	.701*	.814*	.738*	.888	.759*	.832*	1.000*										
31) PN-PAN	.732*	.717*	.775*	.771*	.688*	.699*	.702*	.788*	.846*	.801*	1.000*									
32) CO-BOG	.891*	.692	.659	.696*	.710*	.680	.716*	.832*	.848*	.771*	.757*	1.000*								
33) VE-CAR	.797*	.719*	.675	.786*	.777*	.856	.889	.833*	.895*	.749*	.819*	.812*	1.000*							
34) VE-MER	.822*	.746*	.681	.776*	.762*	.634*	.695*	.826*	.857*	.779*	.823*	.774*	.959*	1.000*						
35) EC-QUI	.774*	.689*	.660	.798*	.808*	.707*	.716*	.826*	.901*	.804*	.797*	.836*	.892*	.840*	1.000*					
36) PE-LIM	.854	.848	.685	.690*	.722*	.728*	.719*	.784*	.854*	.745*	.755*	.747*	.795*	.844*	.887*	1.000*				
37) PE-ARE	.721*	.587	.551	.712*	.787*	.641	.660	.859*	.867*	.822*	.723*	.753*	.813*	.817*	.866*	.930*	1.000*			
38) BO-PAZ	.783*	.649	.588	.724*	.817*	.686*	.703*	.851*	.874*	.795*	.728*	.761*	.864*	.819*	.910*	.853*	.912*	1.000*		
39) CH-ART	.878	.540	.518	.662	.686*	.558	.551	.781*	.801*	.725*	.660	.708*	.782*	.751*	.848*	.778*	.864*	.864*	1.000*	
40) CH-SCH	.881	.581	.530	.658	.664	.592	.811	.756*	.826*	.707*	.655	.703*	.811*	.759*	.838*	.794*	.840*	.855*	.952*	1.000*
41) CH-CON	.616	.558	.617	.618	.531	.582	.601	.688*	.724*	.645	.666	.701*	.727*	.719*	.749*	.794*	.775*	.759*	.933*	.924*
42) CH-TEM	.564	.468	.529	.543	.498	.586	.549	.584	.655	.618	.606	.659	.690*	.881	.710*	.729*	.689*	.701*	.901*	.880*
43) PA-ASU	.655	.808	.575	.642	.565	.569	.581	.885	.741*	.625	.682	.698*	.715*	.738*	.784*	.788*	.740*	.750*	.737*	.747*
44) UR-MTY	.649	.549	.501	.635	.669	.493	.518	.687*	.793*	.641	.640	.672	.821*	.771*	.822*	.755*	.781*	.831*	.775*	.811*
45) AR-SAL	.473	.412	.430	.485	.478	.473	.520	.479	.595	.494	.555	.544	.582	.571	.648	.644	.645	.636	.603	.623
46) AR-TUC	.895*	.807	.538	.688*	.741*	.804	.875	.718*	.878*	.798*	.665	.701*	.856*	.778*	.864*	.889*	.853*	.863*	.813*	.846*
47) AR-BUE	.612	.514	.541	.640	.630	.582	.616	.634	.827*	.553	.651	.674	.773*	.716*	.794*	.779*	.759*	.791*	.757*	.775*

	41	42	43	44	45	46	47
41) CH-CON	1.000*						
42) CH-TEM	.949*	1.000*					
43) PA-ASU	.786*	.723*	1.000*				
44) UR-MTY	.729*	.648	.888*	1.000*			
45) AR-SAL	.685	.615	.841*	.821*	1.000*		
46) AR-TUC	.774*	.654	.869*	.924*	.836*	1.000*	
47) AR-BUE	.759*	.709*	.860*	.911*	.880*	.993*	1.000*

Fig. 3.8. Dendrograma

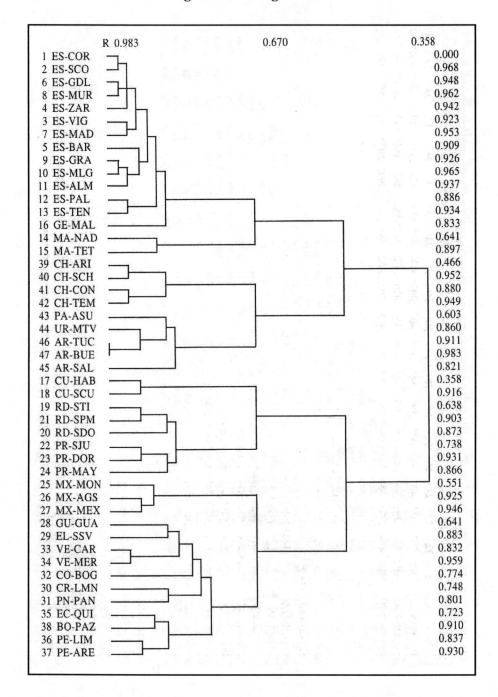

	R 0.983	0.670	0.358
1 ES-COR			0.000
2 ES-SCO			0.968
6 ES-GDL			0.948
8 ES-MUR			0.962
4 ES-ZAR			0.942
3 ES-VIG			0.923
7 ES-MAD			0.953
5 ES-BAR			0.909
9 ES-GRA			0.926
10 ES-MLG			0.965
11 ES-ALM			0.937
12 ES-PAL			0.886
13 ES-TEN			0.934
16 GE-MAL			0.833
14 MA-NAD			0.641
15 MA-TET			0.897
39 CH-ARI			0.466
40 CH-SCH			0.952
41 CH-CON			0.880
42 CH-TEM			0.949
43 PA-ASU			0.603
44 UR-MTV			0.860
46 AR-TUC			0.911
47 AR-BUE			0.983
45 AR-SAL			0.821
17 CU-HAB			0.358
18 CU-SCU			0.916
19 RD-STI			0.638
21 RD-SPM			0.903
20 RD-SDO			0.873
22 PR-SJU			0.738
23 PR-DOR			0.931
24 PR-MAY			0.866
25 MX-MON			0.551
26 MX-AGS			0.925
27 MX-MEX			0.946
28 GU-GUA			0.641
29 EL-SSV			0.883
33 VE-CAR			0.832
34 VE-MER			0.959
32 CO-BOG			0.774
30 CR-LMN			0.748
31 PN-PAN			0.801
35 EC-QUI			0.723
38 BO-PAZ			0.910
36 PE-LIM			0.837
37 PE-ARE			0.930

Fig. 3.9. Zonificación de las ciudades   235

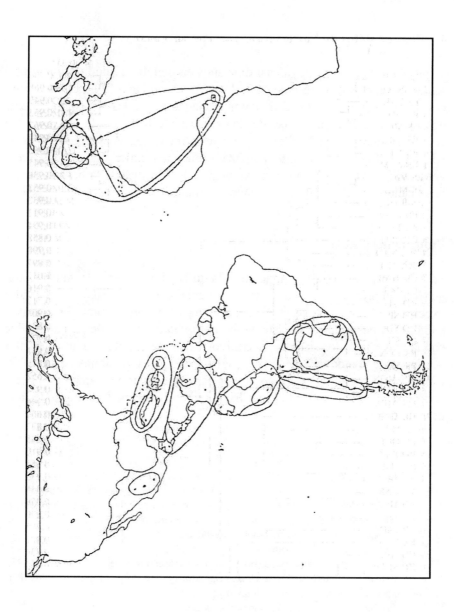

IV. BASES DE DATOS DIALECTALES[73]

4.1 Base de datos de Varilex

El proyecto Varilex lleva ya casi diez años en marcha desde la primera presentación en el X Congreso de ALFAL en Veracruz el año 1993. Desde entonces, la abrumadora cantidad de datos enviados por todos los colaboradores nos hizo considerar una base de datos accesible a través de Internet, que como anunciamos en Varilex 7 y posteriormente en el XII Congreso de ALFAL en Santiago de Chile, empezó a funcionar experimentalmente en el verano de 1999. A continuación exponemos los detalles de la base de datos, la situación actual así como los planes para un futuro cercano.

Entorno del sistema

Para llevar a cabo nuestra tarea, además de la página web[74] del coordinador general del proyecto, Hiroto Ueda, en la actualidad hay instalado un servidor experimental[75] para la base de datos compartida de Varilex. Para mayor comodidad del usuario, el sistema es multiplataforma, es decir, compatible con la mayoría de los sistemas operativos existentes, como son las diferentes versiones de Windows[76], Mac OS[77], y las principales versiones de Unix[78], y Linux[79] en especial. De este modo, por parte del usuario solamente es necesario un navegador como Internet Explorer[80] o Netscape[81] para acceder a la base de datos.

---

[73] La versión del cap. IV está basada en Ruiz Tinoco (1999, 2000, 2001).

[74] URL: http://gamp.c.u-tokyo.ac.jp/~ueda/varilex/index.html (enlace directo al proyecto)

[75] URL: http://133.12.37.60. Debido al carácter experimental de estas páginas web, la dirección URL puede cambiar en el futuro, pero se anunciaría con antelación.

[76] Cf.: http://www.microsoft.com/windows/default.asp

[77] Cf.: http://www.apple.com

[78] Sistema operativo desarrollado originalmente por la empresa Bell Laboratories en 1969.

[79] Sistema operativo similar a Unix, originalmente creado por Linus Torvalds. Para más información consultar http://www.linux.org/

[80] Cf.: http://windowsupdate.microsoft.com/?IE

[81] Cf.: http://home.netscape.com/

Como hardware, solamente necesitamos un servidor de características normales. Nuestro equipo utiliza un servidor de tipo PC y sistema operativo Linux, y creemos que es suficiente por el momento para nuestros objetivos experimentales. Cuidamos que no se quede demasiado justo de memoria debido al uso continuado tanto de la base de datos como de las fotografías y gráficos que se van creando sobre la marcha como veremos más adelante.

A continuación presentamos algunas herramientas utilizadas que se pueden obtener por licencia GNU/GPL[82] sin costo alguno para uso académico, con excepción del sistema operativo Windows[83], que no es absolutamente necesario.

Sistema operativo

Todas las pruebas efectuadas hasta el momento se han realizado en Linux y parcialmente con las versiones 98, 2000 y XP de Windows. No hemos comprobado directamente el funcionamiento en otros sistemas operativos, ya que ello no afecta la forma de uso final según nos comunican numerosos usuarios que de alguna manera han accedido a la base a través de Internet. En nuestro caso y por comodidad propia para aprovechar los recursos disponibles, nuestro servidor funciona con Linux, como hemos mencionado anteriormente, al que nos conectamos a través de telnet[84] y FTP[85] para enviar los programas generalmente preparados en Windows. Veremos algunos detalles en los siguientes apartados.

---

[82] *Cf.*: Las características del proyecto GNU de software libre se pueden consultar en: http://www.gnu.org/

[83] Usamos Windows parcialmente ya que disponemos de este sistema operativo para otros usos y no queremos dedicar un ordenador adicional, pero no es absolutamente necesario.

[84] Uno de los principales servicios de Internet. Básicamente se utiliza para establecer conexión con un ordenador remoto, como si estuviera en una red local.

[85] FTP (File Transfer Protocol), Protocolo de Transferencia de Archivos, sirve para transmitir archivos de todo tipo a través de la Red. Utilizamos el software libre FFFTP ver. 1.85, que se puede obtener en http://www.vector.co.jp porque permite fácilmente la transmisión de datos en japonés gracias a la función de cambio de códigos, lo cual nos resulta útil para otros proyectos. Existen muchos otros programas de libre distribución con características similares.

Servidor web

A nuestro juicio, el servidor web[86] más fiable en plataforma Linux es Apache[87] y afortunadamente podemos encontrar detallados manuales de administración como los de Charles Aulds (2000). Utilizamos la versión 1.3.22, ya que otras versiones más adelantadas están en fase experimental. Existe una gran cantidad de información tanto bibliográfica como directamente en la red. También existen versiones para los principales sistemas operativos, incluido Windows. Además, tiene la ventaja de que los lenguajes de programación que presentamos en el siguiente párrafo se integran perfectamente en forma de módulos, lo que reduce el tiempo de respuesta del servidor no siendo necesario el uso de cgi-bin en absoluto. Otro servidor web muy utilizado en entorno Windows es Xitami[88].

Lenguaje de programación

Hay varias y magníficas posibilidades para escoger entre los lenguajes de programación, como son PERL[89], Ruby[90] y otros más. Nosotros preferimos PHP4[91], lenguaje de programación del lado del servidor[92], porque creemos que, además de ser multiplataforma se integra mejor al servidor web, y los *scripts* se pueden incluir sin mayor problema dentro del protocolo HTML, por lo que resulta relativamente fácil preparar documentos interactivos. Además, originalmente es un lenguaje diseñado para ser utilizado en documentos hipertexto, fácil de aprender y de revisar (*debug*). La comunidad de usuarios cada vez es mayor y siempre está dispuesta a ayudar desinteresadamente en las dudas de uso. También hay que tener en cuenta que la velocidad de respuesta

---

[86] También llamado servidor WWW. Integra la mayoría de los servicios de Internet con la ayuda del protocolo HTML, y nos da acceso a los documentos hipertexto. También permite aplicaciones interactivas a través de la red. El uso más frecuente es a través de un navegador.

[87] *Cf.*: http://httpd.apache.org

[88] *Cf.*: http://www.xitami.com/

[89] *Cf.*: http://www.perl.com

[90] *Cf.*: http://www.ruby-lang.org

[91] *Cf.*: http://www.php.net

[92] Al ser un lenguaje del lado del servidor, el usuario de la página web no tiene que instalar ni descargar ningún programa aparte para utilizarlo.

es tal vez la más alta entre los lenguajes de programación tipo *script*, sobre todo cuando se combina con *Zend Optimizer* y *Zend Accelator*[93]. PHP funciona en realidad como un módulo de Apache y está muy bien documentado en introducciones, con CD-ROM incluido, como las de Julie C. Meloni (2000), textos más avanzados como Gerken, T. & Rastchiller, T. (2000) y hasta gruesos manuales como T. Converse & J. Park (2000).

Otra gran ventaja adicional es la capacidad de conexión con casi todas las bases de datos disponibles.

Base de datos

Creemos que un tipo estándar de base de datos como SQL es el más adecuado para nuestro propósito. SQL es la abreviatura de Structured Query Language, un lenguaje desarrollado para administrar bases de datos relacionales. Los programas de distribución libre más conocidos son MySQL[94] y PostgreSQL[95]. Preferimos el uso de MySQL por su velocidad y robustez. Hay bastante bibliografía disponible sobre su uso como Judith Bowman *et al.* (1996), Paul Dubois *et al.* (1999), Randy J. Yarger *et al.* (1999) y muchos más aparecidos recientemente. MySQL sigue en general las normas SQL-92 y el nivel 0-2 ODBC, Open Database Connectivity de Microsoft, lo cual será de gran utilidad para los usuarios debido a la compatibilidad con otros muchos sistemas y programas de administración de bases de datos.

Librería gráfica

Para la creación dinámica de gráficos, necesarios para la sección en preparación de cartografía, actualmente en fase de desarrollo, usamos una librería[96] para generarlos. Hay varios tipos de librería y creemos que la más adecuada

---

[93] *Cf.*: http://www.zend.com/zend/products.php
[94] *Cf.*: http://www.mysql.com
[95] *Cf.*: http://www.postgresql.org/
[96] Una librería es un conjunto de funciones de un lenguaje de programación. Con el uso de las funciones que se incluyen en las librerías podemos crear algoritmos ya comprobados y no partir de cero en la creación de los programas.

para nuestro objetivo es la llamada *GD Graphics Library*[97], creada por Thomas Boutell, que permite la creación dinámica de imágenes en formato JPEG, PNG y WBMP. Incluye funciones para dibujar fácilmente líneas, arcos, introducir texto, usar colores e imágenes ya preparadas. Debido a problemas de derechos de autor no soporta el formato GIF, pero no es absolutamente necesario, ya que tanto JPEG como PNG se utilizan de forma general en casi todos los navegadores web.

4.2 Estructura de los datos

Empezaremos con la presentación del formato[98] de los datos sin extendernos demasiado y nos concentraremos en los comandos relacionados con el sistema de consulta, especialmente el comando SELECT, su estructura y ejemplos de uso con datos reales de Varilex.

Se puede entrar en la base de datos a través de la página de entrada del proyecto en http://133.12.37.60, y siguiendo después con el enlace Base de Datos. Esta página, además de permitir la consulta de la estructura de los datos, dispone de una ventana, como se muestra en la Fig. 1, que nos será muy útil tanto para la práctica del lenguaje SQL como para la obtención de los datos léxicos que nos interesen.

Como se puede observar en la Fig. 1, la base de datos de Varilex consta de 4 tablas principales que se pueden consultar simplemente pulsando los enlaces a su derecha: **Examinar** y **Seleccionar**. También hay un enlace al manual general de MySQL en inglés, técnicamente muy detallado, pero no es muy apropiado como introducción.

---

[97] *Cf.*: http://www.boutell.com/gd/

[98] Mientras escribimos este artículo estamos renovando la estructura de la base de datos. Básicamente permanecen los mismos campos, pero añadiremos algunos por motivos de optimización de uso y facilitar las búsquedas de los usuarios.

Fig. 1 ventana para comandos SQL

Para practicar las indicaciones que damos en este manual, aconsejamos la utilización de esta ventana. Los comandos se irán escribiendo dentro en la forma indicada y al terminar de introducirlos se pulsa el botón a la derecha de Ejecutar. De esta manera podremos efectuar consultas desde las muy simples hasta otras bastante complejas según las necesidades de cada investigador. También estamos preparando una interfaz que no necesitará el uso de SQL por parte del usuario para varios tipos de consultas frecuentes. En tal interfaz solamente habrá que rellenar las casillas necesarias para obtener los resultados. De todos modos, insistimos en que el uso de SQL nos va a permitir hacer consultas a la medida de las necesidades de cada usuario, por lo que mantendremos las dos posibilidades.

Podemos observar las tablas *conceptos*, *contestaciones*, *cuadros* e *informantes*. Los datos de estas tablas se pueden ver pulsando el enlace **Examinar** a la derecha y que comentamos brevemente a continuación en la Fig. 2, donde se pueden ver las primeras líneas del resultado, suficientes para nuestro propósito.

Base de Datos varilex - tabla conceptos

Mostrando campos 0 - 30 (193 total)
SQL-query:
SELECT * FROM conceptos LIMIT 0, 30

código	inglés	concepto	id
A001	JACKET	Prenda de vestir masculina	1
A002	CARDIGAN	Prenda de lanas	2
A003	T-SHIRT	Prenda que se lleva pegada al cuerpo con adornos y leyendas. (No es una prenda interior).	3

Fig. 2 tabla *conceptos*

Tabla conceptos

código: Lleva una letra que indica el orden de la encuesta, y tres dígitos para el orden del concepto utilizado. La A del ejemplo se refiere a la primera encuesta realizada por el grupo Varilex.

inglés: Aclaramos que la palabra en inglés que incluimos en este campo no es una traducción de los vocablos utilizados. Es solamente una referencia útil y neutra para representar lo que llamamos ámbito conceptual[99], y al mismo tiempo evitamos utilizar cualquiera de las variantes léxicas de la lengua española.

concepto: Descripción verbal del ámbito conceptual, para el que se buscan variaciones léxicas.

id: Número de orden para las entradas.

Base de Datos varilex – tabla contestaciones

Mostrando campos 0 - 30 (45148 total)
SQL-query:
SELECT * FROM contestaciones LIMIT 0, 30

orden	codciu	país	ciudad	informante	forma	respuesta
A001	2	ES	SCO	e155	1	americana
A001	2	ES	SCO	e156	1	americana
A001	2	ES	SCO	e161	1	americana

Fig. 3 tabla de contestaciones

[99] *Ámbito conceptual*: el proyecto Varilex no colecciona sinónimos en el sentido tradicional del término, sino variaciones léxicas que responden a su descripción verbal, y a veces visual, tal como se hace en las encuestas.

Tabla contestaciones

orden: Coincide con el campo código de la tabla conceptos. Es necesa-
                rio para hacer búsquedas complejas con dos o más tablas.
codciu: Número de código de la ciudad donde se realizó la encuesta.
país: Código de dos letras del país donde se realizó la encuesta. En la
                actualidad se están incluyendo los datos obtenidos en nuestras
                encuestas en Filipinas, pero estos datos no se reflejan todavía en
                la base de datos. Los países cuyos datos se pueden consultar en
                este momento son los siguientes:

AR	Argentina	GE	Guinea Ecuatorial
BO	Bolivia	GU	Guatemala
CH	Chile	HO	Honduras
CO	Colombia	MX	México
MA	Marruecos	NI	Nicaragua
CR	Costa Rica	PA	Paraguay
CU	Cuba	PE	Perú
EC	Ecuador	PN	Panamá
ES	España	PR	Puerto Rico
EL	El Salvador	RD	Rep. Dominicana
EU	EE.UU.	UR	Uruguay
FI	Filipinas	VE	Venezuela

ciudad: Código de tres letras de la ciudad donde se realizó la encuesta.
                Se puede ver la lista completa en cualquiera de las publicacio-
                nes de Varilex o en la página web.
informante: Código de referencia del informante, que coincide con el campo
                código de la tabla informantes.
forma: Código identificador de formas
respuesta: Respuestas obtenidas en la encuesta a tal pregunta.

Base de Datos varilex - tabla cuadros

Mostrando campos 0 - 30 (2089 total)

SQL-query:
SELECT * FROM cuadros LIMIT 0, 30

orden	entrada
A001^1	americana
A001^2	capa
A001^3	chaleco

Fig. 4 tabla *cuadros*

Tabla cuadros

orden: La parte de la izquierda coincide con el campo *orden* de la tabla *contestaciones* y con el campo *código* de la tabla *conceptos*. Separado hay un número que indica el número de la variación léxica ofrecida en la encuesta para ese concepto. Es de utilidad para búsquedas complejas, como veremos más adelante.

entrada: Variación léxica ofrecida en la encuesta para el concepto indicado en la parte izquierda del campo *orden*.

Base de Datos varilex - tabla informantes

Mostrando campos 0 - 30 (177 total)

SQL-query:
SELECT * FROM informantes LIMIT 0, 30

código	codciu	país	ciudad	sexo	edad	tipo	ocupación	id
e001	39	EL	SSA	1	33	2	Psicólogo	1
e002	39	EL	SSA	2	33	2	Máster en Educación	2
e003	39	EL	SSA	1	40	2	Abogado	3

Fig. 5 tabla *informantes*

Tabla informantes

código:	Código de referencia del informante, que coincide con el campo informante de la tabla de contestaciones
codciu:	Código de la ciudad
país:	Código del país. Coincide con el anteriormente explicado
ciudad:	Código de la ciudad. Coincide con el anteriormente explicado
sexo:	Sexo del informante. 1 es para hombre y 2 para mujer
edad:	Edad del informante
tipo:	Tipo de ocupación del informante
ocupación:	Descripción de la ocupación del informante
id:	Número de orden dentro de la tabla

Sin duda alguna la estructura de la base de datos se puede modificar y mejorar y en ello estamos. Sin embargo, creemos que, a veces es posible sacrificar algún detalle de elegancia técnica en favor de una facilidad de consulta por parte del usuario siempre que ello no signifique una gran desventaja en cuanto a espacio necesitado en el servidor o velocidad de respuesta. En el futuro, tratándose Varilex de un proyecto en revisión continua, y según las sugerencias recibidas, se perfeccionará la estructura actual. En cualquier caso, la utilidad de este manual no variará, ya que sólo tratamos nociones generales de uso.

4.3 Técnicas de búsqueda

Cláusula SELECT {campo} FROM {tabla} WHERE {condición}
Para la búsqueda y selección de los datos utilizaremos el potente comando o cláusula de selección SELECT. Escribiremos con mayúsculas los comandos y con minúscula cursiva los nombres de los campos por motivos de claridad de exposición. Igualmente, por el mismo motivo escribiremos en líneas separadas cada parte de la cláusula. Una barra vertical " | " indica que se debe escoger una de las opciones, los corchetes [ ] contienen elementos opcionales y las llaves { } contienen elementos obligatorios. A continuación vamos a ver varios ejemplos concretos de búsqueda de datos. Hay operaciones muy simples como SELECT 3 + 4, que nos dará como resultado 7, la suma de los dos dígitos; pero para nosotros, que nos importa el tratamiento del léxico, la fórmula de búsqueda más simple y frecuente tendrá una estructura similar a la siguiente:

SELECT *inglés, concepto*
FROM *conceptos*
WHERE *inglés* LIKE "jacket"

La fórmula de arriba significa que queremos hacer una lista seleccionando los datos de los campos *inglés* y *concepto*, por este orden, de la tabla de *conceptos*, seleccionados por la cláusula FROM, y que cumpla la condición expresada en la cláusula WHERE. Es decir, debe contener la secuencia "jacket" en el campo *inglés*. La cláusula WHERE se utiliza seguida de una condición para estrechar los límites de la búsqueda. Normalmente el lenguaje SQL requiere que se termine con un punto y coma (;) la fórmula de arriba, pero en la base de datos de Varilex no es necesario. El resultado obtenido tras introducir tal fórmula será algo similar a la Fig. 6.

Base de Datos varilex

inglés	concepto
JACKET	Prenda de vestir masculina

Fig. 6

Para obtener todos los campos de la tabla, es decir, *código, inglés, concepto* e *id*, utilizaríamos un asterisco (*), que funciona como comodín y significa "todos los campos disponibles", como veremos en el apartado siguiente.

Cláusula LIKE, operadores y comodines

En lugar de la expresión LIKE se puede utilizar simplemente el signo de igualdad (=); pero preferimos LIKE ya que admite comodines como podemos ver más adelante. Supongamos ahora que queremos ver todos los datos correspondientes a la entrada "A003" en la tabla de contestaciones. Será suficiente la siguiente fórmula:

SELECT *
FROM *contestaciones*

WHERE *orden* LIKE "A003"

Las primeras líneas del resultado se muestran en la Fig. 7:

Mostrando campos - 30 (total)						
SQL-query: SELECT * FROM contestaciones WHERE orden LIKE "A003"						
orden	codciu	país	ciudad	informante	forma	respuesta
A003	1	ES	COR	e009	2	camiseta
A003	1	ES	COR	e010	2	camiseta
A003	1	ES	COR	e011	2	camiseta

Fig. 7

También es posible utilizar números y expresiones matemáticas, muy útiles para el tratamiento estadístico de los datos. Veamos algunas expresiones simples[100]. Por ejemplo, si queremos una lista de los informantes mayores de 32 años, que sean mujeres, junto con los demás datos, la expresión de búsqueda y el resultado serán[101]:

SELECT *
FROM *informantes*
WHERE *edad* > 32 AND *sexo* = 2

Mostrando campos - 30 (total)								
SQL-query: SELECT * FROM informantes WHERE edad > 32 AND sexo = 2								
código	codciu	país	ciudad	sexo	edad	tipo	ocupación	id
e002	39	EL	SSA	2	33	2	Máster en Educación	2
e004	39	EL	SSA	2	60	2	Maestra	4
e008	5	ES	SLM	2	71	3	Ama de casa	8

Fig. 8

[100] Otros operadores frecuentes son "=" (igual a), "<>" o "!=" (no igual a), "<" (menor que), ">" (mayor que), "<=" (menor o igual que), ">=" (mayor o igual que), etc.

[101] Obsérvese que el monitor también vuelve a mostrar la expresión utilizada, lo cual sirve también de comprobación.

Podemos complicar la expresión si queremos los datos de los informantes entre 25 y 48 años, mujeres, y procedentes de España. La expresión será:

SELECT *
FROM *informantes*
WHERE *país* LIKE "ES"
AND *edad* BETWEEN 25 AND 48
AND *sexo* = 2

cuyo resultado será el de la Fig. 9:

Mostrando campos - 30 (total)							
SQL-query: SELECT * FROM informantes WHERE país LIKE "ES" AND edad BETWEEN 25 AND 48 AND sexo = 2							
código	codciu	país	ciudad	sexo	edad	tipo	ocupación	id
e005	5	ES	SLM	2	29	2	Funcionaria	5
e011	1	ES	COR	2	28	2	Telefonista	11
e019	17	ES	PAL	2	29	2	Profesora de universidad	19

Fig. 9

Para añadir nuevas condiciones, simplemente utilizamos el operador AND. Con frecuencia el resultado de nuestra búsqueda podría ser de longitud considerable y no cabría en la pantalla o no se podría imprimir en una página. En caso de querer limitar los datos mostrados en el monitor podemos añadir al final la cláusula LIMIT que presentamos a continuación.

LIMIT [x,] y (Ejemplo: LIMIT 0, 30)

Esta útil fórmula significa que solamente se deben mostrar los datos según el orden indicado. En el ejemplo de arriba, la búsqueda muestra los 30 primeros resultados. Para ver los siguientes 30 resultados sería suficiente cambiar los parámetros de la cláusula a LIMIT 30, 30, y así sucesivamente.

Para buscar formas terminadas en "–*ero*", o que empiezan por "*des*–" o que contengan una secuencia determinada como "-*bla*-" podemos utilizar el comodín "%", que significa una secuencia de cero o más caracteres, incluidos los signos de puntuación. El otro símbolo comodín "_" significa un solo carácter, como en los ejemplos siguientes:

SELECT * FROM contestaciones WHERE respuesta LIKE "%ero"
SELECT * FROM contestaciones WHERE respuesta LIKE "des%"
SELECT * FROM contestaciones WHERE respuesta LIKE "%bla%"
SELECT * FROM contestaciones WHERE respuesta LIKE "meser_"

La última fórmula nos seleccionará respuestas que incluirían términos como "mesero" y "mesera". La negación de la condición se puede expresar también como respuesta NOT LIKE "%bla%", o bien con fórmulas del tipo respuesta <> "%bla%", o respuesta != "%bla%". En lugar de AND se puede utilizar && alternativamente. También podemos utilizar la expresión OR, o || (dos barras verticales), como en el siguiente ejemplo, con el que queremos seleccionar datos que contengan "chaqueta" o "chaquetón":

SELECT *
FROM *contestaciones*
WHERE *respuesta* LIKE "chaqueta"
OR *respuesta* LIKE "chaquetón"

Cláusula DISTINCT

Con frecuencia, nos encontraremos con una lista en la que los datos se repiten numerosas veces. Si lo que queremos es una lista que contenga fichas con datos distintos podemos indicarlo así en la fórmula de búsqueda, como en el ejemplo siguiente, en el que queremos saber simplemente las respuestas diferentes obtenidas para la entrada A003 (T-shirt) en Cuba.

SELECT DISTINCT *orden, respuesta*
FROM *contestaciones*
WHERE *orden* LIKE "A003"
AND *país* LIKE "CU"

Por la respuesta mostrada en la Fig. 10, sabemos que entre los datos de Cuba, el concepto A003, T-SHIRT, sólo tiene la variación de "pulóver".

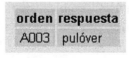

Fig. 10

Si no hubiéramos empleado la cláusula DISTINCT, la respuesta habría sido la misma, según se puede apreciar en la Fig. 11 a continuación.

Mostrando campos - 30 (total)

SQL-query:
SELECT orden, respuesta
FROM contestaciones
WHERE orden LIKE "A003" AND país LIKE "CU"

orden	respuesta
A003	pulóver
A003	pulóver
A003	pulóver
A003	pulóver
A003	pulóver
A003	pulóver
A003	pulóver
A003	pulóver

Fig. 11

El resultado de la búsqueda se puede ver sobre el monitor y se puede imprimir o guardar utilizando las funciones normales del navegador utilizado. Para los usuarios que prefieran usar su propio programa de administración de bases de datos, hemos preparado unos ficheros en formato CSV (comma separated value) que se pueden bajar en la página de "Download" de Varilex. Por el momento hay disponible una parte de los datos correspondientes a cada tabla por separado o todas las tablas en formato comprimido zip. Los datos se irán poniendo según se vayan preparando.

Búsquedas utilizando dos o más tablas.

Hasta ahora hemos visto algunas fórmulas simples para búsquedas dentro de una misma tabla. Sin embargo, uno de los aspectos más interesantes de las bases de datos relacionales es la posibilidad de utilizar diferentes tablas al mismo tiempo. Para ello es suficiente que compartan uno de los campos. Veamos algunos ejemplos.

Confección de una lista de variación léxica para una zona determinada

Supongamos que necesitamos una lista con todos los términos aparecidos en las encuestas de Cuba con el término en inglés que representa el concepto a modo de un diccionario de variaciones léxicas cubanas. Nos encontramos que el campo *inglés* se encuentra en la tabla *conceptos* y que los campos *país* y *respuesta* se encuentran en la tabla *contestaciones*. Para ello haremos simplemente lo siguiente:

SELECT DISTINCT *inglés, respuesta*
FROM *conceptos, contestaciones*
WHERE *código = orden*
AND *país* LIKE "CU"
LIMIT 0,30

Mostrando campos - 30 (total)

SQL-query:
SELECT DISTINCT inglés, respuesta
FROM conceptos,contestaciones
WHERE código = orden
AND país LIKE "CU"
LIMIT 0,30

inglés	respuesta
JACKET	americana
JACKET	chaqueta
JACKET	saco
JACKET	saco de traje
JACKET	traje
CARDIGAN	abrigo
CARDIGAN	cárdigan
CARDIGAN	jersey
CARDIGAN	suéter
T-SHIRT	pulóver
SWEATER	enguatada
SWEATER	suéter
WINDBREAKER	abrigo

Fig. 12

La primera línea pide a la base de datos que haga una lista con los campos *inglés* y *respuesta*, que se pueden obtener de las tablas expresadas en la cláusula FROM, es decir, *conceptos* y *contestaciones*. Como condición principal, a tener en cuenta en este tipo de búsqueda a través de dos o más tablas, es la expresión WHERE *código = orden*, ya que son los campos que ponen en relación —de ahí su denominación de bases de datos relacionales— las dos tablas. La otra condición añadida es que el campo *país*, contenga "CU", es decir, Cuba. Como podemos ver, en lugar de CU podemos poner AR para Argentina, ES para España, o bien otras condiciones como una ciudad que queramos investigar como en el ejemplo siguiente.

WHERE *ciudad* LIKE "SJU"

Esta fórmula nos confeccionaría el "diccionario de variación léxica" de San Juan de Puerto Rico. Por supuesto, el operador OR nos permite decidir la zona de la queremos obtener una lista. Supongamos que queremos una lista de variación léxica del español del Caribe. En tal caso, la última cláusula sería más o menos como sigue:

WHERE *país* LIKE "CU"
OR *país* LIKE "PR"
OR *país* LIKE "RD"

¿Qué variación léxica existe para el concepto A001, "chaqueta", en una zona determinada?

Ahora el objetivo de nuestra búsqueda es una lista con las variaciones léxicas de un concepto concreto, como es "chaqueta", para una zona determinada. Hay que tener en cuenta que este término puede corresponder a varios conceptos diferentes, por lo que vamos a ver la forma de obtener todas las variaciones de significado de tal forma. Para ello necesitamos una lista que contenga el *código* (A001) del concepto, la representación del concepto en inglés, la variación léxica, la ciudad y el país. También queremos que las respuestas seleccionadas sean diferentes, ya que en nuestra pregunta no nos interesa por el momento la frecuencia de uso ni su distribución.

En primer lugar, vamos a averiguar cuáles son los códigos de los conceptos que incluyen la forma "chaqueta". Podemos hacerlo de varias maneras. Por ejemplo, aquí vamos a utilizar la siguiente fórmula:

SELECT DISTINCT *orden, respuesta*
FROM *contestaciones*
WHERE *respuesta* LIKE "chaqueta"

Esta búsqueda, en principio, nos da las referencias a varios conceptos: A001, A002, A005 y A009 y decidimos, por ejemplo, buscar el concepto cuyo código es el A001. A continuación seleccionamos los campos que nos interesan en la cláusula SELECT y después añadimos las condiciones en la cláusula WHERE:

SELECT DISTINCT *código, inglés, respuesta, ciudad, país*
FROM *conceptos, contestaciones*
WHERE *código* = *orden*
AND *código* LIKE "A001"

El resultado de esta búsqueda es el que parcialmente se muestra en la Fig. 13, en el que podemos ver a la derecha los nombres de las ciudades y países que han registrado la forma "chaqueta" para el concepto A001. La primera variación que se observa es la correspondiente a "americana" en Santiago de Compostela (SCO) de España (ES):

Mostrando campos - 30 (total)

SQL-query:
SELECT DISTINCT código, inglés, respuesta, ciudad, país
FROM conceptos, contestaciones
WHERE código = orden
AND código LIKE "A001"

código	inglés	respuesta	ciudad	país
A001	JACKET	americana	SCO	ES
A001	JACKET	americana	OVI	ES
A001	JACKET	americana	SLM	ES
A001	JACKET	americana	BAR	ES
A001	JACKET	americana	GDL	ES
A001	JACKET	americana	ZAR	ES

Fig. 13

Para restringir la búsqueda a una zona determinada, cualquier conjunto de ciudades o países, resulta obvio que la única condición que tenemos que añadir es la descripción de la zona en cuestión. Por ejemplo, si queremos restringir la búsqueda a Perú y Ecuador, podemos añadir la siguiente condición:

AND *país* LIKE "PE"
OR *país* LIKE "EC"

De esta manera, podremos saber fácilmente qué variaciones existen en Perú y Ecuador para lo que en otros lugares se suele expresar con "chaqueta".

¿Qué significa "chompa" y dónde se utiliza?

Como variante del tipo de búsqueda anterior podríamos pensar en el siguiente problema: buscar el significado del término "chompa" y su distribución geográfica. Como hemos hecho anteriormente en 4.3.4.b, en primer lugar buscamos en la tabla de contestaciones el código correspondiente a "chompa" si no queremos hacerlo manualmente.

SELECT DISTINCT *orden, respuesta*
FROM *contestaciones*
WHERE *respuesta* LIKE "chompa"

A esta pregunta, la base de datos nos responde que "chompa" se encuentra en las respuestas a los conceptos A002, A004, A005 y A009. A continuación, hacemos una pregunta a la base de datos de forma similar a la anterior y supongamos que esta vez nos interesan los conceptos A005 y A009. La fórmula sería:

SELECT *código, respuesta, ciudad, país*
FROM *conceptos, contestaciones*
WHERE *código* = *orden*
AND *código* LIKE "A005"
OR *código* LIKE "A009"

La respuesta obtenida se muestra en la Fig. 14.

Mostrando campos - 30 (total)			
SQL-query:			
SELECT código, respuesta, ciudad, país			
FROM conceptos, contestaciones			
WHERE código = orden			
AND código LIKE "A005" or código LIKE "A009"			
código	respuesta	ciudad	país
A009 americana		SCO	ES
A009 americana		SCO	ES
A009 americana		SCO	ES
A009 americana		SCO	ES
A009 americana		OVI	ES
A009 americana		SLM	ES
A009 americana		SLM	ES

Fig. 14

En la Fig. 14 podemos ver las distribuciones por ciudades y países de las primeras respuestas obtenidas ya que no las mostramos todas aquí por motivos de espacio. Para comprobar el significado de "chompa"— solamente habría que añadir el campo concepto a la cláusula SELECT, ya que es el que da la descripción del ámbito conceptual que buscamos, o bien consultar después los códigos A005 y A009.

¿Qué formas utilizan para el término A001 ("jacket") los encuestados varones de más de 40 años en Argentina?

Aunque para responder a esta pregunta hay que buscar datos en tres tablas diferentes, procederemos de forma análoga a las anteriores indicando los campos que queremos que nos muestre y las condiciones. Por ejemplo, una de las formas de buscar los datos deseados sería la siguiente.

> SELECT *conceptos.código, inglés, respuesta, sexo, edad, informantes.país*
> FROM *conceptos, contestaciones, informantes*
> WHERE *contestaciones.orden = conceptos.código*
> AND *contestaciones.informant*e = *informantes.país*
> AND *contestaciones.orden* LIKE "A001"
> AND *informantes.país* LIKE "AR"
> AND *sexo* = 1
> AND *edad* > 40

En primer lugar, nos llaman la atención expresiones del tipo *infor-mantes.país, contestaciones.orden,* etc., con los nombres de la tabla y el campo separados por un punto. Así se evita la ambigüedad que pueda existir al haber nombres de campos idénticos en tablas diferentes. A continuación mostramos en la Fig. 15 las primeras líneas del resultado obtenido.

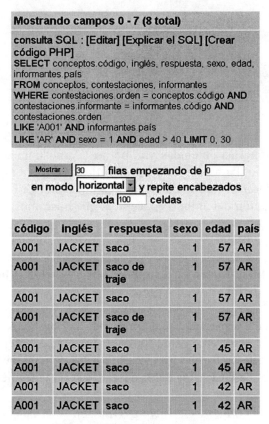

Fig. 15

¿Cómo ordenar los resultados por orden alfabético?

Para ordenar los resultados obtenidos según el orden alfabético de uno de los campos utilizados en la búsqueda es suficiente añadir una cláusula ORDER

BY campo {ASC|DESC}. Por ejemplo, si queremos ordenar por orden alfabeto ascendente (en este caso no es necesario añadir ASC a la cláusula) o en orden descendente (hay que añadir DESC) las respuestas obtenidas en el ejemplo de 4.3.4.d usaremos la siguiente fórmula para orden descendente.

SELECT *conceptos.código, inglés, respuesta, sexo, edad, informantes.país*
FROM *conceptos, contestaciones, informantes*
WHERE *contestaciones.orden* = *conceptos.código*
AND *contestaciones.informante* = *informantes.país*
AND *contestaciones.orden* LIKE "A001"
AND *informantes.país* LIKE "AR"
AND *sexo* = 1
AND *edad* > 40
ORDER BY *respuesta* DESC

Con esta cláusula añadida, el resultado que obtenemos es el que se muestra en la Fig. 16 a continuación.

Mostrando campos 0 - 7 (8 total)

consulta SQL : [Editar] [Explicar el SQL] [Crear código PHP]
SELECT conceptos.código, inglés, respuesta, sexo, edad, informantes.país
FROM conceptos, contestaciones, informantes
WHERE contestaciones.orden = conceptos.código AND contestaciones.informante = informantes.código AND contestaciones.orden
LIKE 'A001' AND informantes.país
LIKE 'AR' AND sexo = 1 AND edad > 40
ORDER BY respuesta LIMIT 0, 30

Mostrar : [30] filas empezando de [0]
en modo [horizontal ▾] y repite encabezados
cada [100] celdas

código	inglés	respuesta -	sexo	edad	país
A001	JACKET	saco	1	57	AR
A001	JACKET	saco	1	57	AR
A001	JACKET	saco	1	45	AR
A001	JACKET	saco	1	45	AR
A001	JACKET	saco	1	42	AR
A001	JACKET	saco	1	42	AR
A001	JACKET	saco de traje	1	57	AR
A001	JACKET	saco de traje	1	57	AR

Fig. 16

Búsquedas con expresiones regulares

Por medio de las llamadas expresiones regulares podemos hacer búsquedas con condiciones extremadamente complejas y al mismo tiempo breves y rápidas. La expresión regular la utilizaremos tras la cláusula REGEXP en lugar de la cláusula LIKE que hemos utilizado hasta ahora. Aquí solamente vamos a ver algunos ejemplos simples pero prácticos.

El acento circunflejo (^) indica el principio de una secuencia de caracteres, que para nosotros será en muchos casos sinónimo de comienzo de palabra. El símbolo $ significa final de secuencia, o sea, la mayoría de las veces será final de palabra. Por ejemplo, para expresar la condición de palabras que empiezan por "manc", podemos utilizar la expresión REGEXP "^manc". En una búsqueda como:

SELECT DISTINCT *respuesta*, *ciudad*, *país*
FROM *contestaciones*
WHERE *respuesta* REGEXP "^manc"

De esta forma, encontraremos "mancuerna", "mancuernas", "mancornillas", etc., pero no "amancebarse", que sí entrarían si la condición fuera WHERE *respuesta* REGEXP "manc" sin el acento circunflejo que señala el principio de palabra. Las primeras líneas del resultado de la búsqueda serían como la Fig. 17

SQL-query:
SELECT distinct respuesta, ciudad, país
FROM contestaciones
WHERE respuesta REGEXP "^manc"

respuesta	ciudad	país
mancornas	MED	CO
mancornas	TAC	VE
mancuernas	AGS	MX
mancuernas	ARI	CH
mancuernas	MAN	NI

Fig. 17

Supongamos ahora que queremos buscar formas terminadas en "*-ero*", con sus formas masculina, femenina, singular y plural. Tal condición se podrá expresar según la fórmula siguiente:

SELECT DISTINCT *respuesta, ciudad, país*
FROM *contestaciones*
WHERE *respuesta* REGEXP "^[a-z]+er[oa]s*$"

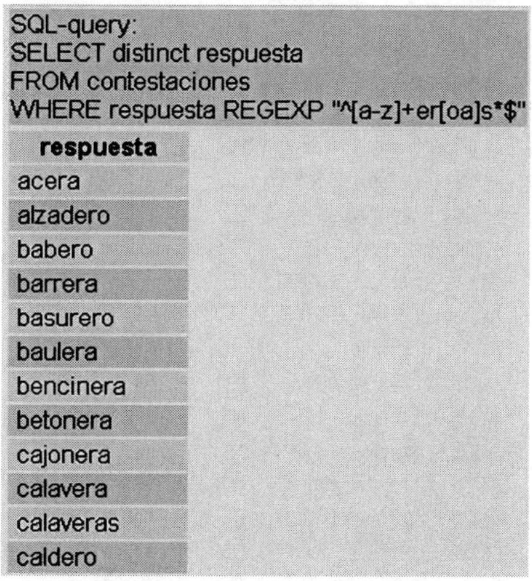

```
SQL-query:
SELECT distinct respuesta
FROM contestaciones
WHERE respuesta REGEXP "^[a-z]+er[oa]s*$"

    respuesta
    acera
    alzadero
    babero
    barrera
    basurero
    baulera
    bencinera
    betonera
    cajonera
    calavera
    calaveras
    caldero
```

Fig. 18

El primer acento circunflejo (^) de la expresión significa, como hemos visto antes, principio de palabra. Esto nos evita que en nuestra búsqueda entren algunas respuestas que no constan de un solo término, sino que incluyen alguna explicación de los encuestados o varias palabras. El siguiente corchete, [a-z]+, significa que a continuación debe haber una secuencia de caracteres entre la a y la z, es decir, cualquier letra del alfabeto, y el signo + significa que pueden ser varias letras. Después, obligatoriamente debe aparecer la secuencia "er" seguido opcionalmente de "a" o de "o", lo cual se expresa poniendo estas alternativas dentro de un corchete sin separarlas como se ha hecho antes con un guión. Más adelante "s*" significa que puede haber una "s", varias o ninguna. Finalmente, el símbolo $ indica el final de la secuencia. Por supuesto, la expresión se puede simplificar a REGEXP "er[oa]s*$", indicando solamente el final. En este caso, si el lector hace la prueba comprobará que algunas de las respuestas constan de más de una palabra, como era de esperar.

Otro ejemplo podría ser la expresión de "chompa", "chumpa" y "chomba", expresado fácilmente como "ch[ou]m[bp]a". Podemos ver el resultado de una búsqueda de ciudades donde se utiliza al menos una de las tres formas, en este caso completo, en la Fig. 19 a continuación.

```
SQL-query:
SELECT distinct orden, respuesta, ciudad, país
FROM contestaciones
WHERE respuesta REGEXP "ch[ou]m[bp]a$"
```

orden	respuesta	ciudad	país
A002	chompa	ARE	PE
A002	chompa	PAZ	BO
A002	chumpa	SSA	EL
A004	chomba	SCH	CH
A004	chompa	ARE	PE
A004	chompa	PAZ	BO
A005	chompa	MED	CO
A005	chompa	NYK	EU
A005	chumpa	LEO	NI
A005	chumpa	MAN	NI
A005	chumpa	NAC	HO
A005	chumpa	NOR	EU
A005	chumpa	NYK	EU
A005	chumpa	SSA	EL
A009	chompa	PAZ	BO
A015	chumpa	MAN	NI

Fig. 19

En la Fig. 19 podemos apreciar, además de los lugares donde se utilizan estas tres formas, que pertenecen a conceptos (ámbitos conceptuales) diferentes, expresados en el número de orden de la izquierda.

Como último ejemplo de expresión regular, vamos a ver en qué ciudades no se utiliza (es decir, que no tenemos datos) ni "chaqueta" ni "saco". Por supuesto, queremos que se refiera al concepto A001. Para ello, utilizaremos la siguiente fórmula y el resultado lo podemos ver en la Fig. 20:

SELECT DISTINCT *respuesta, ciudad, país*
FROM *contestaciones*
WHERE *respuesta* NOT REGEXP "chaqueta|saco"
AND *orden* LIKE "A001"
ORDER BY *ciudad*

SQL-query: SELECT distinct orden, respuesta, ciudad, país FROM contestaciones WHERE respuesta NOT REGEXP "chaqueta|saco" AND orden LIKE "A001" order by ciudad			
orden	**respuesta**	**ciudad**	**país**
A001	americana	ALM	ES
A001	americana	ARE	PE
A001	vestón	ARI	CH
A001	americana	BAR	ES
A001	traje	BUE	AR
A001	vestón	CON	CH
A001	traje	COR	ES
A001	chaleco	DOR	PR
A001	gabán	DOR	PR
A001	americana	GDL	ES

Fig. 20

4.4. Cartografía automática[102]

Un atlas lingüístico es el resultado de largos años de trabajo de campo de un investigador o casi siempre de un grupo de investigadores. Son de gran utilidad para la investigación pero suelen ser instrumentos voluminosos, casi siempre costosos y a veces de poca difusión.

En la actualidad es posible la creación de sistemas automáticos para representar gráficamente el contenido de las bases de datos de los trabajos de campo sin necesidad de un conocimiento técnico demasiado especializado. Aquí queremos mostrar las posibilidades que nos ofrece Internet para la pre-

---

[102] Esta sección está basada en A. Ruiz Tinoco (2002).

paración de un sistema automático que reproduzca gráficamente sobre la marcha el resultado de las consultas a una base de datos, concretamente nuestra base de datos de variación léxica del español, que hemos venido preparando desde hace algunos años. Los gráficos no se preparan de antemano y no están almacenados de forma estática para bajarlos, sino que se van creando sobre la marcha según las características de la consulta, es decir, son generados dinámicamente.

Como hemos visto en las secciones anteriores, la base de datos recoge las respuestas obtenidas por los informantes así como la ciudad y algunas referencias al informante, como son el sexo y la edad. Por supuesto, mediante una interfaz como la existente en la actualidad se puede consultar la base y obtener los datos. Sin embargo, si queremos mostrar los resultados en un mapa necesitamos dotar al sistema con algunos datos simples adicionales, como es la posición de cada ciudad expresada en pixels. Podemos ver algunos datos parciales en la siguiente tabla de la Fig. 21

CIUDAD	X	Y
HAB	445	340
MED	505	505
BOG	540	540
CAR	630	460
MER	565	475
TAC	550	475
VNC	595	450

Fig.21

Los datos de la tabla significan: HAB (La Habana) está situada en el pixel 445 del eje X y el 340 del eje Y de un mapa blanco utilizado como fondo. Así sucesivamente con MED (Medellín), BOG (Bogotá), CAR (Caracas), etc.

Naturalmente, si queremos crear diferentes tipos de atlas donde se representen todas las ciudades encuestadas del mundo hispánico, zonas dialectales, o un país concreto, deberemos preparar otros tantos mapas en blanco que sirvan de fondo. También adjudicaremos unas ordenadas a cada punto. En la fase actual, hemos elaborado un mapa que abarca solamente el continente americano. Más adelante prepararemos otros mapas de forma análoga según el mismo método.

Algunos algoritmos básicos para la creación dinámica de gráficos

A continuación veremos parcialmente el logaritmo utilizado en la actualidad con el objeto de mostrar su facilidad de uso y flexibilidad para crear diferentes figuras geométricas y añadir notas sobre una imagen de fondo. También veremos algunos algoritmos utilizados en la interfaz con la base de datos.

Anteriormente hemos mencionado que el lenguaje PHP se ha diseñado para ser usado en los documentos que utilizan el protocolo HTML. Para señalar que una parte del documento es lenguaje PHP solamente es necesario incluirlo dentro de <?php y ?> como en los ejemplos siguientes.

Para empezar, hay que transmitirle al servidor que el contenido que queremos que muestre es una imagen, y lo expresamos de la siguiente manera:

```
<?php
header ("Content-type: image/png");
  ?>
```

En este caso estamos indicando que el formato de la imagen será png. También lo podemos cambiar por el formato jpeg.

A continuación podemos definir en unidades pixel el tamaño de la imagen que queremos reproducir. Por ejemplo:

```
$imagen = imagecreate(150,320);
```

$imagen es el nombre de la variable que contiene el espacio dedicado a la imagen, 150 es el ancho y 320 es la altura de la imagen. Por supuesto, podemos cambiar estos parámetros según nos convenga. En nuestro caso, no necesitamos preparar un campo vacío sobre el que mostrar una imagen sino que usamos como fondo una imagen preparada de un mapa blanco, que en nuestra prueba llamaremos "hispanoamerica.png" como se puede ver en tamaño reducido en la fig. 22. Para ello, en vez de la fórmula anterior, nos resulta más conveniente definir la imagen de fondo con la siguiente fórmula:

```
$imagen = imagecreatefrompng("hispanoamerica.png");
```

Fig. 22

El siguiente paso será declarar los colores que vamos a utilizar dentro de variables diferentes, como en el ejemplo siguiente:

```
$rojo = imagecolorallocate($imagen, 255,0,0);
$azul = imagecolorallocate($imagen, 0,0,255);
$verde = imagecolorallocate($imagen, 0,255,0);
$negro = imagecolorallocate($imagen, 0,0,0);
```

De esta manera, ya disponemos de una imagen de fondo y unos colores que podemos usar. Si ahora queremos dibujar una línea azul desde el punto (5, 20) al (300, 340), podemos hacerlo fácilmente de la siguiente forma:

```
imageline($imagen, 5, 20, 300, 340, $azul);
```

Para dibujar un rectángulo rojo que vaya desde el punto (5, 20) al (300, 340), utilizamos la función correspondiente:

imagefilledrectangle ($imagen, 5, 20, 300, 340, $rojo);

Así, en la librería de gráficos de GD hay preparadas funciones para el dibujo de todo tipo de formas geométricas como líneas, rectángulos, círculos, arcos, todo tipo de polígonos, etc. Solamente es necesario utilizar la función adecuada y sustituir los parámetros necesarios por sus valores concretos.

También podemos escribir notas sobre la imagen. Por ejemplo, si definimos:

ImageTTFText($imagen, 16, 0, 620, 20, $azul, "arial.ttf", "Pruebas proyecto VARILEX 2001");
ImageTTFText ($imagen, 16, 0, 680, 40, $azul, "arial.ttf", "Mapa de");
ImageTTFText($imagen, 16, 0, 755, 40, $rojo, "arial.ttf", "camiseta");

obtendremos una nota escrita sobre el fondo con la fuente "arial" como se puede ver a continuación en la fig. 23:

Pruebas proyecto VARILEX 2003
Mapa de camiseta

Fig. 23

Reflejar el contenido de la base de datos

Hasta ahora hemos visto ejemplos de cómo mostrar imágenes o escribir algunas palabras que iban incluidas previamente en el algoritmo. En este apartado vamos a ver cómo se puede hacer de forma dinámica. Es decir, lo que necesitamos es obtener el contenido de las palabras o de los lugares donde se usan a través de una interfaz con la base de datos, y de manera automática introducir tales parámetros en las fórmulas mostradas anteriormente para obtener automáticamente el mapa. Para ello, hacemos un uso intensivo de las variables. Por ejemplo, para obtener el gráfico de la fig. 23 hemos escrito dentro del algoritmo "camiseta". El usuario del sistema no tiene acceso al algoritmo y lo que quiere es simplemente introducir la palabra en cuestión en alguna ventanilla preparada en la interfaz. Y eso es lo que hemos hecho mediante un simple mecanismo de transmisión de datos llamado POST. Vamos a ver a continuación una parte simplificada de la interfaz para que el usuario introduzca una variable, que en este caso llamaremos $keyword, y que posteriormente se pasa al programa varilex.php tal como se indica.

```
<form method=post action="varilex.php">
Experimento de consulta de la base de datos VARILEX <br>
Introducir una palabra:<br>
<input type=text name=keyword size=39 maxlength=25>
<input type=submit VALUE= "BUSCAR">
```

De esta manera, en el programa varilex.php podremos cambiar la línea donde decía:

```
ImageTTFText($imagen, 16, 0, 755, 40, $rojo, "arial.ttf", "camiseta");
```

por otra que contenga en su lugar el nombre de la variable y que nos servirá para cuantas veces se consulte la base de datos:

```
ImageTTFText($imagen, 16, 0, 755, 40, $rojo, "arial.ttf", "$keyword");
```

A continuación necesitamos preparar una conexión con la base de datos y preguntarle en qué ciudades se utiliza tal forma léxica, es decir, la introducida en la ventana preparada en la interfaz y que se entregará al programa como la variable $keyword. Tal pregunta en la versión MySQL del lenguaje SQL, con la palabra "camiseta" se podrá hacer de la siguiente manera:

```
SELECT distinct respuesta, ciudades.ciudad, X, Y
FROM contestaciones, ciudades
WHERE contestaciones.ciudad = ciudades.ciudad
AND respuesta LIKE '%camiseta%';
```

Si hacemos esta consulta a través de una interfaz tradicional como la que hay preparada también en la página del proyecto, podremos obtener el siguiente resultado de la fig. 24. Dentro del programa, hay que modificar la forma de hacer la pregunta para que forme una variable que irá tomando diferentes valores según las respuestas obtenidas de la base de datos, como mostramos a continuación:

$result = mysql_query ("SELECT DISTINCT respuesta, ciudades.ciu-
dad, país, X, Y FROM contestaciones, ciudades WHERE contestacio-
nes.ciudad = ciudades.ciudad AND respuesta LIKE '$keyword'");

respuesta	ciudad	X	Y
camiseta	STI	562	367
camiseta	NYK	475	140
camiseta	NOR	353	275
camiseta	MON	249	319
camiseta	AGS	239	358
camiseta	MEX	260	390
camiseta	MED	505	505
camiseta	TAC	550	475
camiseta	PAZ	610	737
camiseta	MTV	741	921

Fig. 24

De esta forma, al obtener todos los parámetros como valores de las
variables indicadas, podemos dibujar las siguientes imágenes donde no
hemos introducido constantes sino las variables[103] mismas. Al mismo tiempo,
aprovechamos para anotar al lado del cuadrado rojo tanto el nombre del país
como el de la ciudad en cuestión, separados por un guión tal como se puede
observar en el logaritmo.

```
while ( $row = mysql_fetch_array($result) )
{
imagefilledrectangle($imagen, "$row[X]", "$row[Y]", "$row[X]" +
$ancho, "$row[Y]" + $ancho, $rojo);
imagestring($imagen, 5, "$row[X]" + $ancho*1.5, "$row[Y]",
"$row[país]". "-"."$row[ciudad]", $azul);
}
```

---

[103] A la variable $ancho, que indicaría el ancho del cuadrado que queremos dibujar, le
damos previamente un valor arbitrario, simplemente definiendo de antemano $ancho = 8.

Mediante este método de hacer preguntas a la base de datos, podremos almacenar en la variable $row los datos pedidos y después utilizarlos por partes. Así $row[X] es el valor obtenido para X, $row[Y] es el obtenido para Y, "$row[X]" + $ancho, es el valor de X al que hemos añadido el valor de $ancho, es decir 8 pixels, que es el ancho del cuadrado que aparece en el gráfico, $row[Y]" + $ancho, nos da el valor de Y para el otro extremo del cuadrado rojo en forma análoga. Finalmente $row[país] nos da el código del país y $row[ciudad]" el de la ciudad. El resultado de una parte del gráfico obtenido de esta forma, que se puede ver en el navegador y guardar si fuera necesario, es el que se muestra en la fig. 25.

De esta manera, utilizando los datos ya almacenados en la base de datos, podemos con relativa facilidad generar dinámicamente mapas que contengan tales datos con las figuras geométricas que nos interesen. En el ejemplo solamente hemos visto la representación simple de los lugares donde se han recogido algunas formas léxicas, pero el lector podrá imaginar fácilmente que según las condiciones consideradas en el programa, se podrá señalar con gráficos y colores diferentes otros detalles contenidos en la base de datos. Esperamos terminar la primera fase que se publicará en la página del proyecto dentro de varios meses.

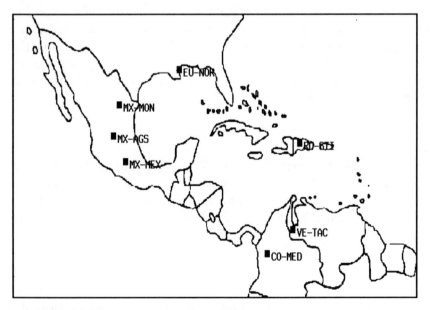

Fig. 25

4.5. Otros proyectos en marcha relacionados con Varilex

Fotoarchivo

Con frecuencia, incluso los mismos investigadores de la variación léxica, nos encontramos con dudas sobre la realidad que señala el léxico en cuestión. ¿Qué forma tiene una chompa? ¿Es diferente de una chumpa?, etc. Durante varios años de trabajo de campo hemos reunido centenares de fotografías de objetos, de carteles, de todo tipo de material que muestran de forma gráfica algunos de los objetos o usos de las formas tratadas en las encuestas. Conforme iba aumentando la cantidad de estos materiales iba creciendo nuestro interés por ponerlos a disposición de la comunidad y recientemente hemos empezado a preparar un fotoarchivo[104] de Varilex que se pueda consultar a través de Internet. Mediante unas tablas adicionales a la base de datos central, se están incluyendo datos como el contenido o el texto de la fotografía, autor, lugar y fecha donde se tomó, y un campo para palabras clave y anotaciones. Este fotoarchivo se podrá consultar por medio de una simple interfaz de uso intuitivo, que en la actualidad tiene el aspecto que se muestra en la fig. 26. Al pulsar la fotografía en tamaño reducido, se puede ver la foto a tamaño ampliado y el resto de los datos.

Bibliografía relacionada con el proyecto

Creemos que ordenar la abundante bibliografía sobre los temas que nos interesan en forma accesible por Internet podría ser de utilidad tanto para los miembros del equipo Varilex como para todos los interesados en el campo de la lingüística variacional. En estos momentos, igual que con la sección de cartografía automática, se encuentra en fase de desarrollo el proyecto de bibliografía que se podrá consultar finalmente a través de un enlace en la página del proyecto.

---

[104] En la actualidad se puede acceder a través de un enlace en la página principal del proyecto. Al tratarse de unas pruebas, posiblemente el aspecto final sea diferente al que se muestra en estas páginas.

Varilex
Fotoarchivo ©
Buscar
Categoría
Todas
Título
Buscar
Búsqueda detallada
Búsqueda detallada
Categorías
La Paz, Bolivia
León, España
Salamanca, España
Lima, Perú
Fotos curiosas
Prohibido los perros
Tinoco
Fecha
2001
Concha de peregrino
Tinoco
Fecha
2001

Fig. 26

4.6. Algunas conclusiones

Las bases de datos son herramientas de trabajo muy útiles en cualquier campo, ya que nos ayudan no solamente a ordenar los datos sino también a descubrir distribuciones de las que a veces ni siquiera somos conscientes, a preparar listas con las características que deseemos en breve tiempo, etc. Sin embargo, para obtener el máximo provecho de las bases de datos son necesarios algunos conocimientos técnicos a los que no siempre estamos acostumbrados. Creemos que las bases de datos relacionales, administradas por medio de programas de lenguaje SQL, pueden ser de gran utilidad al investigador de dialectología, lexicología, sociolingüística, etc. Hemos preparado una breve presentación de la estructura de la base de datos de Varilex y algunas técnicas simples de búsqueda para mostrar su funcionamiento. Esperamos también la colaboración de los usuarios para la mejora de su estructura, intercambiar fórmulas de búsqueda, así como sobre los resultados obtenidos.

Además, cada vez es más frecuente el uso en Internet de técnicas de programación de parte del servidor en conexión con bases de datos y generación dinámica de imágenes, los programas son más accesibles y aumenta la información disponible sobre estas técnicas. Por otra parte, la confección tradicional de atlas lingüísticos es un proceso lento y laborioso y el resultado no siempre llega a la mayoría de los estudiosos ni de los estudiantes, excepto en contadas excepciones. Las técnicas antes citadas, nos proporcionan un medio muy eficaz no solamente de ordenar los datos como con cualquier otro campo de estudio, sino también la posibilidad de coordinar la investigación independientemente del lugar de residencia de cada uno de los miembros del grupo de investigación. Además de poner a disposición de la comunidad científica los resultados de las investigaciones en menor tiempo que con las publicaciones en papel, es más fácil reeditar y reordenar los datos con puntos de vista diferentes.

En esta ocasión hemos presentado las posibilidades que nos ofrecen estas técnicas y en un futuro muy cercano esperamos desarrollar un sistema completo de creación automática de mapas lingüísticos para la base de datos del proyecto Varilex, así como de bibliografía para nuestro principal objetivo, que no es otro que la creación de un grupo internacional de investigación que comparte los resultados de sus investigaciones a través de los medios que la moderna tecnología pone a nuestra disposición.

REFERENCIAS

Academia Argentina de Letras. 1998. *Léxico del habla culta de Buenos Aires.* Buenos Aires: Academia Argentina de Letras.

Alonso, Dámaso. 1956. "Unidad y defensa del idioma", *Del Siglo de Oro a este siglo de siglas,* Madrid: Gredos, 237-60.

Alvar, Manuel. 1955. "Catalán y aragonés en las regiones fronterizas", *Actas del VII Congreso Internacional de Lingüística Románica,* Barcelona, 737-778.

Alvar, Manuel. 1973. *Estructuralismo, geografía lingüística y dialectología actual.* 2ª ed. Madrid: Gredos.

Alvar, Manuel. 1975-78. *Atlas lingüístico y etnográfico de las Islas Canarias.* 3 vols. Madrid: Excmo. Cabildo Insular de Gran Canaria.

Alvar, Manuel. 1978. "Originalidad interna en el léxico canario", *I Simposio Internacional de Lengua Española.* t. 1. Las Palmas: Ediciones del Excmo. Cabildo Insular de Gran Canaria, 225-273.

Alvar, Manuel (coord.). 1979-80. *Atlas lingüístico de Aragón, Navarra y Rioja.* Madrid: La Muralla.

Alvar, Manuel. 1992. "Los diccionarios académicos y el problema de los neologismos", *El neologismo necesario,* 51-70. (Recogido en *La lengua de...,* Madrid: Univ. de Alcalá de Henares, 1993, 49-68.)

Anderberg, Michael R. 1973. *Cluster analysis for applications.* New York: Academic Press.

Aulds, Charles. 2000. *Linux Apache Web Server Administration (Linux Library),* Sybex.

Ávila, Raúl. 1997. "Variación léxica. Connotación, denotación, autorregulación", *Varilex,* 5, 13-27.

Beinhauer, W. 1978. *El español coloquial.* 3ª ed. Madrid: Gredos.

Blalock, Hubert. M. 1960. *Social Statistics.* Nueva York: McGraw-Hill (Traducción: *Estadística social.* México: Fondo de Cultura Económica).

Bowman, Judith S. ; Emerson, Sandra L; Darnovsky, Marcy. 1996. *The Practical Sql Handbook : Using Structured Query Language,* Addison-Wesley Pub.

Boyd-Bowman, Peter. 1956. "Regional origins of the earlist Spanish colonists of America", *PMLA,* 71, 1152-1172.

Boyd-Bowman, Peter. 1964. *Índice geobiográfico de 40.000 pobladores españoles de América en el siglo XVI, 1493-1519.* vol. 1, Bogotá: Instituto Caro y Cuervo.

Boyd-Bowman, Peter. 1972. "La emigración española a América: 1540-1579", *Studia hispanica in honorem R. Lapesa, Vol II.* Madrid: Gredos, 123-147.

Cahuzac, Philippe. 1980. "La división del español de América en zonas dialectales: Solución etnolingüística o semántico-dialectal", *Lingüística Española Actual,* 2, 385-461. (Recogido en Moreno Fernández, F. (ed.) *La división dialectal del español de América.* Alcalá de Henares: Univ. de Alcalá de Henares, 97-164.)

Canfield, Lincoln. 1962. *La pronunciación del español de América.* Bogotá: Instituto Caro y Cuervo.

Canfield, Lincoln. 1976. "La identificación de dialectos del español americano a base de rasgos distintivos", *Homenaje a Fernando Antonio Martínez,* Bogotá: Instituto Caro y Cuervo.

Chuchuy, Claudio; Hlavacka de Bouzo, Laura. 1993. *Nuevo diccionario de americanismos. Tomo II. Argentinismos.* (Dirigido por G. Haensch y R. Werner) Santafé de Bogotá: Instituto Caro y Cuervo.

Cobos, Rubén. 1983. *A dictionary of New Mexico and Southern Colorado Spanish,* Santa Fe (New Mexico): Museum of New Mexico Press.

Converse, Tim; Park, Joyce. 2000. *PHP4 Bible.* IDG Books Worldwide.

Corominas, Joan y José P. Pascual. 1980-1991. *Diccionario crítico etimológico castellano e hispánico.* 6 vols. Madrid: Gredos.

Coseriu, Eugenio. 1990. "El español de América y la unidad del idioma", *I Simposio de Filología Iberoamericana,* Zaragoza: Libros Pórtico, 43-75.

Di Filippo, Mario Alario. 1983. *Lexicon de colombianismos.* (2a ed.) Bogotá: Biblioteca Luis-Ángel Arango.

Driver, Harold E. 1970. "Statistical studies of continuous geographical distributions", Naroll, Raoul y Cohen Ronald (eds.), *A Handbook of method in cultural anthropology.* Nueva York: Colombia University Press.

Dubois, Paul; Widenius Monty. 1999. *MySQL,* New Riders Publishing.

Ellegård, Alvar 1959. "Statistical measurement of linguistic relationship". *Language,* 35, p. 131-156.

Embleton, Shelia M. 1987. "Multidimensional scaling as a dialectometrical technique", R. M. Babitch (ed.) *Papers from the 11th Annual Meeting of the Atlantic Provinces Linguistic Association,* Shippagan: Université de Moncton, 33-49.

Equipo Varilex (Coord. Ueda, Hiroto; Takagaki, Toshihiro; Ruiz Tinoco, Antonio). 1993-2002. *VARILEX, Variación léxica del español en el mundo.* Vols. 1-9.

Fernández-Sevilla, Julio. 1981. "Andalucía y Canarias: relaciones léxicas", M. Alvar (coord.), *Primer Simposio Internacional de la Lengua Española,* Las Palmas: Excmo. Cabildo Insular de Gran Canaria, 71-125.

Flórez, Luis. 1981-1983. (coord.) *Atlas lingüístico-etnográfico de Colombia.* 6 vols. Bogotá: Instituto Caro y Cuervo.

García Hoz, Víctor. 1953. *Vocabulario usual, vocabulario común y vocabulario fundamental.* Madrid: Consejo Superior de Investigaciones Científicas.

García Mouton, Pilar. 1991. "Dialectometría y léxico en Huesca", *Primer Curso de Geografía Lingüística de Aragón,* Zaragoza: Instituto Fernando el Católico, 311-326.

Gerken, Till and Rastchiller, Tobias. 2000. *Web Application Development with PHP.* New Riders.

Goebl, Hans. 1980. "Dialektgeographie + numerische taxonomie = dialektometrie: Anhand rätoromanischer und oberitalienischer Dialektmaterialien (AIS)", *Ladinia,* 4, 31-95.

Goebl, Hans. 1982. "Atlas, matrices et similarités: petit aperçu dialectométrique", *Computers and Humanities* 16, 69-84.

Goebl, Hans. 1993. "Probleme und Methoden der Dialektometrie: Geolinguistik in globaler Perspektive", Viereck, W. (ed.), *Verhandlungen des Internationalen Dialectologenkongresses (1990),* Stuttgart: Franz Steiner Verlag, pp. 37-81.

Haensch, Günther; Werner, Reinhold. 1993. *Nuevo diccionario de americanismos. Tomo I. Colombianismos.* Santafé de Bogotá: Instituto Caro y Cuervo.

Harvatopoulos, Yannis; Livan, Yves-Frédéric; Sarnin, Philippe. 1993. *El arte de la encuesta.* Madrid: Ediciones Deusto.

Hayashi, Chikio. 1954. "On the quantification of qualitative data from the mathematico-statistical point of view", *Annals of the Institute of Statistical Mathematics,* vol. 2, n. 1. p. 69-98.

Hediger, Helga. 1977. *Particularidades léxicas en la novela hispanoamericana contemporánea,* Bern: Peter Lang.

Henríquez Ureña, Pedro. 1921, 1930, 1931. "Observaciones sobre el español de América", *Revista de Filología Española,* 7, 357-390; 17, 277-284; 18, 120-148. (Recogido en Moreno Fernández, F. (ed.). *La división dialectal del español de América.* Alcalá de Henares: Univ. de Alcalá de Henares, 39-62.)

Honsa, Vladimir. 1975. "Clasificación de los dialectos españoles de América y la estructura de los dialectos de Colombia", *Actas del III Congreso de Asociación Lingüística y Filología de la América Latina,* México: Asociación de Lingüística y Enseñanza de Idiomas.

Iordan, Iorgu. 1967. *Lingüística románica.* (Reelaboración parcial y notas de Manuel Alvar.) Madrid: Ediciones Alcalá.

Kany, Charles E. 1962. *Semántica hispanoamericana.* Madrid: Aguilar.

Katz, Daniel. 1953. "Los estudios de campo", Festinger, L.; Katz, D. (eds.) (tr. 1992), 67-103.

Kovacci, Ofelia. 1988. "El léxico relacionado con el automóvil en Buenos Aires", *Anuario de Letras,* 26, 239-246.

Kretzschmar, William A. 1988. "Computers and the American linguistic atlas", Thomas, A. R. (ed.). *Methods in Dialectology: Proceedings of the Sixth International Conference held at the University College of North Wales, 3-7, August, 1987,* 200-224.

Kroeber, Alfred L. 1960. "Three quantitative classifications of Romance", *Romance Philology,* 14, 189-195.

Kroeber, Alfred L. y Chrétien, C. D. 1937. "Quantitative classification of Indo-european languages", *Language,* 13, 83-103.

Kroeber, Alfred L. y Chrétien, C. D. 1939. "The statistical technique and Hittite", *Language,* 15, 69-71.

Kroeber, Alfred L. y Chrétien, C. D. 1960. "Statistics, Indo-European and taxonomy." *Language,* 36, 1-21.

Kühl de Mones, Ursula. 1993. *Nuevo diccionario de americanismos. Tomo III. Nuevo diccionario de uruguayismos.* Santafé de Bogotá: Instituto Caro y Cuervo.

Lapesa, Rafael. 1984. *Historia de la lengua española,* 9ª ed. Madrid: Gredos.

Lapesa, Rafael. 1992. "Nuestra lengua en España y en América", *Revista de Filología Española,* 72, 269-282.

Lipski, John M. 1994. *Latin American Spanish.* Londres: Longman.

Lope Blanch, Juan M. 1972a. "Anglicismos en la norma lingüística culta de México", *Romanica (Univ. Nacional de La Plata),* 5, 191-200. (Recogido en Lope Blanch, J. M. (ed.). *Estudios sobre el español hablado en las principales ciudades de América,* 271-279.

Lope Blanch, Juan M. 1972b. "El concepto de prestigio y la norma lingüística del español", *Anuario de Letras,* 10, 29-46

Lope Blanch, Juan M. (coord.). 1977. *Estudios sobre el español hablado en las principales ciudades de América.* México: Universidad Nacional Autónoma de México.

Lope Blanch, Juan M. 1978. *Léxico del habla culta de México.* México: UNAM.

Lope Blanch, Juan M. 1986. *El estudio del español hablado culto. Historia de un proyecto.* México: UNAM.

Lope Blanch, Juan M. (dir.). 1990. *Atlas lingüístico de México. Tomo I. Fonética. Volumen I.* México: El Colegio de México.

López Morales, Humberto. 1971. *Estudios sobre el español de Cuba.* New York: Las Américas Publishing Co.

López Morales, Humberto (coord.). 1986. *Léxico del habla culta de San Juan de Puerto Rico.* San Juan: Academia Puertorriqueña de la Lengua Española.

Malaret, Augusto. 1946. *Diccionario de americanismos,* 3ª ed. Buenos Aires: Emecé.

Malaret, Augusto. 1967. *Vocabulario de Puerto Rico.* Nueva York: Las Americas Publishing.

Malmberg, Bertil. 1967. "La lingüística estadounidense moderna", *Los nuevos caminos de la lingüística,* México: Siglo XXI. 174-205.

Marrone, Nila G. 1974. "Investigaciones sobre variaciones léxicas en el mundo hispano", *The Bilingual Review; La revista bilingüe,* 1, 152-158.

McArthur, T. 1986. *Worlds of reference: lexicograpy, learning and language from clay tablet to the computer.* Cambridge: Cambridge Univ. Press.

Medina López, Javier. 1991. "Los anglicismos: a propósito de los rótulos publicitarios", *Lexis,* 15,1, 119-128.

Meloni, Julie C. 2000. *PHP Fast & Easy Web Development* , Prima Publishing.

Mendoza, José (dir.). 1996. *Léxico del habla culta de La Paz.* Universidad Mayor de San Andrés.

Menéndez Pidal, Ramón. 1953. "El diccionario ideal", prólogo al *Diccionario General* publicado por Samuel Gili Gaya. (Recogido en *Estudios de lingüística,* Espasa Calpe, 1970, 95-147.)

Menéndez Pidal, Ramón. 1968. *Manual de gramática histórica española.* (13ª ed.). Madrid: Espasa-Calpe.

Moore, C. C. y Romney A. Kimball. 1994. "Material culture, geographic propinquity, and linguistic affiliation on the North Coast of New Guinea: A reanalysis of Welsch, Terrell and Nadolski (1992)", *American Anthropologist,* 96, 370-296.

Morales Pettorino, F. *et al.* 1984-1987. *Diccionario ejemplificado de chilenismos,* 4 vols., Valparaíso: Univ. de Playa Ancha.

Moreno de Alba, José G. 1992. *Diferencias léxicas entre España y América.* Madrid: Mapfre.

Moreno Fernández, Francisco. 1990. *Metodología sociolingüística.* Madrid: Gredos.

Moreno Fernández, Francisco. 1991. "Morfología en el ALEANR: Aproximación dialectométrica", *I Curso de Geografía Lingüística de Aragón,* Zaragoza: Institución Fernando el Católico, 289-309.

Moreno Fernández, Francisco. 1993a. "Geolingüística y cuantificación", Ueda, H. (coord.), *Actas del Tercer Congreso de Hispanistas de Asia,* 289-300.

Moreno Fernández, Francisco. 1993b. "Las áreas dialectales del español americano. Historia de un problema", Moreno Fernández, F. (ed.). *La división dialectal del español de América.* Alcalá de Henares: Univ. de Alcalá de Henares, 10-38.

Morínigo, Marcos A. 1982. "La pluralidad lingüística en el mundo hispánico", *Boletín de la Academia Argentina de Letras,* 47, 45-65.

Otáola de Fernández, Hilda (dir.). 1997. *Léxico del habla culta de Santafé de Bogotá.* Instituto Caro y Cuervo.

Pottier, Bernard. 1992. "La variación lingüística y el español de América", *Revista de Filología Española,* 72, 283-296.

Quilis, Antonio. 1982. "Léxico relacionado con el automóvil en Hispanoamérica y en España", *Anuario de Letras,* 22, 1982, 115-144.

Rabanales, Ambrosio y Contreras, Lidia. 1987. *Léxico del habla culta de Santiago de Chile,* México: UNAM.

Real Academia Española 1992. *Diccionario de la lengua española.* 21ª ed. Madrid: Espasa-Calpe.

Reed, D. W. y Spicer, J. L. 1952. "Correlation methods of comparing idiolects in a transition area", *Language,* 28, 348-359.

Resnick, Melvyn C. 1969. "Dialect zones and automatic dialect identification in Latin American Spanish", *Hispania,* 52, 553-568.

Resnick, Melvyn C. 1975. *Phonological variants and dialect identification in Latin American Spanish.* The Hague.

Rona, José Pedro. 1958. *Aspectos metodológicos de la dialectología hispanoamericana.* Montevideo: Univ. de la República.

Rosemberg, H. Charles. 1989. *Cluster analysis for researchers,* Florida: Robert E. Krieger Publishing Co.

Ruiz Tinoco, Antonio. 1999. "El Proyecto VARILEX en Internet. Base de datos compartida de variación léxica", *Varilex,* 7, 50-60.

Ruiz Tinoco, Antonio. 2000. "Manual del lenguaje SQL aplicado a la base de datos de Varilex", *Varilex,* 8, 48-70.

Ruiz Tinoco, Antonio. 2001. "Cartografía automática en Internet", *Bulletin of the Faculty of Foreign Studies,* 36, Sophia University.

Sala, Marius. 1981. "Sobre las normas del español de América", *Logos Semantikos. Studia linguistica in honorem Eugenio Coseriu.* Vol. V. Madrid: Gredos, 446-469.

Sala, Marius. 1983. "Unidad y diversidad: algunos aspectos léxicos del español", *Boletín de la Academia Puertorriqueña de la Lengua Española.* 11, 83-88.

Salvador Salvador, Francisco. 1991. *Léxico del habla culta de Granada.* 2 vols. Granada: Univ. de Granada.

Samper Padilla, José Antonio (dir.). 1998. *Léxico del habla culta de las Palmas de Gran Canaria.* Las Palmas: Ediciones del Cabildo Insular de Gran Canaria.

Sedano, Mercedes y Zaida Pérez. 1998. *Léxico del habla culta de Caracas.* Universidad Central de Venezuela.

Sierra Bravo, Restituto. 1992. *Técnicas de investigación social. Teorías y ejercicios.* Madrid: Editorial Paraninfo.

Steel, Brian. 1990. *Diccionario de americanismos. ABC of Latin American Spanish.* Madrid: Sociedad General Española de Librería.

Takagaki, Toshihiro. 1993. "Hacia la descripción del español contemporáneo de las grandes ciudades del mundo hispánico", *Lingüística Hispánica,* (Círculo Lingüístico de Kansai, Japón), 16, 65-86.

Torres, José C. de, Quilis, Antonio. 1981. *Encuestas léxicas del habla culta de Madrid.* Madrid: CSIC.

Ueda, Hiroto. 1993. "División dialectal de Andalucía. Análisis computacional", *Actas del Tercer Congreso de Hispanistas de Asia,* Asociación Asiática de Hispanistas, Tokio.

Ueda, Hiroto. 1994. "Banco de datos léxicos del español: Un proyecto internacional de investigación", *Verba, Anuario Galego de Filoloxía,* 21, 379-416.

Ueda, Hiroto. 1995a. "Variación fonológica en el léxico urbano español", *Lingüística Hispánica,* 18, 105-125.

Ueda, Hiroto. 1995b. "Zonificación del español. Palabras y cosas de la vida urbana", *Lingüística,* 7, 43-86.

Ueda, Hiroto. 1996a. "Variación léxica del español urbano. Distribución: Vestuario y equipo (1)", *Revista del Departamento de Lenguas Extranjeras. Facultad de Artes y Ciencias de la Universidad de Tokio,* 43/4, 99-144.

Ueda, Hiroto. 1996b. "Estudio de la variación léxica del español. Métodos de investigación", *Homenaje al profesor Makoto Hara,* Universidad de Estudios Extranjeros de Tokio.

Ueda, Hiroto. 1996c. "Análisis demolingüístico del léxico variable español", *Lingüística Hispánica,* vol. 19, 63-98.

Ueda, Hiroto. 2000. "Distribución de las palabras variables en España y en América. Léxico del transporte", *Estudios de Lingüística Hispánica. Homenaje a María Vaquero,* Universidad de Puerto Rico, 637-655.

Vigara Tauste, A. M. 1980. *Aspectos del español hablado. Aportaciones al estudio del español coloquial.* Madrid: SGEL.

Welsch, R. L., J. Terell. and A. Nadolski. 1992. "Language and culture on the North Coast of New Guinea", *American Anthropologist,* 94, 568-600.

Wood, Gordon R. 1990. "Using a printed vocabulary checklist", Kretzschmar *et al.* (eds.), 1-5.

Woods, Anthony, Paul Fletcher and Arthur Hugnes. 1986. *Statistics in language studies,* Cambridge: Cambridge University Press.

Yarger, Randy Jay; Reese, George & King, Tim. 1999. *MySQL & mSQL,* O'Reilly & Associates.

Yule, Geroge Udny. 1944. *The statistical study of literary vocabulary.* Cambridge: University Press.

Zamora Munné y Juan Clemente. 1979-80. "Las zonas dialectales del español americano", *Boletín de la Academia Norteamericana,* 4-5, 57-67. (Recogido en Moreno Fernández, F. (ed.). *La división dialectal del español de América.* Alcalá de Henares: Univ. de Alcalá de Henares, 87-95.)

Zamora Munné, Juan Clemente, José M. Guitart. 1982. *Dialectología hispanoamericana.* Salamanca: Almar.

Zamora Vicente, Alonso. 1967. *Dialectología española,* 2ª ed. Madrid: Gredos.